In seinem Stück »Kanalratten« wirft Maxim Biller einen scharfen Blick auf die Kulturschickeria, deren Mitglieder sich um einen einflussreichen Journalisten versammeln. Und in »Menschen in falschen Zusammenhängen« nutzt Micky, ein jüdischer Intellektueller, einen Talkshowauftritt, um seine Geliebte zu einer Entscheidung zu zwingen: für ihn oder für ihren Mann.

Maxim Billers Stücke sind nicht nur furiose Theatertexte, sondern bestehen auch in gedruckter Form als Literatur, als Fortschreibung eines vielgestaltigen Gesamtwerkes. Sie zeigen Biller einmal mehr als bissigen Beobachter und verletzlichen Romantiker, der auch böse mit seinen Figuren umgehen darf – weil er sie liebt.

Maxim Biller, geboren 1960 in Prag, lebt seit 1970 in Deutschland. Er ist Autor der Romane »Esra« und »Die Tochter«, der Erzählbände »Liebe heute«, »Bernsteintage«, »Land der Väter und Verräter« und »Wenn ich einmal reich und tot bin«, der Essaybände »Die Tempojahre« und »Deutschbuch« sowie des Kinderbuchs »Adas größter Wunsch«; darüber hinaus schreibt er Theaterstücke und Kolumnen. Zuletzt erschien der autobiographische Band »Der gebrauchte Jude«.

Weitere Informationen finden Sie bei www.fischerverlage.de

Maxim Biller

Kanalratten

Zwei Stücke

FISCHER Taschenbuch

Originalausgabe

Erschienen bei FISCHER Taschenbuch
© S. Fischer Verlag GmbH,
Frankfurt am Main, Juni 2013

Alle Rechte an dieser Ausgabe liegen beim
Fischer Taschenbuch Verlag, Frankfurt am Main.
Aufführungsrechte: S. Fischer Verlag GmbH, Frankfurt am Main
© S. Fischer Verlag GmbH, Frankfurt am Main 2008
(für »Kanalratten«)
© S. Fischer Verlag GmbH, Frankfurt am Main 2005
(für »Menschen in falschen Zusammenhängen«)
Satz: Dörlemann Satz, Lemförde
Druck und Bindung: CPI – Clausen & Bosse, Leck
ISBN 978-3-596-19007-2

Inhalt

Kanalratten

Personen:

JOSEF »JOE« KARPELES jüdischer Journalist und Schriftsteller, der nach zehn Jahren aus Israel nach Deutschland
zurückgekehrt ist, Ende vierzig

ANNA Redakteurin einer großen Wochenzeitung und Karpeles'
Ex-Freundin, Anfang vierzig

HERMANN »HERSCHEL« GIRSCH Direktor des Jüdischen
Museums, Ende vierzig

HENNING JAKOB HOFMAN Chefredakteur einer großen
Wochenzeitung und Annas Freund, Ende vierzig

JOBST KALLENDER Untergebener von Hofman, Anfang
vierzig

DR. WEISSELBERG jüdischer Internist, Arzt von Karpeles und
Anna, um die sechzig

SAMUEL DINTER KZ-Überlebender und Ostberliner Dichter-
fürst, um die siebzig

Zeit:
Heute

Ort:
Die Parterre-Wohnung und der Garten von Hofman und
Anna in der Treitschkestraße, Berlin

I.

Ein Schlafzimmer. Ein großer Spiegelschrank. Ein Doppelbett, auf dem Mäntel und Jacken liegen. An den Wänden deutsche Expressionisten. Genau über dem Bett – wie in einem Kinderzimmer – das Modell eines Kampfflugzeugs, wohl aus der Zeit des Zweiten Weltkriegs. In einem modernen, orangefarbenen Sessel sitzt, abgewandt von der Tür, Girsch. Er bewegt sich nicht, dann tippt er langsam etwas in sein Telefon, dann erstarrt er wieder. Das mehrmals. Hinter der Tür hört man leise Partygeräusche: meist nur Stimmen, selten Musik. Es wird immer wieder dasselbe Lied gespielt, Gloria Gaynors »I Will Survive«. Girsch hält sich dabei jedes Mal theatralisch die Ohren zu. Die Tür geht auf, und Karpeles und Anna kommen herein. Sie sehen Girsch nicht. Sie lachen.

KARPELES Hier. Hier rein. Hier … Jetzt komm schon.

ANNA Ich weiß nicht.

KARPELES Kurz. Fünf Minuten. Was sind fünf Minuten? Was kann ich dir schon tun in fünf Minuten?

ANNA Dir reichen zwanzig Sekunden.

KARPELES Dreißig! Dreißig Sekunden. Länger war das nicht. Ich hab dreißig Sekunden geredet – und sie sind sofort alle wieder verrückt geworden. Sogar Weisselberg. Jemand wird noch sterben, wenn die nicht sofort aufhören, weiterzustreiten. Man müßte reingehen und … und jemand andern beleidigen. Dann würde auch Hofman aufhören. Der konnte noch nie aufhören.

ANNA Hofman. Mit langem »o«. Hofman.

KARPELES Wie Ofen? Wie Ofenmann?

ANNA Warum machst du das? Es macht dir doch selbst keinen Spaß. Zuerst Girsch, dann Hofman – dann ich?

KARPELES Das bin nicht ich, das ist meine Zunge.

ANNA Hmm.

KARPELES Hmmm ...?

Pause.

ANNA Bist du noch so gut wie früher?

KARPELES War ich so gut?

ANNA Keiner war so gut. Ich weiß noch – weißt du noch? –, ich weiß noch, beim letzten Mal, als du mittendrin angefangen hast zu heulen.

KARPELES *gleichzeitig mit »heulen«* War's wirklich so schlimm, was ich gesagt hab?

ANNA »Das sind Tränen der Liebe, meine Schöne, und außerdem kann ich dich dann schneller ficken.«

KARPELES Das meine ich nicht. *Denkt nach.* Hab ich das damals wirklich gesagt? Es ist fast zehn Jahre her.

ANNA *gleichzeitig mit »her«* Ich finde es – halbschlimm. Ich weiß nichts über diesen Mann, wie hieß er ...

KARPELES *gleichzeitig mit »er«* Ich hab geheult, weil ich wusste, dass es das letzte Mal ist. *Pause.* Woher weißt du noch so genau, was ich damals gesagt hab?

ANNA *gleichzeitig mit »gesagt hab«* Treitschke, ja? Also wenn ihm das so wichtig ist, dann lass ihn doch. Er wohnt in dieser Straße. Sein Vater, sein Großvater, sie alle haben hier gewohnt. Treitschkestraße. Klingt doch gar nicht so schlecht, klingt fast ein bisschen jüdisch. Klingt wie ... Jouch mit Treitschkelknedel. Wie ... mein kleines, süßes Treitschkele. Und an Purim drehen unsere Kinderlach ihren – Treischkel-Dreidel-Scheidl!

KARPELES Hör auf Jiddisch zu reden. Du kannst es nicht. *Pause.* Anne-Frank-Straße klingt besser.

ANNA Ich würde auch nicht in der Anne-Frank-Straße wohnen wollen.

KARPELES An deiner oder an seiner Stelle? *Fällt sich selbst ins
Wort.* Wirst du aber, meine Schöne, du hast jetzt das ganze
Paket. Ofenmann, seine tausend Arschlecker, und die
Treitschkestraße, die am 2. Dezember Anne-Frank-Straße
heißen wird.

ANNA Glaubst du wirklich?

KARPELES Diese Null Girsch wird das erste Mal in seinem
Leben etwas schaffen! Ganz Berlin stimmt ab. Weil Girsch,
das Leichlein von der Lindenstraße, einmal eine Idee hatte.
Ganz Berlin! Innen rechts, außen links, alles wie immer.
Wusstest du, dass Girsch mit achtundzwanzig fast an einem
Kürbiskern erstickt wäre?

*Girsch bewegt sich lautlos in seinem Sessel. Er schiebt sich die
Faust in den Mund und beißt lautlos darauf.*

ANNA *nach kurzem Nachdenken* Aber du hättest es trotzdem
anders sagen können.

KARPELES *nach kurzem Nachdenken* Jemand sagt, Heinrich
von Treitschke war größer als Ranke mit seinem lächer-
lichen Objektivismus. Jemand sagt, Treitschkes »Deutsche
Geschichte im neunzehnten Jahrhundert« ist das Manna,
von dem dieses Volk endlich kosten sollte. *Zu sich selbst.*
Kosten sollte – was für ein Deutsch! *Dann wieder zu
Anna.* Jemand sagt, das Moderne an Treitschke ist seine
enigmatische Geschichtsschreibung. Und ich soll nichts
antworten? Ich, der Rache-Karpeles?

ANNA Jemand sagt? Hofman sagt. Dir geht es doch gar nicht
um Treitschke.

KARPELES Stimmt.

ANNA Sag's anders, sonst glaube ich dir nicht.

KARPELES *weicher* Stimmt …

ANNA Und was hast du zu »jemand« gesagt? Du hast gesagt:
Ihr sitzt hier in eurer geklauten, von Opi arisierten Wohnung, in einer Straße, die nach diesem Choleriker benannt
ist, von dem das »Stürmer«-Motto stammt ...

KARPELES ... die Nudeln der Juden sind unser Unglück ...

ANNA ... du hast zu »jemand« gesagt, dass er kein Nazi ist,
aber dass er die Nazis liebt, dass er wie dieser Typ ist, der
damals die Karin 11 gekauft hat ...

KARPELES ... Heidemann ...

ANNA ... und du hast zu »jemand« gesagt, ich bin aus Israel
wiedergekommen nach zehn Jahren, um euch den Spaß zu
verderben, ihr deutschen Idioten! Weißt du was? Das finde
ich schlimmer als halbschlimm.

KARPELES Es gibt Leute dort drüben *er zeigt mit dem Kopf
in Richtung Tür*, die mich nicht für blöd halten. Denen ich
gefehlt habe. Und die machen gerade den Fehler ihres
Lebens – und streiten sich wegen mir mit Ofenmann. Wusstest du, dass Ofenmann in seinem Notizbuch eine Liste von
allen seinen Arschleckern hat und ab und zu ein kleines
schwarzes Kreuz hinter einen Namen macht?

ANNA Ich halte dich auch nicht für blöd.

KARPELES Sag's anders, sonst glaube ich dir nicht.

ANNA Nein.

Pause.

KARPELES Das waren jetzt mehr als fünf Minuten.

ANNA Dann gehe ich jetzt.

KARPELES Muschinki, bitte. *Er versucht, sie aufs Bett zu
drücken. Sie fallen auf die Mäntel. Sie umarmen sich, ohne
sich zu küssen.*

ANNA Du kannst nicht mehr ›Muschinki‹ zu mir sagen – verstehst du das?

KARPELES Ja ... ja.

Pause.

ANNA Ich hab's bereut.

KARPELES Ich nicht.

ANNA Ich auch nicht.

KARPELES Na siehst du.

ANNA Nein …

KARPELES Was nein?

ANNA Doch.

KARPELES Jetzt sag schon.

ANNA Das erste Jahr hab ich jede Nacht nur eine Stunde geschlafen. Ich bin ins Bett gegangen, ich schlief ein, ich wachte nach einer Stunde wieder auf, und dann schlief ich die ganze Nacht nicht mehr. Ich habe Briefe an dich geschrieben. Ich wollte, dass du zurückkommst, und ich wollte, dass du nicht mehr so hart bist. Manchmal bin ich noch mal eingeschlafen, und dann hab ich fast immer von ihm geträumt. Er hatte lange Wimpern, ein kleines Puppengesicht, er konnte fast nichts mehr hören und sehen, und wir saßen an seinem kleinen Kinderbett und weinten. Und dann wachte ich auf, und ich dachte, wie gut, dass du gegangen bist. *Pause.* Er wäre sowieso bald wieder gestorben. Er hieß Lenny.

KARPELES Wir hätten einen kleinen Neger adoptieren sollen. Warum haben wir keinen kleinen Neger adoptiert? Dann wären wir jetzt noch zusammen.

ANNA Weil du es nicht wolltest.

KARPELES Okay, dann hätten wir eben den Test nicht machen sollen. Warum haben wir den Test gemacht?

ANNA Weil du es wolltest. Weil dein schrecklicher Dr. Weisselberg gesagt hat, ihr müßt es machen, in Amerika machen es alle Juden, sie sind alle in dieser Computerdatei, oder ein kleiner Stich in die Fruchtblase, mehr nicht, und seit sie es machen, ist die Rate fast gleich Null.

KARPELES In Israel auch. Tay-Sachs ist inzwischen fast bei Null in Israel. Bei Autounfällen sterben mehr. Nein, bei Anschlägen. Nein, bei Telefonaten mit Florida … in Florida.

ANNA *gleichzeitig mit »Florida«* Ohne den Test war unsere Chance auch gleich Null.

KARPELES Auch bei Lenny?

ANNA Der war nur ein Traum. *Pause.* Wir hätten es überhaupt nicht gemerkt. Es war neurotisch, es zu machen.

KARPELES Null Komma Null Null Eins?

ANNA Das ist wie Null, verstehst du, das ist nichts … gar nichts. *Pause.* Wir hätten nie im Leben ein krankes Kind bekommen! Schau uns an. Wir haben uns so geliebt, wie kann man da ein krankes Kind kriegen. Glaubst du, sie waren glücklich im Schtetl damals? Die konnten sich überhaupt nicht lieben, für alles hatten sie Regeln. Auch dafür. Es hat sich alles gekrümmt in ihnen …

Die Tür, die man nicht sehen kann, geht auf. Es wird laut, dann geht die Tür wieder zu.

ANNA … und sie haben sich gekrümmt, und ihre Chromosomen haben sich gekrümmt, und darum haben sie manchmal solche schrecklichen, missgebildeten Kinder auf die Welt gebracht.

KARPELES Glaubst du wirklich?

ANNA Glaubst du nicht?

KARPELES Wir könnten Girsch fragen, den Gettogirsch. Seine Mutter hat ihm sogar die Frau ausgesucht. Wie früher im Schtetl. Eine kleine, dicke, haarige Ameise aus Antwerpen. Sie riecht nach Mottenkugeln, glaube ich.

ANNA Aber er hat jetzt zwei Kinder. Und wir haben keins. Keins zusammen, keins ohne einander.

Die Tür geht wieder auf.

Stimme von KALLENDER Vielleicht ist er hier. Girsch? Bist du hier? *Zu jemandem draußen.* Er hat mir eine SMS geschickt, und Hofman hat er auch eine geschickt. *Pause.* Nein. Nein ... Ich glaube, wir sollten uns beeilen. Vielleicht doch unten im Garten.

Die Tür geht wieder zu.

ANNA Haben Girsch und seine Frau den Test gemacht?
KARPELES Sogar wenn.
ANNA Wie – sogar wenn?
KARPELES Ich hab sie alle vor einer Woche in diesem kleinen Park vor der Alten Nationalgalerie gesehen.
ANNA Du bist erst fünf Tage wieder hier.
KARPELES *gleichzeitig mit »hier«* Ich hab sie vor einer Woche in diesem Park gesehen, und das Mädchen und der Junge sahen genauso dämlich aus wie ihre Eltern. Tay-Sachs light, verstehst du.
ANNA Nein, verstehe ich nicht.
KARPELES Die Ameise hatte zwei tiefe Falten auf der Stirn, aus denen bestimmt auch bald Haare wachsen werden, und Girsch sah aus wie Odradek – nachdem er die Treppe heruntergerollt ist.
ANNA Du bist widerlich.
KARPELES Das Leben ist widerlich.
ANNA Das Leben ist nicht widerlich.
KARPELES Ich hab ihn aber gegrüßt ... Ich hab gesagt: Hallo Girsch, ich bin wieder da, und ich hoffe, dass du inzwischen besser deutsch kannst als deine polnischen Eltern.

Die Tür geht noch mal auf.

Die Stimme von KALLENDER *leise* Ich hab euch gesehen. Ich hab euch vorhin schon gesehen ... *Er kommt rein.* Joe, wir müssen noch das Interview machen. Ich muss morgen um zwei fertig sein, Hofman will es für den 9. November, tut mir leid. Ich such Girsch, und wenn ich ihn hab, fessel ich ihn an einen Küchenstuhl, und dann machen wir unser großes Heimkehrer-Interview.

KARPELES Ja. Unser Interview.

ANNA *gleichzeitig mit »Interview«* Du fesselst ihn an einen Küchenstuhl?

KALLENDER Ja, was sonst. Er hat uns allen eine SMS geschrieben, jedem von uns. Es war eine Ich-kann-so-nicht-mehr-weiter-SMS. Dann kam eine Ich-bin-absolut-nichts-wert-SMS. Und dann ... eine Ihr-werdet-diesen-Abend-nicht-vergessen-SMS. *Pause.* Wegen Joe. *Kleine Pause.* Bestimmt wegen Joe ... Joe hat vorhin zu ihm im Garten gesagt, das jüdische Museum sei der neue Judenrat. *Pause.* Naja, auch nicht schlecht. Süße Idee. *Pause.* Hast du doch, Joe, oder nicht?

KARPELES *gleichzeitig mit »nicht«* Und eine Ich-bin-nur-deshalb-Direktor-weil-ich-nichts-kann-SMS?

Girsch beißt sich wieder auf die Faust.

ANNA Wo ist er jetzt?

KALLENDER Er hat geschrieben, er sei irgendwo hier, wir sollen ihn aber nicht suchen, und dass er es genau hier machen wird, hier, in der Anne-Frank-Straße Nummer 32.

ANNA In der Anne-Frank-Straße?

KARPELES Noch bevor sie umbenannt wird?

ANNA Du bist widerlich.

KALLENDER *gleichzeitig* Was weiß denn ich. *Pause.* Hofman wird toben, wenn er euch sieht. *Verzagt.* Ich weiß nicht. Ich weiß nicht ...

ANNA Was wird er machen?

KALLENDER Hofman?

ANNA Nein – Girsch.

KALLENDER Was weiß denn ich!

Er geht raus und schließt vorsichtig und leise von außen die Tür.

KARPELES *leise, wie zu sich selbst* Hofman. Mit kurzem »o« und zwei »f« – wie Futzftaffel.

ANNA Ein Interview, ja?

Er antwortet nicht.

ANNA Joe.

KARPELES Er hat mich gebeten. Er hat gesagt, wir machen es so, wie ich will. Sogar die Überschrift machen wir zusammen, wenn ich will.

ANNA Das hat er zu Dinter auch gesagt.

KARPELES Zu Dinter? Wann war das?

ANNA Hör auf.

KARPELES Ich hab in Israel sehr wenig gelesen. Also kaum was ... also kaum was von hier.

ANNA *gleichzeitig mit »hier«* Du lügst. Du hast für sie geschrieben. Du warst hier einmal im Monat im Fernsehen. Deine Bücher kamen hier raus – nicht dort. Du hattest mit Hofman einen Vertrag, ich weiß es. Er hat mich gefragt, als du ihn gefragt hast, ob sie das wollen. Er fragt mich immer ...

KARPELES ... aber nicht wegen des Interviews ...

ANNA ... und er macht fast immer, was ich ihm sage. Ich hab ihm gesagt, ja, gib Joe den Vertrag. Gib ihm fünf Euro für die Zeile, Israel ist teurer als Dubai.

KARPELES Danke, meine Schöne. Wusstest du, dass es auch in Israel Zeitungen gibt, für die man schreiben kann?

ANNA Die »Israel-Nachrichten« ... Hm. Di letzten neies aus Galycz, Dohrobycz und Nichtsowycz.

KARPELES Ich liebe dich.

ANNA Ich dich nicht.

KARPELES Ich hab oft für die englische Ha'aretz geschrieben, auf deutsch, und mein Honorar hat der Übersetzer gekriegt.

ANNA Du tust mir nicht leid.

KARPELES Nein?

ANNA Nein … warum? Du hättest hier bleiben können.

KARPELES Ja. Hätte ich.

ANNA Ich hasse den kakophonischen Klang deiner Ironie.

KARPELES Anna … du wolltest auch, dass ich gehe! Wir haben gesagt, das halten wir nicht aus, wenn wir kein Kind haben können, darum soll ich gehen. Wir hatten diese Verabredung, Anna. Anna, glaubst du, ich wollte es? Arnold Zweig hat es nicht geschafft, David Vogel hat es nicht geschafft, warum sollte Joe Karpeles es schaffen?

ANNA Max Brod hat es geschafft.

KARPELES Der konnte nichts, gar nichts. Der konnte sich nur an Kafka erinnern.

ANNA Ich wollte nie, dass du gehst.

KARPELES Das hast du nicht gesagt. *Verwirrt.* Das hast du nie so gesagt …

ANNA Doch, nachts, wenn du neben mir gelegen und geschlafen hast. Ich hab's dir ins Ohr geflüstert. Immer wieder: »Bitte, bitte, nicht gehen! Bitte, nicht gehen … bitte, bitte.«

Sie schweigen. Er streicht ihr die Haare aus dem Gesicht, und sie sieht ihn lange ernst an.

KARPELES Was hat Ofenmann mit Dinter gemacht?

ANNA Du weißt es also wirklich nicht.

KARPELES Nein, ich weiß es wirklich nicht. *Pause.* Vielleicht war bei uns gerade Krieg? Vielleicht gab es gerade etwas Wichtigeres als ein deutsches Nazi-Drama? Vielleicht hatte Scheikh Nasrallah gerade eine sehr gute Zeit?

ANNA Ich will nicht, dass du ihm ein Interview gibst!

KARPELES *langsam* Was war mit Dinter?

ANNA Henning ist schlauer als du.

KARPELES Klüger auch?

ANNA Manchmal.

KARPELES Und kann er es auch so gut?

ANNA *gleichzeitig mit »gut«* Nein, er kann »es« nicht so gut.

KARPELES Nein?

ANNA Nein. Denn er hat nicht so eine lange Zunge wie du, Muschinki. Aber es gibt Leute, die haben sie, und die meisten von ihnen bezahlt er auch noch dafür.

KARPELES Jetzt bist du widerlich, siehst du? *Kleine Pause.* Siehst du es?

ANNA Ich sehe nur eine graue, grüne, kilometerhohe Wand. Das sind meine Erfahrungen. Und dahinter ist ein Wasserfall, der Wasserfall meiner Wünsche, der in tausend Farben sprudelt. Den werde ich aber niemals sehen.

KARPELES Das ist unlogisch.

ANNA Na und?

Pause.

ANNA Weißt du, vielleicht ist »es« mit ihm nicht so gut wie mit dir. Aber wenn ich mit ihm Kinder hätte, dann müsste ich nicht vorher meine aschkenasischen Zellen sezieren lassen.

KARPELES Nein, das nicht.

ANNA Dass Juden und Gojim zusammen Tay-Sachs produzieren, ist nicht besonders wahrscheinlich, oder? Wie hoch ist sie, glaubst du ... die Rate?

KARPELES Null Komma Null Null Eins ...

ANNA Also weniger als Null.

KARPELES Und trotzdem habt ihr keine Kinder. Warum? Weil er dich nie leckt? Oder weil er keiner von uns ist?

Anna steht vom Bett auf.

KARPELES Bleib hier.

ANNA Nein.

KARPELES Warum nein?

ANNA Manchmal riechst du auch nach Mottenkugeln.

KARPELES Wird er mich reinlegen? Wie wird er mich rein-
legen, Anna?

*Anna geht zum Fenster, schaut in die Nacht raus, und als sie
sich wieder umdreht, sieht sie Girsch in dem großen, orangefarbenen Sessel sitzen. Sie sehen sich stumm an.*

ANNA *zu Karpeles* Ich sag dir, wie er Dinter reingelegt hat,
ich sag's dir. Er hat zu ihm gesagt: Mein lieber Herr Dinter,
Sie haben eine Autobiographie geschrieben, die besser ist als
alles, was ich in den letzten fünf Jahren gelesen habe. Sie
haben die einfachsten Worte für die kompliziertesten Dinge
gefunden. Und Ihre Ehrlichkeit, lieber Samuel Dinter, ist so
kostbar, ich will Ihrer Ehrlichkeit eine ganze Seite opfern ...

KARPELES Er hat wirklich »opfern« gesagt? Du warst dabei?
Dieses Arschloch hat wirklich »opfern« gesagt?

ANNA *gleichzeitig mit »gesagt«* ... nein, nicht eine Seite, wir
machen eine ganze Beilage, Riesenfotos, Farbe, Sie, das
schönste Kapitel aus Ihrem Jahrhundertbuch, ein Gespräch,
in dem Sie Ihre ganze Geschichte erzählen, erlären, erläu-
tern. Mein Lieber, Sie werden die andern über Nacht aus dem
Amazon-Rating fegen, Sie werden einen Monat lang der
bekannteste, der glücklichste Mann von Deutschland sein!
Pause. Das hat er gesagt, und Dinter hat ja gesagt, obwohl
er noch genau wusste, wie das damals war, als Hofman die
Bormann-Tagebücher abdruckte.

KARPELES *gleichzeitig mit »abdruckte«* Oi wej ...

ANNA Und dann machen sie also das Interview, bei Dinter
zuhause, in Pankow. Kallender und Henning machen es,
und es gibt Tee und Mille Feuilles von der Galeries Lafa-

yette, und ein Fotograf ist auch da, mit Lampen und einem großen, schwarzen Tuch als Hintergrund, aber das Foto kommt natürlich nicht, und später macht Henning aus dem Ganzen ein einziges Zitat, das bestimmt auch schon dein Scheikh Nasrallah auf Al-Manar gehört hat.

KARPELES Jetzt weiß ich.

ANNA Verstehst du, Joe? Samuel Dinter, der in Straszow von einem betrunkenen ss-Mann wie ein Hund an der Leine herumgeführt wurde, der in Litzmannstadt Wasser aus Pfützen getrunken und die eigenen Fingernägel gegessen hat, der sich durch ein kinderkopfgroßes Loch in der Getto-mauer gezwängt hat und abgehauen ist und später mit fal-schen Papieren drei Wochen eine deutsche Uniform getragen hat, ja … also dieser Samuel Mojsejewitsch Dinter sagt auf der ersten Seite von Hennings Zeitung: »Ich war einer von ihnen!«

KARPELES Bist du sicher, dass du Ofenmann liebst?

ANNA Wie der Teufel die Teflonpfanne, in der er die Sünder gart.

Pause.

KARPELES Das wird er mit mir nicht machen … Warum soll er so was mit mir machen? *Zögert.* Warum soll er es mit mir machen? Er hat mir diesen Abend geschenkt. Er macht eine Willkommensparty für mich – und dann legt er mich rein?

ANNA *zu sich selbst* Ich glaube, ich liebe es, in seiner Nähe nervös zu sein.

KARPELES Wie weiblich von dir. *Pause.* Genau dafür habe ich dich immer geliebt.

ANNA *gleichzeitig mit »geliebt«* Henning Hofman, mein Schöner, hat bisher jeden reingelegt. Mich wird er auch rein-legen. Und vorher – dich. Wir leben alle auf einem Staub-korn, aber manche wissen es nicht.

KARPELES Das verstehe ich nicht. Was redest du da immer überhaupt? Was meinst du?

Plötzlich steht Girsch auf und geht stumm zur Tür. Dort bleibt er, mit dem Gesicht zur Tür, stehen. Langes Schweigen.

KARPELES *nicht besonders überrascht* Girsch? Girsch?! Was machst du hier? Du Joine – du hast uns die ganze Zeit zugehört? Was ... machst du ... hier?

GIRSCH *ohne sich umzudrehen, mit leichtem jüdischen Einschlag* Ich zähle die Minuten, Jossel. Die letzten Minuten. Tay-Sachs light war mein Leben, und jetzt ist alles egal. *Er geht raus.*

KARPELES Der auch.

ANNA O Gott.

KARPELES Ach was. Ganz normaler Girschwahnsinn.

ANNA Nein, etwas war anders. Er war anders. Er war anders als sonst. Hast du das nicht gesehen?

KARPELES Nein – hob ich nicht gesejn.

ANNA Du bist eben alt geworden. Deine Augen sind alt geworden. Alles an dir ist alt geworden ... Früher hättest du so was sofort gesehen. Aber früher warst du auch nur die halbe Zeit des Tages ein Widerling. *Pause.* Man muss sich um ihn kümmern. Ich muss mich um ihn kümmern ... *Sie steht vom Bett auf und geht zur Tür.* Kommst du mit? Wir müssen den andern Bescheid geben. *Ohne sich umzudrehen, geht sie raus.*

KARPELES *nachdem sie weg ist* Okay. Und wer kümmert sich um mich? *Langsam.* Wer sagt »O Gott«, wenn es mir schlecht geht? Wer? Wer ... Wem kann ich sagen, dass es mich in drei Monaten nicht mehr gibt, aus, weg, futschiccato. Wer, bitte, bitte, bitte, bitte, kümmert sich um den armen, traurigen Jossel Karpeles?

2.

Im Wohnzimmer. Vorher. Hofman, Dinter, Anna, Kallender, Karpeles, Dr. Weisselberg, der kultivierte Arzt, und vielleicht noch jemand sitzen auf Sofas und Sesseln um einen besonders niedrigen Couchtisch herum. Auf dem Tisch stehen Gläser und eine große Schale mit japanischen Reiscrackern. Alle greifen ständig hinein. Andere Gäste möglicherweise im anderen Teil des Raums.

HOFMAN Das sind Shimoto-Cracker. Es gibt Shimoto-Cracker aus Kyoto und aus Kashima. Aber die sind aus Shimoto.

KALLENDER Herrlich. Ich nehm noch ein paar.

HOFMAN Das sind die besten.

DINTER Ich hab davon gehört. Sehr gut, wirklich. Das ist wie diese Sache mit dem Fisch ...

HOFMAN Mit dem Fisch?

KALLENDER *gleichzeitig mit »Fisch«* Mit dem Kugelfisch?

DINTER Ja. Am besten ... am besten ist der Fugu aus Shimonoseki, sagt man. Fugu gleich Kugelfisch, ja? Also: Es gibt ihn natürlich auch anderswo, aber die Leute aus Shimonoseki haben den besten und machen ihn am besten, und wenn jemand, sagen wir, aus Takira sagt, Fugu aus Takira sei zwar nicht so gut wie der aus Shimonoseki, aber noch besser sei der von der anderen Seite der Jojoma-Bucht, dann wird bestimmt ein Dritter sagen: Haben Sie schon mal den aus Shimoto probiert?

KALLENDER Aus Shimoto? Es gibt Kugelfisch aus Shimoto?

KARPELES *leise zu sich selbst* Shimoto-Cracker? Was für ein Schwachsinn ...

ANNA *zu Kallender* Das war nur ein Beispiel, Jobst.

DINTER Ja – nur ein Beispiel.

HOFMAN Für was, lieber Herr Dinter?

DINTER Ich weiß nicht. Jetzt ... jetzt haben Sie mich durcheinandergebracht.

HOFMAN *lachend* Das tut mir leid. Wirklich. Das tut mir so leid ... *Mit verzerrter Stimme wie eine Comicfigur.* leidileidleid. Hab ich Sie schon wieder durcheinandergebracht ... Sie kleiner, vergesslicher Gangster? *Lacht wieder.*

KARPELES Schwachsinn ... Es gibt kein Shimoto, und es gibt keine Shimoto-Cracker. Diese trockenen, staubigen Dinger sind aus dem Asia-Markt am Alexanderplatz. *Er greift in die Schüssel.* Sie verkaufen sie in diesen großen Kilotüten für drei Mark ... also sie haben sie verkauft ... in diesen großen, diesen durchsichtigen, staubigen Plastiktüten.

KALLENDER Unmöglich. Die sind doch so lecker ...

ANNA Joe sagt, man soll nicht »lecker« sagen, das ist ein hässliches Wort, sagt er. Stimmt, Joe? Das hast du doch früher immer gesagt.

KARPELES Ihr könnt »lecker« sagen, ich hab's aufgegeben. Und ihr könnt weiter diesen Shimoto-Cracker-Schwachsinn reden.

HOFMAN Sehr gut, Joe. Sie haben aufgepasst. Sie haben wie immer aufgepasst! Aber ... sie kosten inzwischen drei Euro. Euro ... Euro!

DINTER *gleichzeitig mit »Euro« und anfangs nur zu sich selbst* Ach, Hofman ... nein, nein. Nein! Das war doch ganz anders. Ich hatte unterschrieben, als ich nach Mailand zur Kinderbuchmesse fuhr, 1976, das wissen Sie genau. Und trotzdem ... Sie kommen immer wieder mit dieser IM-Geschichte!

ANNA Vielleicht hat er ja auch eine Geschichte. Hast du eine Geschichte, Henning?

DINTER *gleichzeitig mit »Henning«* Ich hatte auf einem weißen Zettel unterschrieben, ja ... ich habe das schon so oft erzählt, erzählen müssen ... ich hatte aber nur unterschrieben, dass ich nicht mit Ausländern aus Staaten des kapitalistischen Blocks reden werde.

DR. WEISSELBERG Schlimm genug, nein?

DINTER Ja, schlimm genug. Aber diese Leute, die haben die Unterschrift auf die grüne Karteikarte in der Normannenstraße kopiert. Einfach so. Eine Fälschung, mehr nicht, verstehen Sie ... warum glauben sie den Verbrechern mehr als den Opfern?

KALLENDER Herrlich. Ich glaube, Sie bringen schon wieder etwas durcheinander.

DINTER Ja? Was? Verzeihen Sie ...

KALLENDER Hofman meint die zwei kleinen tätowierten Blitze unter Ihrer Achsel.

HOFMAN *zögernd* Ja. Genau.

DINTER *gleichzeitig mit »genau«* Ach, bitte. Da ist nichts. Da ist gar nichts. Gar nichts! Am Ende des Kriegs, da war keine Zeit mehr für so was.

HOFMAN Dann zeigen Sie doch her.

Pause.

HOFMAN Zeigen Sie. *Mit Comicstimme.* Wo ist das Ärmchen? Das Ärmchen. Das Ärmchen ...

ANNA Henning.

HOFMAN Meine Schöne?

Karpeles zuckt fast unsichtbar.

ANNA Das ist nicht richtig.

HOFMAN Warum? Es ist seine Geschichte. Jeder kennt Dinters Geschichte, er hat acht Bücher über seine Geschichte geschrieben ...

ANNA Das waren Romane.

HOFMAN Acht Romane – und eine Autobiographie. *Zu Dinter.* Das Jahrhundertbuch, Lieber! Das war doch so geplant, oder? Das war Ihr großer Auftritt, wirklich … das war so stark, wie sie endlich alle Türen aufgemacht haben. Durchzug auf allen Etagen, super, und endlich keine Sorgen mehr wegen der Rente!

ANNA Er meint es nicht so.

KARPELES Er meint es so.

HOFMAN Natürlich meine ich es so.

DR. WEISSELBERG *zu Dinter* Ich kenne Ihr Buch nicht, aber ich kenne solche Geschichten. *Zu allen.* Daran ist nichts Außergewöhnliches. Wir kennen nur die, die durchkamen. Und die kamen so durch, wie andere nicht mal leben wollten. Mein Vater hat seine Eltern in diesem Erdloch gelassen, in dem sie alle ein Jahr gesteckt hatten, und er hat ihnen gesagt, er geht ins Dorf, um Milch und Zucker zu holen. Da wusste er schon, dass der SD kommt. Er wusste, mit den Eltern zu fliehen, das hätte keinen Sinn gehabt. Dann hätte es keiner von der Familie geschafft. *Kleine Pause.* Und nur darum sitze ich hier. Weil mein Vater seine Eltern getötet hat. Hat jemand was dagegen? Sie, Herr Hofman, vielleicht?

Pause.

KALLENDER *nimmt wieder ein paar Cracker* Man kann gar nicht aufhören. Das knuspert so schön, wenn man draufbeißt, und dann dieser Nachgeschmack, ein bisschen süßlich, aber sie schmecken auch nach Meer. Toll.

HOFMAN Für unseren Heimkehrer nur das Beste. *Zu Karpeles.* Joe, noch etwas zu trinken?

Karpeles antwortet nicht

HOFMAN Was trinkt man eigentlich in Israel, Joe? Ich hab gehört, dort unten wird nicht so viel getrunken.

ANNA Jetzt meint er es so.

KARPELES Nein, nicht so viel. Aber auch nicht mehr so wenig wie früher. Dort unten.

HOFMAN Man sagt nicht »dort unten«, Joe?

KARPELES Dann wäre »hier« ja »hier oben«, oder?

HOFMAN Stimmt. Ja – stimmt!

Pause.

KARPELES Wusstet Ihr, dass in deutschen Romanen weniger Frauen vorkommen als in den amerikanischen, aber dass sie dafür noch seltener kommen?

DR. WEISSELBERG Erinnert mich an das Neue Testament. Viel Neues und viel Gutes. Das Neue ist alt, und das Gute ist nicht besonders gut.

HOFMAN *lachend* Jetzt im Ernst. Ja ... ja? Können jetzt alle mal kurz ganz ernst sein? Was machen wir mit Girsch, mit unserem Gettogirsch?

ANNA *seufzt* Ach, Henning ...

HOFMAN Das hab ich von Joe. Der sagt das. Der sagt immer Gettogirsch und Rache-Karpeles und ... Jammer-Bubis.

ANNA Aber der ist ... der ... *seufzt wieder* ... der darf das.

HOFMAN *gleichzeitig mit »das«* Er gefällt mir nicht. Girsch gefällt mir überhaupt nicht in der letzten Zeit. Er schreibt immer diese Mails – euch auch? –, und er ruft oft nachts an, und immer sagt er, er will das nicht mehr allein machen, es gäbe Stimmen ... in deinem Kopf? sag ich, nein, sagt er ... na also ... die der Meinung sind, er solle sich das nicht mehr gefallen lassen. *Kleine Pause.* Wer weiß was darüber?

KALLENDER Die Sache mit der verkauften Thora von Budweis. Ja?

KARPELES Thora. Kurzes »o«.

HOFMAN Ja ... ja. Zuerst war es jedenfalls die Thora von Budweis. Ich schlage vor zwei Monaten den Katalog von

Sotheby's in London auf, und erst kommt dies und das – es war die letzte Judaica-Auktion, nicht –, und dann sehe ich sie. Ich habe sie das letzte Mal im Jüdischen Museum vor vier Jahren gesehen. Wie kommt sie zu Sotheby's? Aber das ist nicht alles.

DINTER Vorsicht. Die Thora des Raw Kaliner von Budweis gab es in drei Ausführungen. Die erste, die er noch von seinem Vater hatte, war etwas kleiner als die beiden anderen, und daran erkennt man sie.

HOFMAN Ja. So ungefähr ... Trotzdem. Trotzdem! Was macht ein Exponat aus dem Jüdischen Museum bei Sotheby's? Ist es das Original? Ist es eine Fälschung? Und warum sagt Girsch, wenn man ihn danach fragt, er habe ein reines Gewissen, aber trotzdem könne er bald nicht mehr?

KALLENDER Die Thora von Budweis, glaube ich, die kam während des Kriegs nach Prag. Das war diese Angelegenheit ... das ... das war das mit dem Zentralmuseum. Eichmanns Amt sammelte alles, was von den tschechischen und mährischen Juden übrig blieb, um ... um später in Prag ein Jüdisches Museum zu errichten. Das Museum einer ausgestorbenen Rasse. *Pause.* Süße Idee, eigentlich.

ANNA Naja.

HOFMAN Warum nicht gleich das Denkmal für den unbekannten KZ-Aufseher bauen? *Explodierendes Lachen.*

KALLENDER Nein, wieso? Man muss auch mal die Sache für sich betrachten und nicht immer alles nur ahistorisieren.

DR. WEISSELBERG Was?

KALLENDER *überdeutlich* Ahistorisieren. Es gab schon früh diese Überlegungen. Sie wollten gedenken. Auch sie wollten ... ja, gedenken. Sehr weitsichtig, finde ich. Sie wollten sogar Bronzetafeln eingraben in der polnischen Erde, in Galizien, und auf den Tafeln ... also ... da sollte stehen, dass sie den Mut hatten, dieses große, notwendige Werk ... etcetera ...

DR. WEISSELBERG Durchzuführen. Ja?

KALLENDER *ungeduldig* Ja. Ja ... Ich muss mich gar nicht rechtfertigen. Ich sage nur, so und so war es. Henning, sag du auch was. Bitte.

Hofman anwortet nicht und greift in die Schüssel mit den Crackern.

KALLENDER Na gut ... also, also man muss sich das so vorstellen. Es gibt ein Museum des verschwundenen jüdischen Volkes, und das ist besser als kein Museum des verschwundenen jüdischen Volkes. Ich denke ...

DR. WEISSELBERG Hm ...

KALLENDER Es ist egal, wer es errichtet. Nein? Ja! *Blickt hilfesuchend zu Hofmann* Wir wollten doch ... aber dann, wegen Girsch und diesen Sotheby's-Geschichten ... *Pause.* Und der Libeskindbau ist doch genau das! So, genau so hat Eichmann es geplant!

DR. WEISSELBERG Nur dass es uns immer noch gibt. Das hat er nicht geplant.

ANNA Und mehr als früher. Viel mehr.

KALLENDER Das hab ich doch nicht so gemeint.

KARPELES Und was hast du gemeint?

KALLENDER Es ist nichts, was sich leugnen lässt. Die Gewissenhaftigkeit bei der Vernichtung entspricht der Gewissenhaftigkeit bei der Katalogisierung der Erinnerung. Das ist auffällig! Es gab ... es ... gab Ausstellungen 43, 44, immer wieder, Ausstellungen, die haben die jüdischen Mitarbeiter des Museums eingerichtet für die Vertreter der Zentralstelle für jüdische Auswanderung, oder so ähnlich, nicht öffentlich, nein, das nicht, natürlich nicht, wie auch, zu der Zeit, aber ... also wir ... *Schaut wieder hilfesuchend*

zu Hofman ... es gibt diese These, dass das, was wir Erin-
nerungsarbeit nennen, was wir Bewältigung nennen, dass
das sozusagen ... also *stöhnt* ... dass das bereits in der Zeit
vor 45 begonnen hat. Wir müssen uns also die Frage stellen ... ja? nur stellen ... erst mal nur stellen ... wir müssen
fragen: Was ist Vergangenheit für uns? Wer hat sie retrospektiv definiert durch seine Deutung, und wer – und jetzt wird
es wirklich interessant – wer hat sie bereits vorausschauend
retrospektiv ... ähm ... sozusagen bestimmt. Das heißt ...
das heißt: Ist Vergangenheitsbewältigung genauso das Werk
der Eichmänner wie der Holocaust? Verdanken wir das
Mahnmal, die Lindenstraße etcetera den Nazis? Waren
50 Jahre Anti-Nazitum Nazitum? Versteht ihr? *Atemlos.*
Versteht ihr das? Dagegen ist Grass, ist Höfer, ist
Schwerte ... ist, was weiß ich, nichts, gar nichts, ist ... ist
alles also eine Lüge gewesen? Worauf steht diese Gesellschaft? Im doppelten Sinne. Und wie soll sie sich neu aus-
richten? Aufrichten ...

*Während Kallender spricht, steht Karpeles langsam auf. Er
schwitzt, er würgt und geht hinaus.*

KALLENDER Was hat er?

Hofman und Dr. Weisselberg sehen sich stumm an.

ANNA Joe, was hast du?

KALLENDER Bitte, Joe, das ist doch nur eine These, eine
Arbeitsthese ... eine ... Arbeitshypothese!

HOFMAN *während er langsam den Blick von Dr. Weisselberg
abwendet* Früher war er nicht so empfindlich. Früher hat er
die anderen kotzen lassen. *Ironisch zu Anna.* Schlimm,
wenn ihm so schlecht ist? Wirklich so schlimm?

DR. WEISSELBERG *gleichzeitig mit »schlimm«* Früher war
früher. *Pause.* Früher war er jünger.

HOFMAN Früher waren wir alle jünger.

KALLENDER Ja ... jünger und ... gesünder ... und verwirrter.

DR. WEISSELBERG *leise* Vor allem gesünder.

HOFMAN Kommt darauf an, wer – und in welcher Kombination, nicht wahr?

ANNA *schaut zu Dr. Weisselberg* Was heißt das?

DR. WEISSELBERG Nichts. Es heißt nichts ... gar nichts.

ANNA Nein? Wirklich nicht?

DR. WEISSELBERG Nein.

ANNA Ich glaube Ihnen nicht.

DR. WEISSELBERG Nein, du glaubst mir nicht. Du hast mir eben noch nie geglaubt.

ANNA Doch. Damals. Einmal. *Ironisch.* Danke, Doktor!

DR. WEISSELBERG Das Risiko ... das weißt du, Anna. Man musste das machen. Das Risiko konnte man nicht abschätzen.

Die anderen hören den beiden immer ratloser zu.

ANNA Sie wollten es nicht abschätzen.

DR. WEISSELBERG Heute weiß ich natürlich mehr.

ANNA Ja? Heute wissen Sie mehr? Ich glaub Ihnen schon wieder kein Wort. Darum ging es Ihnen gar nicht ... ob Sie was wissen ...

HOFMAN *der beide abwechselnd anguckt, während sie sprechen* Ich meine, ich hätte ... ich meine, ich hätte gesagt, ich mach mir Sorgen um Girsch, ich würde das gern zu Ende besprechen, und wir kommen hier vom Hölzchen aufs Stöckchen.

KALLENDER Das sagt man nicht, würde Joe jetzt bestimmt sagen.

HOFMAN Was sagt man nicht?

KALLENDER »Vom Hölzchen aufs Stöckchen«, sagt man nicht.

33

HOFMAN Und sagt man, die Thora von Budweis war nur die Spitze des Eisbergs?

KALLENDER Wenn es stimmt. Stimmt es?

HOFMAN Es sind noch mehr Sachen bei Auktionen aufgetaucht, ja ... leider. Es ist wie sein eigener, privater Schwarzmarkt, es ist wie in Bagdad, als die Amerikaner reinkamen, und das Museum in drei Tagen leer war und die Vitrinen in Beverly Hills sich füllten mit den abgebrochenen Nasen von Nebukadnezar und Hammurabi ... Girsch war aber nicht so geschickt wie die Iraker! Er hat sich, glaube ich, völlig verwickelt. Große Welt, kleiner Girsch. Wie damals sein Papa 1948 in München ...

ANNA *gleichzeitig mit »München«* Gott, Henning, hör auf! Hör auf ... *Langsam und streng.* Du willst nicht, dass wir darüber reden. Dass wir hier alle darüber reden. Du willst ablenken, und darum redest du irgendwas, damit alle mit dir über das reden, worüber du reden willst. Deine blöden Cracker, deine blöde Thora von Budweis, deine blöde Sorge um Girsch, die bescheuerte Nase von Ninive, München 1948 ... lass den armen Girsch, lass uns alle in Ruhe ... es stimmt alles nicht!

HOFMAN *übertrieben süß* Meine Schöne, meine Liebe, worüber will ich nicht reden? *Plötzlich grob.* Hm?!

ANNA Jeder ... ja, jeder hier drin, weiß, warum ich nicht mit ihm bin. Jeder. Und ich hab's ihnen allen, damit du es weißt ... ich hab ihnen allen erzählt, warum wir zwei zusammen sind, warum wir zwei armen Menschen jede Nacht in deinem Bett liegen, in diesem viel zu kleinen, weichen Bett mit dieser beschissenen Messerschmitt über unseren Köpfen!

DR. WEISSELBERG Aber Anna ...

ANNA *zu Hofman* Ich wollte mit ihm ein Kind, nicht mit dir, und jetzt ... jetzt ... du hast ... jetzt wird es ...

DR. WEISSELBERG *gleichzeitig mit »wird es«* Anna, du bist aufgeregt. Es ist nicht so. Wenn du nicht mehr aufgeregt bist, wirst du es wieder anders sehen. Du bist aufgeregt, weil er wieder da ist. Wir sind alle aufgeregt, weil er wieder da ist.

KALLENDER Phantastisch! Genau ... das war mein Gefühl. Das war seit Tagen mein Gefühl, und ich dachte immer, warum bin ich so ... so unruhig, so voll mit etwas, das gar nicht hierhergehört.

DINTER *trotzig* Ich bin nicht aufgeregt, dass er wieder da ist. Ich hab ihn nicht vermisst. Ich war froh, dass wir ihn nicht mehr jeden Tag im Café Einstein sehen mussten, mit seinen Zeitungen, mit seinem schlechten Blick ... und immer diese große weiße Mafiosi-Serviette vor dem Bauch. Seine Israel-betrachtungen haben mir gereicht, ich hab sie natürlich gelesen, wie wir alle, und sein Foto hat mir gereicht, das ab und zu irgendwo auftauchte, und ich war froh, dass er nicht mehr einmal im Monat einen von uns beleidigte, sondern Olmert oder Peres oder Oz, oder wen auch immer.

HOFMAN Dinter, ich glaub Ihnen kein Wort, sie alter Masochist!

DINTER *atmet tief ein und aus* Verzeihen Sie, Hofman, ich kann Ihnen nicht folgen.

ANNA Niemand kann ihm folgen. Das ist Absicht.

HOFMAN Warum sagst du das? Das ist nicht schön. Unsere Freunde werden noch denken, dass ich Sie verwirren will.

ANNA Ich sage es, weil ich es denke. Warum sollte ich es sonst sagen?

HOFMAN Kannst du mir auch nicht folgen? Du weißt doch immer so viel besser als ich über mich Bescheid.

ANNA *steht auf, setzt sich aber gleich wieder hin* Und was weißt du über mich? Was? Was weißt du über uns?

Pause.

HOFMAN Dass du schwanger bist – zum Beispiel. Dass du endlich schwanger bist, meine Schöne! *Er rutscht zu ihr und umarmt sie.* Oje, bin ich glücklich! Oje … *mit Comicstimme.* Glücklich, glücklich, glücklich … Das war schwer! In unserem Alter. Aber wir haben uns nicht gefürchtet, und wir sind auch nicht wie die anderen Idioten von einem Arzt zum andern gerannt. Keine Reagenzgläser, keine Pornowebsites, keine endlosen In-Vitro-Sitzungen. Wir haben es unsere Körper erledigen lassen. Wir haben es – gemacht!

KALLENDER Herrlich!

ANNA O mein Gott … Eine Wolke aus Scheiße trägt mich ins Nichts. *Kleine Pause.* Scheiße. Das nennst du »nicht verwirren«?

HOFMAN *ernst* Scheiße, Anna? Warum Scheiße? Wäre das wirklich so schlimm, wenn du und ich zu dritt wären?

Pause.

KALLENDER Ach so?

ANNA Ja, ach so.

KALLENDER Und das ist sicher?

HOFMAN Frag sie. Ich bin nur der Mann … ich bin sogar nur der Ersatzmann. Die Frau weiß alles, der Mann weiß nichts. Nie. Geht es, wann geht es, wie ist es passiert? *Pause.* Nein, sie ist nicht schwanger. Sie hat es mir jedenfalls nicht gesagt. Vielleicht ist sie ja doch schwanger, und ich erfahre es erst … erst nachher, wenn wir allein sind, in unserem kleinen, weichen Bett. Oder nie! Auch eine Möglichkeit, wenn du der Mann bist und sie die Frau. Sie ist also schwanger, ja, stellt euch das vor, und sie will es nicht – aber nicht, weil es behindert sein könnte, weil es so eine schöne Getto-Inzest-Krankheit haben könnte, Tay-Sachs und so … *Anna sieht ihn entsetzt an.* … wie auch?

ja, wie auch, bei mir und ihr, versteht ihr … sondern, weil
ich es bin und nicht er! Und sie sagt es mir also nicht, und
sie geht irgendwo hin und legt sich auf einen kalten Pla-
stiktisch und macht die Beine auseinander und der Doktor … der sagt, Sie werden es kaum merken, aber es tut
trotzdem schrecklich weh, und dann, dann steht sie auf
und geht wieder allein nachhaus, und sie läßt »es« dort einfach liegen, nein, schwimmen, in so einer kleinen Metall-
schüssel, die so aussieht wie eine Niere, ja, wie eine kleine
Metallniere, und ich werde nie wissen, niemals erfahren,
dass wir so dicht dran waren, so dicht an unserem großen
deutsch-jüdischen Glück! *Mit Comicstimme, aber nur
halbherzig.* Ist es nicht möglich, das große deutsch-
jüdische Glück?

ANNA *die immer nervöser wird* Damit hat es nichts zu tun.
Die bist ein dummer, alter, schlecht riechender Mann, Henning. Du machst … was ist das mit dir überhaupt … du
glaubst, du und ich und er, das ist wie einer von deinen
schrecklichen Artikeln, ja? Ist das jetzt hier die große Baby-
Debatte? Nach der Heidegger-Debatte jetzt die Baby-
Debatte? Was ist deine These? Und warum müssen wir sie
vor der ganzen Welt diskutieren?

HOFMAN Meine These, Anna, ist … ich hab keine These.

*Karpeles kommt stumm rein und setzt sich hin. Alle
schweigen.*

KARPELES Was ist?

KALLENDER Wir haben diskutiert.

KARPELES Immer noch Girsch? Oder Eichmann … oder wieder dieser komische Fisch?

DINTER *wie um die Situation zu retten* Ähm … ähm … sagen
Sie das nicht, Joe. Dieser komische Fisch, wie Sie sagen, der
tötet immer noch zwanzig Japaner im Jahr. Früher fünfhun-

dert. Aber zwanzig, trotz neuer Gesetze, *ouala*, wie man bei Ihnen sagt.

KARPELES Sagte.

DINTER Sagte. Entschuldigen Sie, Sie sind ja jetzt wieder da … Er liegt also einfach da, ja, und Sie machen Sashimi aus ihm, aus seinem Filet oder aus seiner Leber, und wenn Sie keine Ahnung haben …

DR. WEISSELBERG Tetrodotoxin. Und wusch!

Alle sehen ihn überrascht an.

DINTER Ja. Genau. Das Nervengift Tetrodotoxin könnte sich auch … auch Torquemada ausgedacht haben. Es lähmt nur die Nerven, mehr nicht. Das Gehirn bleibt an, der Rest bleibt stehen. Kein Bewegen, kein Sprechen, Sie sind da, aber Sie sind weg. Und so ersticken Sie langsam, und Sie sehen, wie alle um sie herum in Panik geraten.

HOFMAN *in Annas Richtung* Oder in Freude …

DINTER Das Paradoxe ist: Nur wenn man ihn isst, wenn man die falsche Stelle vom Fugu erwischt, stirbt man. Beißen wird er Sie vielleicht, aber daran stirbt man nicht. Man stirbt mit ihm, man stirbt, wenn er tot ist.

KARPELES Wie Massada, nur andersrum.

ANNA Schon eher wie Henning – und nicht andersrum.

HOFMAN *lachend* Okay. Das war witzig. Dafür hänge ich heute nacht die Messerschmitt ab.

DINTER Und wenn er nicht tot ist, bläst er sich auf. Er wird so groß, in fünf Sekunden, ja, dass alle andern Fische vor ihm Angst kriegen, und kommt ein Raubfisch vorbei, der keine Angst hat, der kriegt ihn gar nicht in sein Maul, so groß ist er.

ANNA So groß wie Henning, wenn er sich aufbläst?

HOFMAN *gleichzeitig mit »aufbläst«* Können wir jetzt vielleicht diesen Aquaristik-Kongress beenden? Es wird langweilig, sehr langweilig. Wir sind hier, weil unser Freund *er zeigt auf Karpeles* wieder da ist ... weil, weil er endlich verstanden hat, wo seine Heimat ist. Es gibt also noch kluge Leute auf dieser Welt, wie man sieht. Joe – ich bin sehr glücklich! *Er hebt sein Glas.* Ich trinke auf dich, auf deine Rückkehr, und auf ein neues Deutschland, das Männer wie dich braucht. Ein zweites Mal werden wir es nicht vermasseln, wir *er klopft sich auf die Brust* und ihr. *Pause.* Leider ... ts ... leider haben wir euch damals nicht gesagt, dass wir kein Problem mit euch hätten, absolut keins, wenn ihr nur unsere Frauen in Ruhe lassen würdet. Geht das? Macht ihr das ab jetzt? Das wäre schön ... so schönschönschön! Dann klappt es bestimmt auch mit der Symbiose. Symbiose ist immer gut, jedenfalls in der Kultur. Im Bett ... je nachdem. *Pause.* Joe, wie siehst du das? Stößt du mit mir an?

Karpeles hebt langsam das Glas, und die anderen, die auf seine Reaktion gewartet hatten, heben auch ihre Gläser. Er ist immer noch schwach.

ANNA *zu Hofman* Henning, das ändert nichts.

HOFMAN Was sollte es ändern, was glaubst du? Das war doch nur ein Witz. Joe versteht solche Witze. Joe macht selbst solche Witze. Stimmt, Joe? Wisst ihr noch ... wisst ihr noch der Stress mit dem Presserat kurz nach der Wende, als Joe geschrieben hat, wenn man jedem Ostdeutschen einen Goldzahn zieht, kann man sich den Soli sparen?

DINTER Das hat Karpeles geschrieben? *Zu Karpeles.* Das haben Sie wirklich geschrieben?

KARPELES *matt* Ich kann mich nicht mehr erinnern. Aber ich gebe es zu. Ich geb's zu. Bestimmt hab ich es geschrieben. So was wollte ich eben nie mehr ...

DINTER *gleichzeitig mit »mehr«* Entsetzlich. Ich bin ... Karpeles, ich finde, verstehen Sie, dass Stalinismus nicht bedeutet, dass jeder … '

KARPELES *gleichzeitig* … ein Stalinist ist? Ja? Oder Nazismus ein Nazi … oder Deutschland … ein … ein ganz normaler Deutscher? Ein neuer Deutscher?

DINTER Das wäre so, als würden Sie sagen, jeder Israeli, nein, jeder Jude ist Zionist.

KARPELES *sarkastisch und immer energischer* Nein, das kann man natürlich nicht sagen. Schon gar nicht, wenn man an so eine schmissige Kanalratte wie Sie denkt. Sie und die DDR, Sie waren *er streckt die Hand Dinter entgegen und kreuzt Mittel- und Zeigfinger* doch so!

DINTER *hyperventilierend* Mein Gott, ich habe doch nicht unterschrieben! Ich meine, ich habe unterschrieben, aber ich habe nur unterschrieben, ich würde in Bologna mit keinem Ausländer reden. 76, das war 76! Glauben Sie, das hat mir Spaß gemacht? Ich habe überlebt … ich habe einmal überlebt … ich habe den Hass gegen mich überlebt, den andere hatten, und ich habe dann meinen eigenen Hass überlebt, gegen mich, so, und keiner, keiner wird über mich richten, Karpeles, verstehen Sie? Ihnen hat man nicht ins Fleisch das Zeichen Ihrer Feinde gebrannt …

KALLENDER Also doch!

HOFMAN *darüber* Aha.

DINTER *weiter zu Karpeles* Sie haben es so leicht gehabt, Sie wissen gar nicht, wie sehr … Sie haben es so leicht gehabt.

Pause.

KARPELES *langsam* Ich habe es nicht leicht gehabt. Ich habe jeden Tag etwas gesagt, ich habe gesagt, dies hier ist blau, das hier ist salzig, und es kam aus 80 Millionen Kehlen zurück: Nein, es ist rot, nein, es ist süß, und du bist so schwarz wie ein Georgier in Moskau, Karpeles! Es kam immer öfter zurück, immer lauter zurück, und darum wurde ich immer lauter, und sie wurden immer lauter, und so ... so ist es vielleicht nur meine Schuld, dass alles hier jetzt anders ist ... jetzt.

KALLENDER Großartig, Joe, dein Größenwahn, alles wie immer. Danke.

HOFMAN *drüber* Was »alles«?

KARPELES Hier. Alles. Ihr habt überhaupt kein Mitleid mehr, Ofenmann.

Pause.

HOFMAN Joe, ich glaube, ich ziehe meinen Toast zurück. *Pause.* Und noch was, Joe. Weißt du was, Joe? Du kannst meine Frau haben. Du kannst sie wiederhaben, denn darum bist du ja wiedergekommen, stimmt's ... und geh zurück mit ihr nach Tel Aviv, und komm einfach nicht wieder, ja, und schick uns auch keine Artikel mehr, und nerv mich nie mehr, wenn ich dir mal hundert Euro zu wenig überwiesen hab, weil ... bei hundert Euro zu viel fragst du ja auch nicht nach, und sag nie, nie ... *aufrichtig wütend* ... sag nie mehr etwas Schlechtes über uns! Wir haben unsere Köpfe lange genug unter eure Füße gelegt. *Pause.* Warum bist du überhaupt zurückgekommen? Wegen Anna, ja?

Karpeles und Dr. Weisselberg gucken sich stumm an, dann sieht Karpeles Anna an.

KARPELES *zu Hofman* Wenn du's wissen willst ... frag den Doc.

HOFMAN Nein. Ich will's von dir wissen.

Karpeles antwortet nicht.

KALLENDER Wir wollten doch sowieso, Henning, das soll er lieber später sagen, das muss frisch kommen ...

HOFMAN *gleichzeitig mit »kommen«, zu Karpeles* Ich sag dir, warum du zurückgekommen bist. Weil ihr es uns nicht gönnt!

DR. WEISSELBERG »Es«, »euch« – was meinen Sie?

KARPELES Stimmt, ein bisschen. Ja. Vielleicht auch deshalb … ja.

KALLENDER *nervös, gleichzeitig mit »ja«* Es sind keine Cracker mehr da. Kann jemand Cracker holen? Und kann mal jemand Musik machen? Wir haben noch gar keine Musik gehört … Ich … ich hab meine CDs hinten, ich könnte …

HOFMAN *zu Karpeles, der ihn nicht ansieht* Ihr gönnt uns nicht, was ihr selbst seit einem halben Jahrhundert habt! Einfach so, einfach nur sagen zu können, so und so will ich das. Das ist mein Zuhause, das ist mein Land, mein Theater, meine Straße, hier will ich es so haben, wie ich es haben will. Ist das kriminell? Ist das unmoralisch? Warum, verdammt, kann ich nicht weiter in der Treitschkestraße wohnen? Warum ist immer alles nur Dachau und Birkenau und Anne Frank?! Das … das war auch mein Krieg, und es ist jetzt egal, wieso, weshalb, warum … *mit Comicstimme* wieso, weshalb, warum … Es ist egal, wer ihn gemacht habt, es tat allen weh … er tat allen weh, und wir wollen *zu Kallender* … wie war das Jobst? Wir wollen selbst gedenken, wie wir gedenken wollen, richtig?

KALLENDER Ähm, also …

HOFMAN Richtig.

DR. WEISSELBERG Ich glaube, so hat es vorhin nicht einmal Ihr kleiner Satrape gemeint.

HOFMAN Nein?

KALLENDER Nein. Nein, hab ich nicht. Naja … vielleicht … Ich meine, wenn man sagt, schon der, der das Schlechte tut, bereut das Schlechte, macht ihn das – nach Derrida, der ja unterscheidet zwischen dem »wer« und dem »was«, also dem Schmerz an sich und dem Schmerz aus besonderem Grund, ja? – dann kann man auch sagen, dass es das Gedenken an sich geben kann, und das ... also, Joe ... *Zu Karpeles.* Joe, hör mal, dazu wird auch dann der Sohn, der Enkel der anderen Seite das Recht haben. Sorry. Schöner Twist, wenn man so will. Sorry ...

HOFMAN Genau. Richtig ... Setzen, Kallender! *Zu Karpeles.* Das aber wollt ihr uns nicht zugestehen.

ANNA *zu Kallender* Jobst, wo sind die CDs?

KALLENDER In der kleinen Jutetasche im Flur. Oder nein ... nein, warte ... In der Bibliothek. Unter dem Tisch mit der Anlage.

Anna steht auf, geht raus. Alle sehen ihr hinterher, und für einen Moment ist es vollkommen still.

DINTER Ich weiß nicht, Hofman, ob Derrida der Richtige ist, auf den man sich beziehen sollte. Immerhin war er ein Jude, der kein Jude sein wollte, der nicht einmal, ich sage das ohne es zu beurteilen, der nicht einmal seinen Sohn beschneiden ließ.

DR. WEISSELBERG *zu Dinter* Und Sie? Haben Sie ... in der DDR ... hatten Sie den Mut?

DINTER Ich hatte Glück. Ich habe zwei Töchter. Aber richtig, ja, es wäre eine schwere Entscheidung geworden. Auch für mich. Gerade ... ja, für mich.

KARPELES *steht auf und beugt sich zu Hofman herunter* Ich sag dir, Ofenmann, warum du kein Recht hast, in der Treitschkestraße zu wohnen. Weil du in einem Haus wohnst, das ...

HOFMAN *unterbricht ihn* Und darum bist du wiedergekommen?! Um es mir zu sagen, um es mir jeden Tag dreimal zu sagen, um es in meine Zeitung zu schreiben, um es ... um es im Fernsehen, um es bei den Arschlöchern in der Kulturzeit laut herumzukrähen?

KARPELES Ach, hör doch auf, du aufgeblasener, hilfloser Fugu. Ich fress dich sowieso nicht. Wer hat schon Appetit auf dich ... *Kleine Pause.* Ich hab mit Girsch geredet. Ich war im Garten, und ich hab gekotzt, und er hat gekotzt, und als wir fertig waren, haben wir uns erzählt, warum wir kotzen mussten. Weißt du, warum er kotzen musste, Henning?

HOFMAN Weil wir ihn erwischt haben.

KARPELES Weil er dich erwischt hat! Und weil du immer noch so tust, als sei es dir egal. Und weil du versuchst, ihm sein Museum kaputt zu machen und sein Institut mit deiner neuen, idiotischen, patriotischen Gedenkidee, du ... Anti-Nazi-Nazi! *Zu den anderen.* Girsch hat für den Volksentscheid recherchiert. Jedes Haus in dieser Straße, jede Geschichte. Die Nummer 32 hat der Familie Berenson gehört, und diese Berensons ... die, die hatten eine Schneiderei am Spittelmarkt, und zuerst haben sie die verloren, und dann haben sie ihre Kinder nach England geschickt und dann ...

ANNA *kommt herein* Ich kann sie nicht finden, Jobst. *Überrascht.* Was? Seid ihr immer noch so ernst?!

KARPELES ... und dann haben sie ihre Bücher und ihre Bilder und ihr Klavier nach England geschickt, die dort natürlich nie ankamen. Und dann kam jemand und sagte, gebt mir euer Haus, und sie haben gesagt, nein, nein, warum, und er sagte, ich geb euch mehr dafür, als euch jeder andere dafür geben würde, und sie haben gesagt, nein, nein-nein, warum, und er sagte, ihr werdet sowieso noch ja sagen, und er hatte recht, und wie er recht hatte, und sie haben es dann doch gemacht, und darüber waren sie so unglücklich, dass sie sich am Abend vor dem Auszug für immer in ihre Betten hineinlegten, hier, in diesem Haus, in dieser Wohnung, und der neue Besitzer ging später zu ihrem Grab, und er legte Blumen auf ihr Grab und fühlte sich kurz unwohl, ganz kurz, so ... so wie ein Blinder, der für eine Sekunde plötzlich im Spiegel sein Gesicht sieht, und er hieß Hofman – Gustav Sebastian Hofman –, mit langem »o« und klarem »f«, und Girsch sagt, ich soll das alles genauso irgendwo schreiben, wenn du *zu Hofman* nicht endlich aufhörst, ihn zu erpressen!

ANNA *zu Hofman* Stimmt das, Henning?

HOFMAN *zu Karpeles* Hat er das wirklich gesagt? Und was hast du dazu gesagt, Joe? Du ... hast mich bestimmt verteidigt. *Kichernd.* Es gibt keinen, der treuer ist als du.

KARPELES Ich hab gesagt, das hast du davon, Girsch, wenn du als Judenrat deine Nase reinsteckst in Dinge, die dich nichts angehen. Jetzt musst du eben kotzen.

Pause.

ANNA *zu Hofman* Stimmt es?

HOFMAN *plötzlich sehr freundlich* Anna, das ist doch gar nicht die Frage. Die Frage ist ... ob, ob ... was hat das mit, zum Beispiel, ja, was hat es also mit Heinrich von Treitschke zu tun? Ein Historiker ist erst mal ein Historiker. Punkt.

DINTER Und wenn jede seiner Zeilen nur dazu da ist, die Existenz eines Volkes zu leugnen?

HOFMAN *lachend* Der Palästinenser? *Mit Comicstimme.* Der Palipalipali ... nenser?!

DR. WEISSELBERG Anne-Frank-Straße ist besser. Sehr viel besser. *Zu Hofman.* Haben Sie schon mal daran gedacht, das Haus zurückzugeben?

DINTER *gleichzeitig mit »zurückzugeben«* Er war eigentlich kein Antisemit. Er hat nur gesagt, löst euch auf. Das hat er zu den Bayern auch gesagt. Er wollte, dass alle gleich sind ...

KARPELES ... im preußischen Gleichland!

HOFMAN *zu Dr. Weisselberg* Doc, die Sache ist komplizierter, als Sie denken ... Aber ja, natürlich.

DR. WEISSELBERG Wie kompliziert?

HOFMAN So kompliziert, dass Hirsch, Smyth and Hirsch aus
New York es auch noch nicht geschafft haben, mich ... uns
er lächelt Anna an hier rauszuschaffen.

ANNA *steht auf* Auch wenn meine Beine mich manchmal
nicht halten, ich muss mich auf sie stützen, denn kein
menschlicher Mensch ist oft in der Nähe, guten Tag. *Sie
geht raus.*

KALLENDER Henning, ich finde ... ich ... *nimmt seinen Mut
zusammen* ich finde es nicht richtig. Also, das, was du sagst.
Das hat doch eine objektive Wahrheit, vom Kontextuellen
abgesehen ... eine faktische Wahrheit, und es ist dann doch
egal, was ein Anwalt in einem Archiv findet oder nicht, ich
meine, sagen wir, sie kriegen es zurück, das Haus, 46 oder
47, es gibt keinen neuen Eintrag im Grundbuch, keine
Ahnung warum ...

HOFMAN *gleichzeitig mit »warum«* Ja, genau. Keine Ahnung
warum – Jobst. Nimm dich ein wenig zurück, okay? *Langsam.* Nimm dich zurück ... *er zieht aus der Jacke ein kleines
schwarzes Notizbuch* Sonst muss ich hier leider ein kleines,
ganz kleines ... ein miniklеines Kreuz machen.

KARPELES *zu Hofman* Warum läßt du ihn nicht gleich von
der Gestapo abholen? *Pause.* Nein, du bist kein Nazi,
Henning. Und du wärst ...

KALLENDER *erschrocken* Dann mach doch dein Kreuz, mach
dein Kreuz!

KARPELES *zu Hofmann* ... und du wärst auch nicht gern ein
Nazi – aber du wärst gern wie ein Nazi! Ein Nazi, der keine
Verbrechen begeht, ein Nazi und ein Demokrat. *Er steht
auf.* Anna, Anna ... Anna ... *dreht sich zu Hofman um* Ein

neuer Deutscher ... *Draußen wird »I Will Suvive« von Gloria Gaynor angemacht.*

KALLENDER *zu Hofman* Gib's her, gib mir dein Notizbuch, gib mir dein verdammtes Nazinotizbuch!

Kallender stürzt sich auf Hofman und versucht, es ihm zu entreißen. Hofman springt auf und läuft vor ihm weg.

HOFMAN Hol's dir doch! Hol's dir ... Komm, schneller ... schneller!

DINTER Warum geben Sie es ihm nicht?

HOFMAN *außer Atem* Und warum zeigen Sie uns nicht die Tätowierung unter ihrem Arm, Sturmbannjunge Dinter?

DINTER Das stimmt nicht, Hofman! Das stimmt nicht ... ich meine ... das stimmt, ja, ja, aber wie kann etwas die Wahrheit sein, wenn es in Zeiten der Lüge passiert?

DR. WEISSELBERG *gleichzeitig mit »passiert«* Es kann. Und das ist das Schreckliche daran.

KALLENDER Kann es nicht! Henning, das Notizbuch! Wehe du machst ein Kreuz rein, nein, nein, nein ... bitte nicht!

Anna und Karpeles kommen rein und tanzen. Die Musik wird lauter.

ANNA Los, tanzen! Tanzen! Tanzen, ihr Kanalratten!

3.

Im Garten. Gleichzeitig. Karpeles, der sich bereits übergeben hat, sitzt erschöpft auf einem Gartenstuhl. Girsch taucht aus dem Dunkel der Büsche auf. Auch er hat sich gerade übergeben. Im Hintergrund die erleuchteten Fenster der Wohnung von Hofman und Anna.

GIRSCH Am schlimmsten ist das Kribbeln in den Beinen.

KARPELES Was?

GIRSCH Das Kribbeln. Danach. Es fühlt sich so an, als wäre kein Wasser mehr in den Beinen. Bei dir nicht?

KARPELES Doch ... ja. Bei mir auch.

GIRSCH Und der saure Geschmack?

KARPELES Der saure Geschmack? Ja. Der ist auch schrecklich. Es ist aber mehr ein Brennen, nein?

GIRSCH Ein saures Brennen.

KARPELES Ja.

GIRSCH Ja.

Pause.

GIRSCH Merkst du's mehr in der Kehle oder mehr in der Nase? Bei mir zieht es die Nase hoch, wie ein langer, dünner Strich ... wie zwei lange dünne Striche bis in den Kopf rein.

KARPELES Keine Ahnung, Hermann. Wirklich – keine Ahnung.

GIRSCH Denk mal nach. Überleg mal.

KARPELES Hermann ...

GIRSCH Was ist, Jossel, kannst du nicht mal was für mich tun? Komm, erzähl's dem kleinen Girsch!

KARPELES *müde* Okay. Lass mich überlegen. Okay ... Ja.

Also ... es ist überall, es ist, als würde es mich zuerst in zwei Hälften zerreißen, und dann ... dann, als würde ich, weißt du, als würde ich wie eine Autoscheibe bei einem Unfall in tausend Teile zersplittern.

GIRSCH Ganz schön dramatisch, Jossel ... Du warst ja schon immer sehr dramatisch. Ich dachte, Israel hätte dich vielleicht ein bisschen härter gemacht. *Pause.* Aber vielleicht hat es dich ja noch weicher gemacht. Dünn siehst du aus. Dünn, aber kräftig. Nein, das sagt man nur so. Eigentlich siehst du nur dünn aus. Hast du abgenommen?

Karpeles überlegt kurz, ob er antworten soll, schweigt dann aber.

GIRSCH *plötzlich ernst* Ich werd's dir nie verzeihen!

KARPELES Ich weiß.

GIRSCH Ich werd mit dir reden, ich werd dich fragen, wie es dir geht, wie es dort war, ob es dich härter oder weicher gemacht hat, oder was auch immer, und ob du immer noch dreimal am Tag depressiv bist und dreimal euphorisch, ich werde so sein wie immer, ein unterwürfiger, netter Leimoch mit Herz, aber tief drin werde ich jemand sein, der dir nicht verziehen hat. *Pause.* Und, wie war es dort? Wie war die Aliya?

KARPELES Gut war sie, die Aliya. Ich kann sie wirklich nur jedem empfehlen. Wirklich. Du kommst an, und schon bist du da.

GIRSCH Aha.

KARPELES Du bist sofort da, ja, und du weißt nach einer Woche, dass du wieder wegwillst, und du weißt auch, dass du wieder weggehen wirst, obwohl ... eigentlich weißt du gar nicht so genau, ob du wirklich weggehen wirst, aber so ist es ja auch, wenn du nicht in Israel bist, sondern hier. Hier denkst du ja auch immer, dass du wegwillst, und du kannst auch weg, und du weißt auch, dass du es wahrscheinlich nie tun wirst, aber allein es zu wissen, also, dass du es könntest … macht dich schon glücklich. *Pause.* Wusstest du, Herschel, dass es eine Maschine gibt, die messen kann, ob derjenige glücklicher ist, der von Land zu Land zieht, oder der, der nie aus seinem Dorf weggegangen ist?

GIRSCH Ich bin weggegangen. Von München – nach Berlin.

KARPELES Und jetzt bist du nicht mehr der Gettogirsch? Hallelujah! Glaubst du das wirklich?

Pause.

GIRSCH Weißt du, warum ich es dir nicht verziehen habe?

KARPELES Ich willst es nicht wissen.

GIRSCH Natürlich nicht.

KARPELES *gleichzeitig mit »nicht«* Es ist mir egal. *Fällt sich selbst ins Wort.* Nein, es ist mir nicht egal. Sagst du's mir?

GIRSCH Nein.

KARPELES Na gut.

GIRSCH Warte. Ich sag's dir.

KARPELES Jetzt will ich's aber nicht mehr wissen!

Sie lächeln sich an.

KARPELES Hast du darum gekotzt?

GIRSCH *gleichzeitig mit »gekotzt«* Frag mich lieber, warum ich nicht gekotzt hab.

KARPELES Und warum hast du nicht gekotzt, Hermann?

GIRSCH Weil es kein Danach gibt. Weil … wenn es vorbei ist, verstehst du, dann ist es richtig vorbei. *Kleine Pause.* Und auch, weil ich manchmal im Frühling eine Straße hinuntergehe und vor mir der Schatten der Blätter auf dem Bürgersteig tanzt. Und weil nichts so gut schmeckt wie Borschtsch mit Piroggen und Sahne … Und weil meine blöden Kinder zu blöd sind zu wissen, dass wir nie was kriegen werden dafür, dass wir uns immer so anstrengen. Und weil ich, wenn ich tot bin, nie wieder meine Frau sehen muss!

KARPELES So schlimm? Hat deine Mama dir die Falsche ausgesucht?

GIRSCH Es gibt nicht die Richtige. Denkst du das?

KARPELES In Israel hab ich das gedacht. Immer wieder hab ich's gedacht.

GIRSCH Dort? Dort auch?

KARPELES Ja. Gerade dort. Ich war meistens allein, und ich hab dort auch nicht anders gelebt als hier. Scheiße, Hermann. Weißt du ... ich saß immer nachmittags im Café Mersand, in diesem alten deutschen Café, weißt du, immer saß ich da, immer ... immer, wenn ich mit dem Schreiben fertig war.

GIRSCH *gleichzeitig mit »war«* Ben Jehuda Ecke Frischmann?

KARPELES Ja, Ecke Frischmann ... Ecke Frischmann. Ich saß im Mersand, und neben mir saßen Renen und Ajelet und Shira, und Aya und Ruthi und Karina, und Miriam und Zippi ... und, und, und ... und ich dachte, sie sind so schön, sie sind so, wie sie sein sollen, und wenn es sie gibt, dann gibt es auch die Richtige. *Pause.* Es gibt ja die Richtige.

GIRSCH *gleichzeitig mit »Richtige«* Meine Frau mag mich nicht. Das ist das Schlimmste. Sie mag den kleinen Girsch einfach nicht. Würde sie mich mögen, dann würde ich sie vielleicht auch mögen. Und wenn ich sie mögen würde, würde sie mich lieben ... und wenn sie mich lieben würde, würde ich sie lieben! *Pause.* Aber wahrscheinlich ist sie mir nur zu hässlich.

KARPELES *grinsend* Sie ist dir zu hässlich, und du musst immer das machen, was sie will. Stimmt's? *Pause.* Das war eine Frage, Girschelchen. Musst du?

GIRSCH Ich?

KARPELES Wer sonst? Siehst du sonst noch jemand hier?

GIRSCH Ja, sehe ich … irgendwie ja. Aber dieser jemand –
diese jemand – ist nicht hier … und irgendwie doch. Verstehst du?

KARPELES Nu.

GIRSCH Jossel, das weißt du doch, ich muss immer das
machen, was jemand anders will.

KARPELES Und darum hast du gekotzt?

GIRSCH Warum hast du gekotzt?

KARPELES Nu!

GIRSCH Keine Ahnung. Wahrscheinlich. Ja. Ein bisschen.
Also zum Teil … jedenfalls.

Pause.

KARPELES Ich kotz zur Zeit fast jeden Tag, seit einem halben
Jahr. Ich kotz am Tag, und in der Nacht schwitze ich mein
Bett nass, und ich bin schwach, und ich fühle mich jeden Tag
noch schwächer, und Dr. Weisselberg wollte, dass ich es …

GIRSCH *unterbricht ihn* Was ist es bei dir, Joe, sag mir, was es
ist? Sind es die Nerven? War's das Heimweh? *Pause.* Ist es
wegen ihr?

KARPELES *gleichzeitig mit »ihr«* Was glaubst du?

GIRSCH Wenn es wieder weniger geworden ist, seit du da bist,
dann ist es klar.

KARPELES Nein, es ist mehr geworden.

GIRSCH Dann ist es Anna – Hofmans Anna.

Stille.

KARPELES Wusstest du, Herschel, dass hier *er deutet mit der
linken Hand in eine Richtung, mit der rechten Hand in die
andere* das Gesetz ist und dort der Mensch?

GIRSCH Was?

KARPELES Du gehst in ein Café, hör zu, du gehst in ein Café und bestellst dir einen Tee, und du trinkst langsam den Tee, und du bezahlst ihn, und beim Rausgehen sagst du Aufwiedersehen. Das ist das Gesetz.

GIRSCH Aha.

KARPELES Ohne Gesetz, ja, ohne das Gesetz würdest du reingehen, den Tee von jemandem austrinken, ihm die Brieftasche klauen und, bevor du wegläufst, auch noch den Kellner niederschlagen. *Pause.* Die Ehe, Herschel, ist das Gesetz.

GIRSCH *lacht albern* Dann habe ich gegen das Gesetz verstoßen. Ich hab gemacht, was ich wollte, ich hab einmal im Leben gemacht, was ich wollte, und das ... das ... es war nichts für mich!

KARPELES Hat sie dich erwischt?

GIRSCH Nein, sie hat mich nicht erwischt. Sie hat nur ein Haar gefunden. Ein einziges, langes, schwarzes, gewelltes Haar. So lange Haare ... Gott, so lange Haare hat sie selbst das letzte Mal als kleines Mädchen gehabt. Sie hat so kurze Haare wie ein Mann, und ich sag immer, Abigail, warum nicht länger, warum können deine Haare nicht so schön lang sein wie in einem Film, und sie sagt, weil wir nicht in einem Film leben, Girsch – sie sagt wirklich Girsch zu mir, glaubst du das? –, und ich sag, genau, warum nicht, und sie sagt, wenn wir in einem Film leben würden, dann wärst du zehn Zentimeter größer, Girsch, du würdest nicht Ärmchen haben wie ein Kind, du würdest zweimal hintereinander können und mich ab und zu anständig lecken, und dann wär dieses lange, schwarze Haar hier in meinem Teller das Haar deiner Geliebten, der du's auch noch dreimal die Woche besorgen würdest – Girsch!

KARPELES Witzig. So redet sie wirklich, deine belgische Mottenkugel? Witzig ... Vielleicht ist sie doch die Richtige.

GIRSCH Was?

KARPELES Wie – was?

GIRSCH Was meinst du mit »Mottenkugel«?

KARPELES Was meinst du, was ich meine?

GIRSCH Willst du wissen, wessen Haar es war?

KARPELES Mhm.

GIRSCH *darüber* Nein, Jossel, du willst es nicht wissen. Vielleicht willst du wissen, warum ich so sauer auf dich war, als du weggegangen bist.

KARPELES Oh, bitte.

GIRSCH *gleichzeitig mit »bitte«* Zuerst also dein Artikel, zuerst dein bescheuerter Abschiedsartikel, in dem du uns alle so … so komisch beschrieben hast. Nicht die andern hast du beschrieben, nicht die Deutschen, sondern uns, deine Leute, weil wir … wie hast du geschrieben, weil wir uns schon wieder in den Dreck hinter ihren Fingernägeln verwandelten. Warum musste mein Name in deinem Scheißartikel stehen? Und dann – du hast mir gefehlt! Bei jeder Eröffnung im Museum hab ich draußen im Hof gestanden und gewartet, ob du nicht plötzlich auftauchst, ob nicht irgendwo dein blödes ruthenisches Gesicht auftaucht, du ergraute Nullnummer!

KARPELES Was regst du dich auf? Was … regst du dich so auf? Da bin ich doch wieder.

GIRSCH Zu spät.

KARPELES Nur ein bisschen zu spät. Ein bisschen wirst du schon noch was von mir haben …

GIRSCH *ernst* Zu spät. Vergiss es. Vergiss alles, und vergiss, dass es mich gegeben hat.

KARPELES Mhm. Und du bist überhaupt nicht dramatisch, nein? Herschel, hör auf. Es tut mir leid. *Überbetont.* Es tut mir leid.

GIRSCH Und du hast es natürlich nicht so gemeint …

KARPELES Genau.

GIRSCH Du meinst es nie so! Es sind alles nur Worte für dich, Worte, die gerade super klingen, die aus einem Menschen, der … der, sagen wir nett, freundlich und vielleicht ein bisschen ängstlich ist … in Sekundenschnelle einen verlogenen, kühlen Feigling machen. Danke, Joe, seit deinem Artikel nennen mich alle so.

KARPELES Gettogirsch?

GIRSCH Nein – Herschelmauschel. Oder Museumsjude.

KARPELES *lachend* Es tut mir leid.

Pause.

GIRSCH Es war Annas Haar. Es war das Haar von Hofmans Anna.

KARPELES Was?

Pause.

GIRSCH Sie kam einmal im Monat. Manchmal kam sie auch monatelang nicht. Dann rief sie plötzlich an und sagte, morgen, morgen … ist Abigail morgen wieder beim Yoga? Und wenn sie kam – sie kam immer zu spät –, dann sah sie mich zuerst minutenlang an und sagte nichts, und ich dachte immer nur, ich muss gleich wieder zurück ins Museum, wir müssen schnell machen, und ich fand auch ihren Blick gar nicht romantisch, oder so. *Pause.* Tut es weh?

KARPELES Was?

GIRSCH Das.

KARPELES Nein.

GIRSCH Und tut's weh, wenn ich dir erzähle, dass sie sich danach ganz schnell ausgezogen hat, ganz, ganz schnell, so schnell wie ein Kaninchen, wie ein Bienchen, wie ein Zickchen, das schrecklichen Hunger hat, und dann hat sie sich ins Bett gelegt und hat die Beine auseinandergezogen und hat gesagt, Hermann, du riechst ja genauso wie er!

KARPELES Jetzt.

GIRSCH Sie hat immer quer im Bett gelegen, und ich hab mich
nie getraut zu sagen, Anna, bitte, ich hab's lieber gerade. Ich
war ja froh, dass sie überhaupt da war.

KARPELES Ja – jetzt.

GIRSCH Siehst du.

Pause.

KARPELES Und verrätst du's mir? Riechst du wie Hofman
oder wie ich?

GIRSCH Wie du.

KARPELES Und Hofman?

GIRSCH Ich weiß nicht, wie Hofman riecht. Doch, ich weiß
es – er riecht wie Scheiße.

KARPELES Du hast seine Frau gefickt.

GIRSCH Ja. Damit keiner mehr meint, ich hab keine Eier.

KARPELES Du hast Eier, Girscho?

GIRSCH Er hat schon vorher wie Scheiße gerochen.

KARPELES Ja, wahrscheinlich – ja. Aber vorher war's dir egal.

GIRSCH *gleichzeitig mit »egal«* Dir war's auch egal, und dir
ist es heute noch egal. Du gibst ihm sogar dein Comeback-
Interview. Richtig? Richtig. Jeder weiß, was ihr vorhabt.
Kleine Pause. Du weißt, was ich rausgefunden hab, ja? Dieses Haus hier, das hat mal uns gehört. Wie fast alle Häuser in
dieser Straße. Und wieso ... wieso ist gerade vor der 32 kein
Stolperstein? Weißt du das, du Chuchem? Warum steht hier
nicht auf so einem kleinen, gelben Messingplättchen, Hanna
und Georg Berenson, geboren am 24. 12. 1888 in Lemberg,
geboren am 2. 2. 1902 in Köln, gestorben genau hier am
3. 5. 1938 zusammen in ihrem Bett, das genau dort stand, wo
jetzt das Bett von Henning Hofman steht?

KARPELES Du hast seine Frau gefickt.

GIRSCH Ich hab deine Frau gefickt. Anna ist immer noch

deine Frau. Und das werd ich dir nicht verzeihen … Wärst du nicht weggegangen, sie hätte mich nicht mal angesehen. Es war alles so aussichtslos … Ich, verstehst du, ich hab genug Zures gehabt, ich soll auch noch was haben mit einer Frau, die mit X zusammen ist, aber eigentlich Y liebt. Was bin ich dann? Bin ich Z – oder bin ich eine Null?

KARPELES *würgend* Ich glaub … ich … ich sollte …

GIRSCH *darüber* Ich hab's diesem Stück Scheiße gesagt. Arisierung, so und so, und er hat gesagt, Anna, so und so, und ich hab gesagt, Treitschkestraße, so und so, das kannst du vergessen, Henning, ich mach jetzt … ich mach jetzt eine Kafkastraße daraus, eine Spinozastraße, eine Anne-Frank-Straße, tausend Unterschriften, tschick, Volksabstimmung, tschack, und er hat gesagt, du, wenn du das machst, wenn du wirklich dein verdammtes Bürgerbegehren machst, dann schreiben wir, dass du die Sachen aus dem Museum über Cohen Art in Genf in Auktionen verkaufst, und ich hab gesagt, aha, und was noch, und er hat gesagt …

KARPELES Stimmt das?

GIRSCH … keine Ahnung, wie er's rausgefunden hat …

KARPELES … du bist ein Spieler, Herschel, das hätte ich nicht gedacht …

GIRSCH *gleichzeitig mit »gedacht«* … und dann hat er gesagt, es ist dein Ende, Herschelmauschel, außer, außer … du wirst es nicht glauben, Joe, du warst zu lange weg, du weißt nicht, was hier alles inzwischen möglich ist!

KARPELES Nu.

GIRSCH Ich soll vorschlagen, dass das Museum umbenannt wird! *Lacht.* Bei ihm, in seiner Zeitung. Große Selbstanklage und so weiter … großes Blabla.

KARPELES Wie ›umbenannt‹? Geht das?

GIRSCH *ruhig* Darum geht's nicht. Darum geht's erst mal gar nicht. Das ist egal. Er will die Krise, das Drama, das

Hin und Her, verstehst du? Verstehst du's? Er will, dass sie dann alle darüber reden, schreiben und bloß nicht, bloß nicht einer Meinung sind – und dann, dann ... *er hält die Hände geöffnet nach oben* ... wenn alle darüber geredet haben, wenn dann wirklich alle darüber gestritten haben, ja, ob es Sinn macht, das Jüdische Museum Berlin umzubenennen in Deutsches Museum jüdischer Geschichte bis 1941, dann ... dann wird es auch vielleicht wirklich passieren!

KARPELES Gib einer Sache einen Namen, und sie wird geschehen.

GIRSCH Kohelet 2, Strophe 7.

Pause.

KARPELES *würgend* Ich ... warte ... ich komm gleich. *Er steht auf, bleibt aber stehen.*

GIRSCH Ich komm mit.

KARPELES Äh?

GIRSCH Ekelst du dich?

KARPELES *sieht ihn angewidert an* Nein. Nein, nein ...

GIRSCH Ich komm mir vor ... weißt du, wie ich mir vorkomme?

KARPELES Ich weiß genau: Wie Adam Czerniakow! Zuerst hat er die Listen für die Deportationen gemacht für die Deutschen, und dann hat er sich selbst reingeschrieben, und dann hat er sich ...

GIRSCH *gleichzeitig mit »sich«* Genau, ich bin der Judenrat von Berlin, Hermann Girsch. Ich bin der Mann, in dessen Museum es bald die Ausstellung über »Das Erinnern und Vergehen der Jüdischen Rasse im Reichsprotektorat Böhmen und Mähren« geben wird. Das war natürlich auch Hofmans Vorschlag.

KARPELES Ach ...

GIRSCH Ich bin der Mann ohne Eier, Jossel.

KARPELES No ja …

GIRSCH *gleichzeitig mit »ja«* Lieber würde ich ins Gefängnis gehen wegen ein paar Scheißchanukkaleuchtern, die Beni Cohen und ich bei Sotheby's vertickt haben! Gehen wir kotzen?

KARPELES Bist du sicher, Girschelchen? Du?

GIRSCH *verzweifelt* Nein, bin ich nicht. Aber … *Er steht endlich auch auf und stellt sich vor Karpeles.* Fass mal an, hier. Hier. Fass hier an … *Er nimmt Karpeles' Hand und drückt sie gegen seine Jackett-Tasche.*

KARPELES Da würde sich aber die Mottenkugel freuen!

GIRSCH Anna auch.

KARPELES Ja, die auch …

GIRSCH *mit zweideutigem Lächeln* Mäuschen, ich hatte nichts mit Anna. Was glaubst du denn? Joe, ich schwör's dir! *Kleine Pause.* Soll ich auf irgendwas schwören? Sag mir, auf was? Soll ich auf eins von meinen Kindern schwören? Auf Gadi, auf Gabriella? Auf beide? Ich mach's! Für dich! Für dich mach ich's sofort! *Pause.* Ich hab's mir doch einfach nur immer so gewünscht – damit es dir wehtut. *Schwärmerisch.* Ja, jaja … Sie ist aus einem Porzellan, das nicht bricht. Du weißt, was ich meine.

KARPELES Porzellan, nicht Porzellan, wenn du wüsstest, wie egal mir das ist. *Pause.* Es ist alles nur eine Frage der Öffnung. Farstajst? Es ist nur eine Öffnung – es ist Luft mit irgendwas drumherum. Es ist also – nichts. Die Frau vom Rabbi hat auch so was, logisch, und Zipi Livni, und deine Großmutter hatte es auch. *Er stößt mit ausgestrecktem Finger mehrmals in eine andere Richtung in die Luft.* Guck mal hier. Und hier. Und hier. Und hier!

GIRSCH Heiliger Rambam, warum bist du nur so?

KARPELES *hält sich den Bauch* Weil meine Mutter auch

schon so war. Wir scheißen auf die Menschen. Aber wir können trotzdem sehr traurig sein.

Pause.

GIRSCH *nimmt wieder seine Hand* Weißt du, was das ist?

KARPELES Deine riesige Bundeslade aufgeklappt?

GIRSCH Nein. Es ist Herzls Brieföffner.

KARPELES *lachend und sich dabei vor Schmerzen den Bauch haltend* Was? Was ist das? Herzls … was?!

GIRSCH Es ist ein sehr langer und ein sehr scharfer Brieföffner.

KARPELES Aus dem Museum?

GIRSCH Sagen wir, aus dem Keller des Museums.

KARPELES Und was willst du damit machen? Herschel, bist du ein verdammter Samurai, oder was? Oder willst du … was … was? Wollen wir Seppuku hier machen mit … Herzls Brieföffner, und ich soll dir dabei auch noch helfen?

GIRSCH Komm, wir gehen kotzen.

KARPELES Nein. Jetzt will ich nicht mehr.

GIRSCH Dann will ich auch nicht.

KARPELES Warum nicht?

GIRSCH Siehst du? Ich kann das auch, siehst du? Ich kann auch mal so wollen und dann so wollen. Wie du. Findest du das gut, sympathisch, gewinnend? Wie findest du's, sag.

KARPELES *krümmt sich vor Schmerzen* Ihr seid alle verrückt geworden hier! Jesus, ihr seid ja noch verrückter als die Irren in Israel. Was ist, was ist … ich kann's nicht mehr halten.

Karpeles verschwindet allein in die Büsche und kommt kurz darauf wieder zurück.

GIRSCH *wieder ruhig* Sag mal, was ist eigentlich mit dir? Das ist doch nicht normal.

KARPELES Die Übelkeit?

GIRSCH Ja.

KARPELES Das Zittern?

Girsch nickt.

KARPELES Die fünfzehn Kilo weniger im letzten halben Jahr?

GIRSCH Ja.

KARPELES Nein, es ist nicht normal. Nein. Nein, nein. Nein, nein, nein, nein. *Pause.* Ich geh wieder rein. Sie sind alle nur wegen mir da. Alle … wegen mir! *Er schwankt.* Meine Beine. Sie fühlen sich so an …

GIRSCH … als wär kein Wasser drin?

KARPELES Ja, kein Wasser. Und dann dieses Brennen. Dieses Brennen im Hals und im Hirn.

GIRSCH *bevor er sich umdreht und in die Büsche geht* Bei mir ist es das Herz. Bei mir steht immer das Herz in Flammen. Mein kleines, verratenes, verwundetes Herz.

4.

Bibliothek. Viel später. Karpeles, Hofman, Kallender sitzen am großen Bibliothekstisch. Auf dem Tisch steht ein Aufnahmegerät. Karpeles ist immer noch blass, aber es geht ihm etwas besser. Er ist unkonzentriert und blättert in einem Buch. Es ist sein eigenes.

HOFMAN Joe, Joe ... kannst du mir zuhören? Joe, wir fangen jetzt an. *Pause.* Kannst du jetzt endlich aufhören, dein eigenes Buch zu lesen? Ja, geht das? Dein eigenes Buch – ist dir das nicht peinlich?

KALLENDER *der als einziger Notizzettel vor sich liegen hat* Ja, wir können. Wir können. Von mir aus können wir. Wir können ...

KARPELES *legt das Buch weg, macht vorher aber in eine Seite ein Eselsohr* Okay ... Aber ich fang an. Zuerst hab ich eine Frage!

HOFMAN Eine Frage?

KARPELES Ja. Wir fangen mit einer Frage von mir an. Und die ...

HOFMAN *gleichzeitig mit »die«* ... die streichen wir später wieder raus.

KARPELES *steht auf* Gut, dann nicht.

HOFMAN Setz dich wieder hin.

KARPELES Ja oder nein?

HOFMAN Setz dich wieder hin, du Diva.

KARPELES Wieso bin ich eine Diva? Wieso soll ich eine Diva sein, Hofman?

KALLENDER Hofman. Langes »o«, kurzes »f«.

KARPELES Hier, dein kleiner Kallender – der ist keine Diva!

Der ist so, wie du ihn brauchst. Du schreibst seinen Namen
in dein Notizbuch, und er ist happy, du streichst ihn raus,
und du kannst seinen Puls mit einem Detektor suchen. Tok.
Tok. Tok. *Immer leiser und langsamer.* Tok ... tok ... tok.

KALLENDER Entschuldige bitte, ja, Joe. Ich, ich bin ... ich war
doch nur ganz kurz raus. Wir haben das geklärt. *Pause.*
Stimmt, Henning? Wir haben das doch geklärt, oder nicht?
Sag was, Henning.

MOFMAN *mit Comicstimme* Geklärt, geklärt, geklärt.

KALLENDER Wieso? Du hast doch ... oder hast du nur so
getan?! Hast du nicht meinen Namen wieder reingeschrieben?

HOFMAN *neckend* Ich weiß nicht.

KALLENDER Ich hab's doch gesehen.

HOFMAN Was hast du gesehen? Du hast deine Augen überall,
ja, Jobst? Hast du vielleicht auch gesehen, dass ich inzwischen wieder so ein ganz kleines Totenkreuz in mein Toten-
büchlein gemacht hab?

KARPELES *gleichzeitig mit »hab«* Was ist das eigentlich,
Henning, ich meine, ganz im Ernst ... was ist das für eine
Scheiße mit deiner Liste? Bist du ein verdammter Mafiatyp,
oder was? Komm, sag's uns. Und stehen auch Leute auf deiner Liste, die du magst, oder nur die, die du nicht magst?
Die du rausschmeißen wirst, die nie befördert werden, die
nie mit dir spielen wollten? *Kleine Pause.* Steht Anna auf
deiner Liste?

HOFMAN Ist das deine Frage? Drucken wir!

KARPELES Nein, ist nicht meine Frage.

HOFMAN Damit wir endlich anfangen können, frag jetzt endlich, was du fragen wolltest, unerbittlicher Moral-Karpeles!

KALLENDER *zu sich selbst* Gott, und ich muss das alles auch
noch abtippen. *Zu Hofman.* Das auch, ja? Abtippen, kür-
zen, dann wieder umschreiben, wenn du es *zu Karpeles*

gelesen hast, dann noch mal umschreiben, wenn du es noch mal gelesen hast. Und dann noch mal, noch mal, noch mal ... *zu Hofman* Tolle Idee! Party, Interview, 9. November. Wir können doch warten, warum warten wir nicht? Wie wär's mit dem 21. Januar? Befreiung von Auschwitz ... Hehe.

HOFMAN *gleichzeitig mit »Hehe«* Zu spät. Dann ist er wieder weg. Alija Nummer zwei.

Pause.

KARPELES *setzt sich wieder hin* Warum hast du das gemacht? Das ist meine Frage.

HOFMAN Ich mach das Gerät an, warte.

KARPELES Nein. *Pause.* Warum hast du das mit ihm gemacht? Du hättest viel freundlicher sein müssen. Er ... es ist ihm nicht ... wie kannst du zu jemandem so sein?

HOFMAN Wie – so?

KARPELES Zu jemandem wie ihm.

HOFMAN Und wer fragt, warum alle zu mir »so« sind?

KARPELES *gleichzeitig mit »sind«* Weißt du, was du zu Girsch gesagt hast?

HOFMAN »Dann iss es doch.« Ich hab gesagt: »Wenn du willst, dann iss es auf bis zum letzten Splitter. Guten Appetit.« Das hab ich gesagt.

KARPELES Und es war dir egal, ich meine, ob er es wirklich macht?

HOFMAN Ich hab gehofft, dass er's macht! Darum hab ich's ja gesagt. Ich bin keiner von euch, ich sag immer, was ich meine.

KARPELES Von euch – ja?

HOFMAN Ja. *Pause.* Ich weiß nicht, was du meinst ...

KARPELES *aggressiv* Was könnte es sein, was glaubst du?

HOFMAN Reg dich nicht auf.

KARPELES Was?

HOFMAN Reg dich nicht auf.

KARPELES Was mein ich?

HOFMAN *mit Comicstimme* Was meinst du, was ich meinen könnte ... was mein ich, was meinst du, was ich meinen könnte ...

KARPELES *gleichzeitig mit »könnte«* Nein, keine Ahnung?

HOFMAN Nein.

Pause.

KARPELES Oktober 88. Ein kleines, dunkles, verrauchtes Besprechungszimmer in der Pacellistraße. Als ihr noch in München wart, Henning.

HOFMAN Ja, als wir noch in München waren. *Zu Kallender.* Wie war das, als wir noch in München waren, Jobst?

KALLENDER Ich ... ich war nicht in München, Henning.

HOFMAN Nein? Dann bist du erst seit Berlin dabei?

Kallender nickt.

HOFMAN Und wieso kommt es mir so vor, als wärst du schon immer dagewesen?

Kallender zuckt mit den Schultern und lächelt glücklich.

KARPELES Ich hab dich angerufen, ich hab gesagt, ich bin der und der, und Sie, Herr Hofman, sind der und der, Sie sind jung, ich auch, vielleicht reden wir miteinander ... und vielleicht wird am Ende eine neue Gruppe 47 daraus. Wollen wir »du« sagen, hab ich am Ende gesagt, und du hast »ja« gesagt, aber ich hab gemerkt, dass du es überhaupt nicht wolltest. Dazwischen war noch was anderes.

HOFMAN Ich kann mich nicht erinnern. *Zu Kallender* Kannst du dich erinnern? Wollten wir in München eine neue Gruppe 47 gründen? War er *er zeigt mit dem Finger auf Karpeles* dabei?

KALLENDER Aber Henning ... ich war nicht in München. *Kurze Pause.* Eigentlich eine klasse Idee.

HOFMAN *darüber* Hast du gesagt. Genau. Und wann bist du zu uns gekommen? Wo ... wo hab ich dich ausgegraben?

Pause.

KARPELES Er hat ein Messer. Außerdem.

HOFMAN Ein Messer. Mhm. Hat er auch eine Axt?

KARPELES Eine Art Messer. Aus dem Museum.

HOFMAN Wunderbar, er macht weiter ... Er kann nicht aufhören zu klauen. Wenn sie erst mal anfangen, können sie nicht mehr aufhören.

KARPELES Sie?

HOFMAN Sie – die Diebe, die Schwächlinge, die mit dem Geldkomplex. *Zu Kallender.* Jobst, hast du auch mal was geklaut?

Kallender zuckt.

KARPELES Und wenn er seinen Brieföffner ...

HOFMAN Seinen Brieföffner?

KARPELES Herzls Brieföffner.

HOFMAN *darüber* Das Messer, mit dem Herzl beschnitten wurde, habt ihr nicht?

KARPELES *gleichzeitig mit »nicht«* Und wenn er seinen Brieföffner rausgezogen hätte, dann hättest du auch gesagt: »Stich zu«? Hättest du auch gesagt: »Stich zu, massakrier mich, räch dich, schneid mich in Stücke«?

HOFMAN Ich hätte gesagt, er soll sich's selbst an die Gurgel legen. Das hätte ich gesagt. Weißt du, warum? *Er deutet mit der Hand auf seine Kehle.* Es sitzt so tief. So tief. So tief! Ich kann dir nicht sagen, wie sehr ich mir wünsche, dass er nicht mehr die gleiche Luft atmet wie ich. *Pause.* Was guckst du so?

KARPELES *macht den Tonfall von Hofman nach* Ich mache
mir Sorgen um Girsch, um unseren Gettogirsch, um den
armen Judengirsch, wir müssen ihm helfen, wir müssen ihn
retten … der Arme, ein Opfer seiner selbst, seiner
Geschichte, unserer Geschichte … Heul. Ojch. Ach weh!
KALLENDER Nein. Das war ironisch. *Zu Hofman.* Das war
doch ironisch, oder Henning?

Hofman reagiert nicht.

KARPELES Ironie. Wikipedia-Eintrag des Tages: Lüge, wenn
du nicht den Mut hast, ehrlich zu sein.
KALLENDER So kann man das nicht sagen. Das ist ja auch eine
Form von An- und … Aussprache, also mehr Ansprache,
und die … die auf dem Weg in die Unmittelbarkeit … einen
Umweg macht. Was ist dabei? Was? Du willst doch bloß
wieder was gegen die Deutschen sagen. *Immer schneller,
fast leiernd.* Ironie, Humor der Deutschen … ihr Deutschen, ihr könnt es nur indirekt, aber wir, die Tollen, die
Wunderbaren, die Juden, die man umgebracht hat … wir
sind immer noch da, und wie wir da sind! … und dann dieser
wunderbare Humor, den wir immer noch haben, so direkt,
so selbstkritisch, so auf den Punkt, nicht wie diese deutsche – I-r-o-n-i-e!
HOFMAN *zu Kallender* Halt den Mund! *Zu Karpeles.* Er will
mich aus meinem Haus jagen. Ich bin hier reingetragen worden, als ich drei Tage alt war, ich kann mich noch genau erinnern. Drei Tage. Ich war noch blau im Gesicht … Es sind
nur Schatten, die ich sehe, aber sie sind so vertraut, sie sind
immer noch da, wenn ich manchmal frühmorgens aufstehe,
weil ich etwas trinken muss. Ich steh auf, ich geh in die
Küche, und wenn ich zurückkomme und mich neben Anna
ins Bett lege, sehe ich an der Wand über unserem Bett diese
komischen drei kleinen Flecken, die morgens nicht mehr da

sind, und mittags nicht und abends nicht, sie sind nur in der Dämmerung da, ich hab bis heute nicht verstanden, wie sie entstehen, und die sehe ich, und dann habe ich die Erinnerung an den Tag, an dem mein Leben im Haus meines Vaters und meines Großvaters begann.

KARPELES Drei Tage. Hattest du auch schon einen Ständer mit drei Tagen?

HOFMAN Was?

KARPELES Nichts.

HOFMAN Was?

KARPELES Einen Ständer. Eine Erektion. Eine Ejakulation … Ejakulation wie Tradition.

HOFMAN Genau – mach deine Witze. Du wirst noch deine Witze machen, wenn du im Sterben liegst. Du wirst da liegen und witzig sein, und alle werden denken, vielleicht ist er doch nicht so klug, wie wir dachten, vielleicht hat er das Gehirn, nein, die Seele eines dreijährigen Schwachkopfs.

Karpeles starrt ihn entsetzt an.

HOFMAN Du wirst bis zum Schluss … du wirst so witzig sein, dass alle froh sind, wenn du keine Witze mehr machst. *Pause.* Ihr und eure Witze.

KARPELES Wer – ihr?

HOFMAN Ihr Juden.

Pause. Plötzlich fangen alle an, zu lachen. Sie lachen laut und ein bisschen übertrieben.

HOFMAN Okay?

KALLENDER Okay.

KARPELES Okay.

Pause.

HOFMAN *macht das Aufnahmegerät an* Okay. Herr Karpeles, Sie sind wieder da. Hat Ihnen Deutschland gefehlt?

KARPELES *nach kurzem Zögern* Wie ist das, wenn einer
Kopfschmerzen hat?

Schlägt er seinen Kopf ab, um gesund zu werden?
Pause. Ich habe einen Fehler gemacht.

HOFMAN Ja?

KARPELES Ja.

HOFMAN Was ist passiert?

KARPELES Ich fühlte mich am Anfang natürlich sehr gut, in
Israel. Ich musste nicht mehr über Dinge nachdenken, über
die ich in Deutschland nur deshalb nachdachte, weil ich in
Deutschland war.

HOFMAN Ein Beispiel, bitte.

KARPELES Mhm ... mhm ... Ein Bild. Nehmen Sie das Bild
eines jungen Mannes, eines jungen Malers aus Hamburg
oder Berlin. Er ist jung, aber er verkauft so ein Bild schon
für fünfzigtausend, für hunderttausend Euro. Das Bild
zeigt, sagen wir, es zeigt eine Fratze, also einen scheinbar
hingeschmierten Kopf eines Mannes, und dieser Mann hat
eine Uniformjacke an ...

HOFMAN Mhm ... mhm ...

KARPELES ... und auf der Uniformjacke sieht man ein Herz,
ein Herz, und daneben sehen Sie ...

HOFMAN Mhm ...

KARPELES ... sagen wir, ein Ritterkreuz, also kein Haken-
kreuz, aber das Kreuz, das trotzdem auf jedem deutschen
Kampfflugzeug zu sehen war und immer größer und größer
wurde, während es in Tiefflug ging, während es ... nur als
Beispiel ... auf diese russische Einheit zuschoss, die gerade
unten kampierte, und mein Großvater ... das ist nur eine
persönliche Bemerkung ... und mein Großvater, genauso
neurotisch wie ich, mein Großvater wollte nicht mit den

anderen mitten auf der Wiese liegen, er war sowieso den ganzen Tag, das ganze Jahr mit ihnen zusammen, er legte sich ein wenig abseits, abseits genug, um zu sehen, wie dieses Flugzeug ... diese Messerschmitt ...

HOFMAN Aha. Messerschmitt, natürlich ...

KARPELES ... um zu sehen, wie sie auf seine Kameraden zuschießt, wie der Bordschütze Gulasch aus ihnen macht, und dabei also ... dabei wird dieses Ritterkreuz immer größer und größer, und es brennt sich ein in die Erinnerung. Erstens: In die Erinnerung meines Großvaters. Zweitens, in die meiner Mutter. Drittens, in meine Erinnerung. Aber jetzt ist es wieder da, es ist keine eigene Erinnerung, es ist höchstens die Erinnerung eines jungen Deutschen aus Hamburg oder Berlin, eine künstliche Erinnerung, eine Anti-Erinnerung *zu Kallender*, wie Sie sagen würden ... es wird wieder größer und größer, es ist auf diesem Bild von diesem jungen Maler aus Hamburg oder Berlin, *zu Hofman* ich sehe es auf einem Foto in Ihrer Zeitung, ich sehe es auf einem Plakat der Sammlung Merzenich unten am Nordbahnhof, und über diesem Kreuz und dem Herz und der Fratze dieses ungezogenen Mannes, die sich ... übrigens das auch noch ... die sich zu den Fratzen von George Grosz so verhält wie ein Denkmal für Bismarck zu einem Denkmal für Rosa Luxemburg, ja ... über diesem Kreuz steht dann in Großbuchstaben: ICH BIN EUER NIETZSCHEMESSIAS. Wissen Sie, was das ist?

HOFMAN Scheiße?

KALLENDER Mhm ... ähm ... ich würde sagen ...

KARPELES Das ist etwas, worüber ich nicht mehr nachdenken, reden ... reden und schreiben ...

KALLENDER *gleichzeitig mit »schreiben«* Vor allem schreiben!

KARPELES ... nie mehr nachdenken wollte!

HOFMAN Warum?

KARPELES Das ist wie in einem sehr salzigen, öligen Meer zu
baden. Sie mögen das salzige …

KALLENDER Das Tote Meer? Mhm, mhm …

KARPELES *gleichzeitig mit »mhm«* Nein. Das ist nur eine
Metapher. Sie mögen das salzige, ölige Meer nicht, aber Ihre
Freundin sagt, komm mit, oder es gibt einen anderen bio-
grafischen Zwang, der sie in diese Jauche zwingt.

KALLENDER Hehe …

KARPELES … und dann kommen Sie wieder raus, genervt,
angewidert, schlecht gelaunt, und sind dann auch noch …

KALLENDER Salzig und ölig.

KARPELES Genau.

KALLENDER Und wie lässt es sich vermeiden, dass man da
reinmuss?

HOFMAN Man zieht nach Israel!

KALLENDER *zu sich selbst* Aber das Tote Meer …

KARPELES Nach Israel. Genau.

HOFMAN *zu Karpeles* Und in Israel … aber in Israel …

KARPELES *gleichzeitig mit »Israel«* Genau. Auch da kommt
sie zurück …

HOFMAN … die Erinnerung.

KALLENDER Die Post-Erinnerung?

KARPELES Was meinen Sie?

KALLENDER Bauhaus. Zum Beispiel. Oder … oder … die zio-
nistische Jugendbewegung. Das ist ja alles deutsch. Oder der
Biologismus. Ich meine … diese Kontrollen. Zwanzig Tests,
heißt es, man kann zwanzig Tests machen als junges Paar in
Pal … in Israel, damit man kein behindertes Kind bekommt.

HOFMAN Haben Sie Familie in Israel, Herr Karpeles? Frau,
Kinder?

Pause.

72

KARPELES Ich war nur acht Jahre weg, verstehen Sie? In acht Jahren kann man gerade eine Frau kennenlernen, von der man nach zwei Jahren weiß, dass sie in drei Jahren nicht mehr die richtige sein wird. Da macht man keine Kinder.

HOFMAN Das ist der Grund?

KARPELES Nennen Sie mir einen anderen.

HOFMAN Sicher, ja?

KARPELES Ach so, ja, Sie sagen jetzt natürlich gleich »Nahostkonflikt«. Sie sagen jetzt »Militärdienst«, »Besetzte Gebiete«, und dann werden Sie mich noch fragen, wie lange der jüdische Staat überleben kann.

HOFMAN Nein, sage ich nicht.

KALLENDER *gleichzeitig mit »nicht«* Es ist ... vielleicht gar nicht so falsch, so zu fragen. Wer zum Beispiel *blättert in seinen Notizen* nachliest, was Noam Chomsky schreibt, oder ... oder ... Finkelstein ... es ist tatsächlich wohl das Ende der Geschichte, das sich da nicht einstellen will, aber permanent ankündigt. In ... in diesem Ankündigungsmodus zu leben, ist natürlich ... ich zitiere Norman Finkelstein aus seiner Harvardrede vom letzten August ... ist natürlich als Konzept nicht jüdisch, eine unjüdische ... also das ist das Nicht-Diesseits des eher christlichen Weltbildes ...

HOFMAN *gleichzeitig mit »Weltbildes«, zu Karpeles* Haben Sie in Israel in der Armee gedient, Herr Karpeles?

KARPELES *schroff* Haben Sie gedient, Herr Hofman?

HOFMAN Nein. Kaputtes Knie. Glück gehabt.

KARPELES Sehen Sie.

KALLENDER ... ich meine, man geht aus dem alten Zusammenhang in einen neuen Zusammenhang, und dann erkennt man, dass das Neue und das Alte nur in einem kontextuellen Sinn einander widersprechen, nicht in dem Sinn aber, dass etwas anders geworden sei. Das ist der Moment, in dem die Post-Erinnerung greift ...

KARPELES *zu Hofman* Ich habe ein ästhetisches Problem, ich finde Armee niveaulos …

KALLENDER *gleichzeitig mit »niveaulos«* … das heißt, Israel, als Nachfolgestaat des zerfallenden Deutschen Reichs, Herr Karpeles – ist das eine Möglichkeit? Und Ihre Rastlosigkeit ein Ausdruck dieser Paradoxie?

HOFMAN *zu Kallender* Halt kurz den Mund, bitte, ja? *Zu Karpeles.* Aber ohne Armee … gäbe es überhaupt einen jüdischen Staat? Gäbe es ihn noch?

KARPELES Was?

HOFMAN Die Uno-Resolution 1948, Teilung Palästinas und so weiter, wer hat die durchgesetzt? Jeder Jude, der ein Gewehr halten konnte. Jeder einzelne, oder nicht?

Pause.

KARPELES Sind Sie ein Zionist, Herr Hofman?

HOFMAN So kann man das einen Nichtjuden natürlich nicht fragen.

KARPELES Einen Nichtjuden?

Pause.

HOFMAN Einen Goj. Ja. So sagt man doch.

KARPELES Goj. Kurzes »o«.

Pause.

HOFMAN Nein, nein, ich bin aber auch kein Antizionist, machen Sie sich keine Hoffnungen! Kein Deutscher ist Antizionist. Das geht nicht. Physikalisch unmöglich. Wir wollten die Schwerkraft besiegen, es ist uns nicht geglückt … die Schwerkraft der Moral, meine ich. *Pause.* Aber warum … das müssen wir hier besprechen, ja, öffentlich besprechen … warum müssen Sie uns Deutschen das immer noch vorwerfen? In Ihrem Abschiedsbrief, der vor

Ihrem Weggang erschienen ist, schreiben Sie: »Ihr seid alles Analysten – und zwar mit Bindestrich!« Was heißt das überhaupt? Was immer es heißt, es war sehr beleidigend.

KARPELES Das war ein Witz! Darum bin ich ja auch weggegangen, kein Sinn für nichts, diese Deutschen, dachte ich.

KALLENDER In Ihrem Abschiedstext …

HOFMAN Und was denken Sie heute?

KALLENDER In Ihrem Abschieds …

KARPELES *darüber* Ihr zieht euch besser an als früher. Das bestimmt. Oder nein … nein … das denkt ihr nur! Die Uniform kauft ihr jetzt bei Prada oder H & M. Und ihr seid alle tätowiert! Weil ihr nicht mehr die andern tätowieren dürft vielleicht? *Lacht.* Und … ihr seid entweder sehr links oder sehr rechts. Klingt fast ein bisschen wie Weimar. Klingt genau wie Weimar. Klingt wie … zweiunddreißigeinhalb!

HOFMAN Zweiunddreißigeinhalb?

KARPELES Kurz vor 33, ja.

HOFMAN Ach.

KARPELES Ja … ja, ja.

HOFMAN Ach so. Sie meinen nicht, dass …

KARPELES *gleichzeitig mit »dass«* Nein, meine ich nicht.

HOFMAN Und warum sind Sie dann zurückgekommen? Heimweh nach den bösen Deutschen?

KARPELES Weil die Lage in Israel für einen empfindlichen Menschen wie mich … Sie werden es sich denken … weil, weil es dort einen wie mich noch mehr nervt, dass die Dinge nicht so sind, wie er sie haben will.

KALLENDER In Ihrem Abschieds…

HOFMAN *darüber* Stichwort: Politik?

KARPELES Stichwort: Klima. Oben, wo die Sonne brennt, unten, zwischen den Menschen. Ja. *Pause.* Ich glaube, alles kommt wieder, weil es schon mal da war. Weimar, wie gesagt. *Pause.* Wo kann es wieder einen Holocaust geben?

Nur in Deutschland, dort hat er Tradition, dort kann man das. Und wo werden Zeloten und Pharisäer einander wieder niederstechen? In den dunklen Gassen Jerusalems! Genau.

KALLENDER *zu Hofman* Darf ich? Darf ich ... *zu Karpeles* In Ihrem Abschiedstext machen Sie sich auch über Ihre eigenen Glaubensgenossen lustig. Fanden die das witzig?

KARPELES Das ist zehn Jahre her.

KALLENDER Mhm ... Ja. Naja.

KARPELES Die lesen gar nicht die Zeitungen, in denen über sie geschrieben wird. Die müssten dann schon russische oder polnische Untertitel haben!

Alle drei lachen.

KALLENDER Im Ernst.

HOFMAN Ja, das ist eine interessante Frage ... Sehr gut, Jobst.

KARPELES Nein.

KALLENDER Nein? Aha ... ach so.

KARPELES Natürlich fanden die es nicht lustig. *Er wischt sich mit dem Ärmel die Stirn ab.* Heiß. Ist euch auch so heiß? *Er zittert kurz leicht.* Natürlich nicht, und ein paar haben sogar aufgehört, mit mir zu reden. Vorher schon. *Lacht.*

KALLENDER *sucht in seinen Papieren* Sie haben damals geschrieben: »Ihr seid der Dreck hinter ihren Fingernägeln. Die Deutschen müssten sich nur mal richtig die Hände waschen, und schon landet ihr für immer im Abfluss der Geschichte.« 1996. Oktober.

KARPELES September.

KALLENDER Oktober. Sehen Sie hier ...

KARPELES *gleichzeitig mit »hier«* Das würde ich heute nicht mehr schreiben.

HOFMAN Was würden Sie heute schreiben?

Karpeles steht auf, setzt sich wieder, er fasst sich an die Stirn, als wollte er selbst prüfen, ob er Fieber hat.

HOFMAN Brief an die Juden Deutschlands. »Ich bin wieder da, und ihr seid immer noch da ...« Und weiter?

KARPELES *normaler Ton* Henning, was ist denn das für eine Scheißfrage?

HOFMAN Nein, die ist gut. Sag doch mal. Sag. Ich geb dir ... also ein paar Tage später, nach dem Interview, ich geb dir dann noch mal zweihundert Zeilen, du allein, das wird super. Du kannst schreiben, was du willst. Wie immer, Joe. Wie immer, wie immer ... wie immer.

Pause.

KARPELES »Ich bin wieder da, und ihr seid überrascht.« Ja? »Ich bin wieder da, und ihr seid überrascht. Ihr habt neue Synagogen gebaut, während ich weg war ... Ihr habt in Amerika Rabbiner eingekauft, als gäbe es sie dort zum Großhandelspreis ... Und ... ihr habt inzwischen sogar eine Internetseite für jüdische Singles auf deutsch! Ihr fühlt euch aber unsicherer als früher, was ist passiert?«

HOFMAN Ja, genau, so schreibst du's.

KARPELES Und weiter?

HOFMAN Willst du nicht mal was anderes schreiben? Neues Deutschland und so, alles bestens, gute Laune, jetzt geht's los, wir ziehen alle an einem Strang, Weimar war nur die missglückte Generalprobe, diesmal werden die Juden nicht ausgeschlossen, höchstens die Türken, hahaha ... *Pause.* Okay, willst du nicht. *Pause.* Du musst dann aber auch ein paar Beispiele nennen, ja? Ohne Beispiele keine Chance – es gibt sonst keine Medienumdrehung!

KARPELES Medienumdrehung?

HOFMAN Ein hässliches Wort, Joe? Darf man nicht sagen, Joe? Das hab ich so im Blut.

KARPELES *gleichzeitig mit »Blut«* Der junge Mann. Ist das ein gutes Beispiel? Der junge Maler mit dem Ritterkreuz. Auf seiner Party spielten seine Freunde ...

KALLENDER ... die »Reingerammten Rammböcke«, hehe ...

KARPELES ... das Horst-Wessel-Lied als Punkversion. *Er wischt sich wieder den Schweiß von der Stirn.* Später stand auf »Spiegel Online«: Friedemann Stein dekonstruiert die Allgegenwart der Vergangenheit. Dazu das Foto von Stein, mit Hitlergruß, und auf die Frage, welche Frauen er mag, sagte er: Keine. Höchstens Frau Braun.

HOFMAN Das überzeugt mich nicht, Joe, das wird niemand überzeugen, da wird die Medienumdrehung langsamer sein als ein arabischer Esel, der um einen vertrockneten Brunnen schleicht.

KARPELES Dann eben Walser auf Bildungsreise im Südlibanon! Zum Abschied isst er mit Sheikh Nasrallah in dessen Bunker Ziegenhoden und verurteilt Israel auf al-Manar!

KALLENDER Echt?!

HOFMAN Sehr witzig, Joe.

KARPELES *streckt Hofman die Stirn entgegen* Hab ich eigentlich Fieber?

HOFMAN *zuckt zurück, legt ihm aber doch die Hand an die Stirn* Nein. Nein, nein. Vielleicht ein bisschen. Erhöhte Tem...

KARPELES *gleichzeitig mit »Tem«* Okay. Die Berliner Nationalgalerie will alle Bilder, die sie rausgerückt hat, wieder zurück! Sie klagt in Straßburg, nein ... in Den Haag gegen die Familie Hess.

KALLENDER *gleichzeitig mit »Hess«* Aber es gibt ... es gibt

Dokumente … die Erben, nein, die Familie Hess war doch schon 1929 pleite. Wahrheit ist Wahrheit. Richtig, Henning?

HOFMAN Falsch, Jobst.

KARPELES Okay. Hermann Girsch, der Direktor des Jüdischen Museums, soll öffentlich dafür plädieren, dass das Museum umbenannt wird …

HOFMAN Jetzt komm, komm …

KARPELES … in Deutsches Museum jüdischer Geschichte bis 1941!

HOFMAN Ach komm …

KARPELES Was »ach komm«?

Pause.

HOFMAN Na und?

KARPELES »Na und, es haben doch nur die beiden unteren Stockwerke des Asylantenheims gebrannt. Was können wir dafür, dass im dritten Stock Kinder schliefen«, erklärten die beiden betrunkenen Täter, nachdem sie mit 2,5 Promille im Blut verhaftet wurden.

HOFMAN Der Rache-Karpeles … So schlecht geht's dir doch gar nicht.

Längere Pause.

KARPELES Warum machst du das?

HOFMAN Was?

KARPELES Warum?

HOFMAN Es gibt keine Erklärung. Es … macht Spaß. Es ist interessant. Es, es … weißt du doch, Joe, wenn es mich nicht gäbe, wen gäb's noch? Wir schlafen ein. Deutschland schläft ein. Pendlerpauschale! Was ist eine Pendlerpauschale, weißt du, was das ist? Ich weiß nicht, was es ist. Ich mach bei uns eine Debatte über die Pendlerpauschale, Joe, wie fändest du das?

KALLENDER *gleichzeitig mit »das«* Das hatte ich vorgeschla-
gen, wie die Sache mit dem Museum, Henning, das war
meine Idee ...

HOFMAN Halt's Maul. *Zu Karpeles.* Was glaubst du, wer das
lesen will? Ich will, dass die Leute durchdrehen, wenn sie
die Zeitung auf den Tisch legen, sie sollen sich freuen darauf,
jeden Morgen sollen sie sich darauf freuen, dass sie durchdrehen werden, dass ihr idiotisches, monotones Klein-
krämerleben zumindest beim ersten Kaffee im Büro durch-
einandergerät. Heidegger! Jünger! Girsch! Nietzsche! Alles
Nazis! Alles Juden! Geschichte ist nicht Geschichte!
Geschichte ist, was heute passiert! Was uns heute wehtut ...
was, was ... was uns nicht so egal ist, wie das Lammcarré im
Borchardt, das wir gestern gegessen und heute schon wieder
ausgeschissen haben!

KARPELES Das meine ich nicht.

HOFMAN Nein. Das meinst du nicht. Was meinst du?

KARPELES Oktober 88. Das kleine, verrauchte Besprech-
chungszimmer. *Imitiert Hofmans Stimme.* »Guten Tag,
Herr Karpeles, freut mich, dass Sie sich gemeldet haben. Ein
Wasser? Einen Kaffee? Herr Karpeles, ich bin so unglücklich – ich weiß gar nicht, was ich tun soll! Seit drei Monaten
mach ich das hier, und jeden Tag bekomme ich drei anti-
semitische Briefe. Ja, ich bin Jude. Ja, Joe – ich darf doch Joe
sagen? –, ja, es ist eine richtige 20.-Jahrhundert-Geschichte,
hören Sie zu! Meine Mutter ist nicht von meiner Großmutter, nein, ich kam aus Breslau als Kind eines angeheirateten
Onkels nach Heilbronn, der zusammen mit seiner Frau bei
einen Autounfall ... 1937, Autounfall, geben Sie sich das
mal, Joe ... um ... umgekommen ist, also ja, jaja, nach der
Halacha, alles Eins-a-koscher, und komisch, komisch, ich
hab nie mit jemandem darüber geredet, woher wissen die
das, sieht man das? Ich bin ja nicht wie Sie, Joe, ich bin nicht

damit aufgewachsen, mit diesem Stolz und so, naja, total
verrückt, totale Telepathie, und jetzt rufen Sie an, aber ich
hätte Sie auch bald angerufen, hätte Sie gefragt: Wie geht
man damit um, dass man Jude ist, mein fremder Freund?«
Pause. Henning, warum machst du das? Warum du als
macht in der Luft das Zeichen für Anführungsstriche Jude?
Warum willst du ausgerechnet das Jüdische Museum
kaputtmachen? *Macht wieder Anführungsstriche.* Selbsthass? Das wäre so lächer…

KALLENDER *gleichzeitig mit »lächer…«* Nein. Nein… Nein.
Unglaublich. Das wird ein ganz großes Ding, Henning. Das
kann dein größtes …

HOFMAN Jobst…

KALLENDER … Ding werden. *Pause.* Sag mal, bist du auch
beschnitten? Herrlich! Ich will auch Jude sein.

HOFMAN *zu Karpeles* Ich will es nicht kaputtmachen, glaub
mir, Joe.

KARPELES Du willst das Museum kaputtmachen und du
willst Girsch kaputtmachen. *Er nimmt sein Buch, klemmt
es unter den Arm und macht Anstalten, aufzustehen.*
Wegen der Wohnung? Wegen einer … Wohnung?! Politik
des kleinen Mannes wäre das, Henning. Und ich würde
sofort wieder nach Israel gehen!

Lange Pause.

HOFMAN Bleib hier. Bleib hier … Ich denk darüber nach, was
du sagst. Guck mal. Guck mal. Guck mal. *Er zeigt mit dem
Zeigefinger auf seinen Kopf.* Guck mal, wie ich nachdenke!

Pause.

HOFMAN Ich denk darüber nach, wirklich. *Pause.* Aber,
Joe … Joe, ich muss dich um etwas bitten. Du *er atmet tief
ein* du hast nie was gesagt, und jetzt … jetzt darfst du auch

nichts sagen, bloß ein halbes Jahr noch, ich schreib gerade, also ich …

KARPELES Du schreibst?

HOFMAN Ja. Ein … *mit amerikanischem Akzent* Memoir!

KARPELES *mit amerikanischem Akzent* Ein Memoir? Du?

HOFMAN »Ein Jude auf Reisen.« Magst du den Titel?

KARPELES Verkauf ihn mir.

HOFMAN Echt? Er gefällt dir? Danke. *Pause.* Das wird so super. Du musst, du darfst … ein Patriot wie ich und dann …

KARPELES *darüber* Neo oder schon immer?

Pause.

HOFMAN Ach so. *Lacht.* Ja. Jaja. *Pause.* Schau, du hast es so lange ausgehalten, du musst es für dich behalten … *zu Kallender* und du auch, du geistiges Niemandsland!

KARPELES *darüber, wieder zitternd und schwitzend* Ja, ja, ja! Das ist doch egal. Ich versteh nur nicht, ich weiß nicht, warum … das macht doch … das ist alles so sinnlos … Ach so, jetzt weiß ich!

Noch während er spricht, kommt Anna rein.

ANNA *zu Karpeles* Was? Was ist sinnlos? Geht's dir nicht gut?

HOFMAN und KARPELES *gleichzeitig* Anna …

ANNA Im Chor? Ihr sagt meinen Namen gleichzeitig?

HOFMAN Anna.

KARPELES Anna!

HOFMAN Liebling, meine Schöne, wir … wir arbeiten noch.

ANNA *zu Hofman* Du wirst ihn reinlegen. Ich weiß es. *Pause.* Und bitte … bitte guck nicht immer so, als würdest du zwinkern!

HOFMAN *gleichzeitig mit »zwinkern«* Ja, genau. Hoffentlich. Und er wird sich hinterher wünschen, er wäre nie zurückgekommen. *Verärgert.* Was redest du?

ANNA *zu Karpeles* Hast du ihm schon etwas erzählt, das du bereust?

KARPELES Nein.

ANNA Nein?

KARPELES Doch, doch. Klar. Was man so erzählt, wenn man keine Geheimnisse für sich behalten kann. *Kurze Pause.* Ich hab ihm erzählt, dass ich nur wegen dir wieder da bin – und dass ich keine Angst mehr hab, vor nichts, vor Deutschland nicht, vor Tay-Sachs nicht, vor den nächsten Olympischen Spielen nicht. 2016. München, Berlin, Dachau.

Anna schüttelt den Kopf. Pause.

ANNA Ich muss mit euch reden. Mit euch beiden.

HOFMAN Jetzt nicht.

ANNA Wenn ihr fertig seid.

HOFMAN Wenn wir fertig sind. Ja, dann reden wir über alles. *Pause.* Über was eigentlich? *Zu Karpeles.* Wann sind wir fertig, Joe?

KARPELES Wenn du irgendwas aus mir rausgepresst hast, das so heiß ist, dass ich es nicht einmal meinem besten Freund gesagt hätte.

HOFMAN Und der wäre? Huhuhu … Hast du überhaupt einen, Karpilein?

Beide lachen.

KALLENDER Soll ich eigentlich rausgehen?

HOFMAN Hallo – wer hat das gesagt?

KALLENDER Ich, deine abgelaufene Schuhsohle.

HOFMAN Bist du überhaupt noch hier, Jobst?

Karpeles, Hofman und Kallender lachen.

ANNA Ihr seid … wer mag euch eigentlich?

HOFMAN Du magst uns, meine Schöne!

KALLENDER *zu Hofman* Mag sie mich auch?

HOFMAN Magst du auch Jobst, Anna?

Anna dreht sich wortlos um, geht zur Tür.

KARPELES *ruft ihr hinterher* Ist es wegen Girsch? Hat er mit
seinem kleinen Herzlmesser Ofenmanns große Expressio-
nistensammlung aufgeschlitzt? Oder hat er sie geklaut und
verkauft? Anna! Anna ... *Er hält sein Buch hoch.* Hier ...
hier ... hier steht alles über ihn, auch über sein Ende. Ich
wusste ja gar nicht mehr, dass ich das geschrieben hab ...

*Anna schüttelt, mit dem Rücken zu ihnen, wieder den Kopf
und geht raus.*

HOFMAN *fast flüsternd* Hat sie's gehört?

KALLENDER Was?

HOFMAN »Das«.

KALLENDER Nein.

HOFMAN Bist du sicher?

KALLENDER Nein. *Er blättert in seinen Unterlagen. Zu Karpeles.* Wo ist die Stelle? Zeig mal das Buch.

HOFMAN *gespielt weinerlich* Es soll doch auch für sie, gerade
für sie, eine Überraschung sein ... Ich glaube, sie wird sich
am meisten freuen. Für sie wird das wie ein Wunder aus der
Bibel sein ...

KARPELES *gibt Kallender das Buch nicht, schlägt es aber selbst
auf* Hier. Oder nein, hier, was anderes: »Wer kam auf die
Idee, ihn zum Verwalter unserer Geschichte zu machen?
Wer sucht, der findet im Talmud keinen einzigen Satz zu
einem Schwein wie Henning Ofenmann!«

HOFMAN *lacht* ... so ein Wunder wie das von Miriam oder
Esther! *Pause.* Miriam geht also den Weg entlang, ja, den
sie seit sieben Jahren entlanggeht, und plötzlich spricht ein
riesiger, glühender Stein zu ihr.

KALLENDER Busch.

HOFMAN Stein ... Stein, du Blödmann, das ist doch nur ein Beispiel.

KALLENDER Ach so.

HOFMAN Und der Stein sagt, Esther oder Miriam, du wolltest immer, dass jemand kommt und dich mitnimmt ins Land ... ins Land ... Ka-na... da! Ja, sagt Miriam. Ich bin bereit, Esther, sagt der Stein, wir müssen nur noch warten, bis ich abgekühlt bin.

Pause.

KARPELES Das war nicht witzig, Henning. Hast du gedacht, das ist ... *er macht mit den Fingern Anführungsstriche in der Luft* jüdischer Humor?

HOFMAN Und dein Zitat, deine Pseudo-Beleidigung eben? Glaubst du, das war witzig?

ANNA *macht laut die Tür auf und kommt wieder rein; sie hat verweinte Augen* Wie lange dauert's denn noch?

Karpeles, Hofman und Kallender zucken zusammen.

ANNA Beeilt euch, bitte. Bitte. Könnt ihr euch bitte beeilen? *Sie geht wieder raus.*

HOFMAN *zu Karpeles* Sollen wir aufhören?

KARPELES Nein.

KALLENDER *während er das Aufnahmegerät kontrolliert* Nein, wieso?

HOFMAN Wieso nicht?

KARPELES und KALLENDER *gleichzeitig* Nein!

HOFMAN Schon gut ... aber was ist, vielleicht ist wirklich was ...

KARPELES *gleichzeitig mit »was«* Nichts ist passiert! Wenn Frauen hysterisch sind ... dann ... das ist das sicherste Zeichen, dass sie hundertprozentig in Ordnung sind! Und

Girsch – der wird uns alle überleben. Ich will zuerst mein Interview!

HOFMAN Okay ...

KARPELES Okay?

HOFMAN Okay, Joe.

KARPELES Okay.

Pause.

HOFMAN Okay. Okay ... *Pause.* Herr Karpeles – was ist das also für eine Krankheit, an der Sie sterben werden? Wie viele Monate haben Sie noch?

Karpeles antwortet nicht. Er steht auf, setzt sich wieder hin, steht wieder auf. Dann bleibt er wie erstarrt stehen, sein Buch rutscht ihm aus der Hand und fällt auf den Boden.

KARPELES Du hast mich reingelegt, Henning. Du hast mich echt reingelegt. Wirklich. Ich hab's nicht geglaubt. Du hast mich wirklich reingelegt. *Pause.* Weißt du auch schon die Überschrift? Wie soll sie sein, hm? Mein Vorschlag ... aber es ist nur ein Vorschlag, es ist ja deine Zeitung, ich misch mich nicht ein ... »Joseph Karpeles: Der Krebs ist schon überall, darum will ich in Deutschland sterben. Aus Dank und Respekt.« Ja? Ja? Sag ja, Henning. Bitte, sag ja.

HOFMAN Aber, Joe ... Joe. Armer Joe. Was hältst du davon, wenn du mir lieber stattdessen – lange vor Girsch – ein paar schöne Zeilen über die gemeinsame deutsch-jüdische Erinnerung schreibst? So in der Art: Gestern war heute wird morgen sein.

5.

Wohnzimmer. Lange vorher. Hofman, Dinter, Kallender und Dr. Weisselberg sitzen ruhig da und reichen einander die Schale mit den Reiscrackern, die fast leer ist. Sie sind verschwitzt vom Raufen und Tanzen. Jemand hat die Replay-Taste gedrückt, und es läuft immer wieder leise Gloria Gaynors »I will survive«.

DR. WEISSELBERG Was für ein Abend. Was für ein scheuß-licher Abend!

KALLENDER Ja.

HOFMAN *süffisant* Naja.

KALLENDER Naja? *Pause.* Ach so …

DINTER Es gibt solche und solche Abende. Das gleicht sich aus.

DR. WEISSELBERG Kommt darauf an. Kommt darauf an, von welchem Ende man die Sache betrachtet. Von hinten betrachtet, in seinem Fall … gleicht sich's vielleicht nicht mehr aus.

HOFMAN Ich versteh kein Wort.

DR. WEISSELBERG Er hat nicht mehr viel Zeit, um die schlechten Momente … um … um sie mit den guten auszu…

HOFMAN *gleichzeitig mit »auszu…«* Ach so. Ja. Jaja. Naja … es sind schon ganz andere wiederauferstanden!

DINTER Wer »er«?

DR. WEISSELBERG *darüber* Nein. Nie. Niemals. Es ist noch nie einer zurückgekommen. Wer die Papiere bekommen hat, der muss auch reisen. Alles andere sind Märchen … Märchen, die wir Ärzte in die Welt setzen, damit die Leute trotzdem noch zu uns kommen. Verstehen Sie? *Pause.*

Wer würde gern in eine Bäckerei gehen, in der es kein Brot gibt?

DINTER *zu Kallender, der gerade die Schüssel hat* Kann ich? *Pause.* Wer »er«? *Zu sich selbst.* Leer …

In dem Moment bekommen Hofman, Kallender und Dr. Weisselberg fast gleichzeitig eine SMS.

DR. WEISSELBERG *zu Dinter* Karpeles.

HOFMAN *klappt sein Telefon auf, liest die neue* SMS, *klappt das Telefon zu* Girsch … Ach Gott, Girsch. Girsch, dieser Psycho…

Dr. Weisselberg sieht auch auf sein Handy, sagt aber nichts.

HOFMAN *zu allen* Ich glaube, meine Lieben, das Pendel schlägt gerade wieder in Richtung »schlechter Moment« aus!

DINTER Wieso? Ich finde … also ich … ich fühle mich gerade sehr wohl.

HOFMAN Eine original Ich-kann-so-nicht-mehr-weiter-SMS! *Zu Dinter.* Wollen Sie sehen?

KALLENDER *liest seine* SMS *und tippt gleichzeitig eine Antwort* Ich hab auch eine bekommen. Ich glaub's nicht. »Nur noch 28 Minuten. Dein Girsch.«

HOFMAN Ja? Du auch, ja?

KALLENDER Ja. Ja … ein Hilferuf. Es ist, glaube ich, es ist nur ein Hilferuf. Das bedeutet, dass es nichts bedeutet. Hoffentlich … Mhm. Eigentlich eine blöde Idee.

Pause.

DR. WEISSELBERG *liest von seinem Telefon ab* »Mit was geht es am einfachsten? Ihr Girsch.«

DINTER Ich hab nichts bekommen.

HOFMAN Wo ist er überhaupt? *Pause.* Er war am Anfang …

am Anfang war er noch da, ich hab ihn ganz am Anfang ein paar Mal gesehen, und dann war er nicht mehr da. Und dann wieder, und dann war er wieder weg … Das macht er immer.

KALLENDER Er war im Garten. Das weißt du doch noch, Jobst. Weißt du's nicht mehr? Vorhin hat er im Garten mit Joe gekotzt. Sie haben zusammen gekotzt und, und schlecht …

HOFMAN Was?

KALLENDER … und schlecht über dich geredet. Hat Joe gesagt.

HOFMAN Hat Joe gesagt? Mhm … Noch so ein Psycho… Und was hat Joe sonst gesagt? Dass sie es zusammen machen wollen? Sie sollten vielleicht wirk…

DR. WEISSELBERG *gleichzeitig mit »wirk«* Sie sind die Nummer drei, Hofman, was regen Sie sich so auf?

HOFMAN Was?

DR. WEISSELBERG *langsam* Sie sind die Nummer drei. Wussten Sie das nicht? Sagen Sie nicht, Sie merken nicht, was für ein kleiner Nero, was für ein … wie sagten Sie … Psycho… Sie selbst sind?

HOFMAN Nein, merk ich nicht. *Pause.* Warum auch? *Pause.* Und wenn auch …? Ich hab einen Grund, so durcheinander zu sein. Man will mich aus meiner Wohnung verjagen, aus meinem Haus, aus meiner Straße! Das hatten wir hier schon mal, wissen Sie das, Doc? Und wenn ich dann weg bin, soll auch noch die Straße, in der ich gelebt habe, aufhören zu existieren. Der Name, einfach so … weg mit dem Namen, weg mit der Straße, weg mit den Hofmans! Als hätten die nie existiert. *Pause.* Und in fünfzig Jahren erinnert dann so ein kleines Messingplättchen im Bürgersteig an uns. Danke für nichts, Deutschland!

Pause. Dr. Weisselberg greift abwesend in die leere Schüssel, dann nimmt er sein Weinglas und trinkt es in einem Zug leer.

KALLENDER *zu Hofman* Henning, ich finde ... du hast doch vorhin selbst, du hast gesagt, so weit ... und das fand ich gut, dass du, du ... so großzügig warst ... du hast selbst gesagt, so weit kann es nicht kommen, etcetera, wir müssen uns um ihn kümmern. Vielleicht meint er's doch ernst. Wir würden uns das nie ... Das würden wir uns ...

DR. WEISSELBERG *gleichzeitig mit »uns«* Um Karpeles?

KALLENDER Um Girsch.

DR. WEISSELBERG Dann – würde ich sagen – schon eher um Karpeles. Er hat gesagt, er scheißt auf die Chemo. *Pause.* Seine Worte.

Lange Pause.

DR. WEISSELBERG Er will lieber ein paar gute letzte Monate. Auch seine Worte.

Lange Pause.

DINTER *übertrieben gut gelaunt zu Hofman* Hofman, Hofman, langes »o«, ich weiß ... Hofman, Sie haben natürlich vollkommen recht. Sie haben recht, der Name ist alles! Gerade ein Straßenname! Nehmen Sie ... also als Beispiel ... nehmen, nehmen Sie ... die Danziger Straße. Ja – die Danziger. Wie hieß die früher? Dimitroffstraße!

Pause.

HOFMAN Sie müssen's ja wissen, Spürnase!

Alle lachen gedämpft, auch Dinter.

DINTER Dimitroffstraße. Das ist die eine Möglichkeit, ja. Die Straße heißt so nach einem großen Kommunisten, der den Reichstag nicht angezündet hat ...

KALLENDER ... und sieht genauso aus!

DINTER Genau. Genau. Aber heute ... warum auch nicht, das ist ja alles beliebig und dann wieder nicht ... heute heißt sie wieder Danziger Straße, obwohl sie früher nicht ganz Danziger Straße hieß, sondern ... in dem Teil zwischen der Greifswalder und der Landsberger Elbinger Straße ...

HOFMAN ... sehr interessant ...

DINTER ... das merkt man ... merkte man früher, als sie noch Dimitroffstraße hieß, dass in diesem Teil, in dem alten Elbingerstraßenteil ... dass dort etwas anders war. Rauer. Klarer. Auf schnelles Vorankommen angelegt. Jetzt heißt sie aber überall Danziger – aber sieht sie überall aus wie die Danziger? Ich würde sagen: ja. Eine moderne, belebte, bunte, spätkapitalistische Straße. Und nur die S-Bahn-Station, die von Anfang an Danziger Straße hieß und dann Dimitroffstraße, heißt jetzt ... Eberswalder Straße! Das hat die BVG so beschlossen, als sie ihr Netz ... was für ein Wort ... als sie ihr Netz 95 »kommunistenrein« machte!

HOFMAN Sie meinen also, wenn das hier ... *er zeigt mit dem Finger auf den Boden* ... wenn das hier erst mal die Anne-Frank-Straße ist, dann ist das ganze Gebiet hier »deutschenrein«?

Alle lachen. Pause.

HOFMAN *zu Dinter* Sie haben eigentlich ein Supergedächtnis, Dinter, wissen Sie das?

DINTER Ja, finden Sie?

HOFMAN Ja, finde ich. Aber warum stellen Sie sich immer so an? Warum muss man die Sachen immer so aus Ihnen, verzeihen Sie den Ausdruck ... Scheiße, Dinter, warum muss man immer alles so rausmelken aus Ihnen wie aus einer alten, halbtoten Kuh?

Pause.

DINTER *ruhig* Das ist so ... das ist wohl so, wenn man so
viel erlebt hat wie ich. Dann hat man sein Gedächtnis trai-
niert wie einen ... Muskel. Verstehen Sie das? Man ver-
drängt, oder man erinnert sich. Und ich bin so weit, dass,
dass ... dass ich mich gegen die Erinnerung gar nicht mehr
wehren kann, Herr Hofman. Sie ist einfach da. Immer
wieder ... Hunderte, Tausende kleiner Blitze. Wusch, meine
Schuhe auf dem Trottoir vor dem Deutschen Theater
nach der Premiere von Langhoffs »Hamlet«! Zum Beispiel.
Zosch, ich seh die neblige Sonne über den polnischen
Kiefern, hinter denen man die Stimmen der russischen Soldaten hört! Kasch, ich rieche das erste Mal, dass meine
Frau alt riecht!

HOFMAN Wusch, zosch, kasch?

DINTER Das ... *Pause.* Ach, es sind so viele Blitze und Fun-
ken, dass die Gegenwart mir manchmal auch schon wie ein
einziger Blitz vorkommt!

Pause.

HOFMAN Platsch! Der Liebermann mit dem Porträt Ihrer
halbnackten Großmutter geht für zwei Millionen bei Christie's weg!

DINTER *gelangweilt* O Gott, Hofmann ... dieses Bild gehört
doch mir. Hofman ... Hofman, hören Sie nie auf? Hören Sie
nie auf ...? Ich hab eine Schenkungsurkunde von meiner
Tochter, das wissen Sie, die haben Sie gesehen. Sie konnten
Sie abdrucken, als die ganze Sache allen plötzlich so wichtig
war, aber das ... »das« wollten Sie auch nicht. Warum? Ich
weiß, warum. Weil es mich entlastet ...

KALLENDER *gleichzeitig mit »entlastet« zu Dinter* Im
19. Jahrhundert hieß die Danziger übrigens noch franzö-

sisch »Communication« … Da war sie nur ein Feldweg und verband die alten Landstraßen …

HOFMAN Okay. Okay. Danke. Und jetzt halt die Klappe, okay? *Zu Dr. Weisselberg, ernst.* Weiß Anna es?

Pause.

DR. WEISSELBERG Ich hab's ihr nicht gesagt. Vorhin, das war so sonderbar, nicht? Als ob … also … eigentlich nein, nein, ich weiß nicht. *Pause.* Er hat mir ja auch nicht gesagt, dass ich's ihr sagen soll. Was soll ich ihr auch sagen? Anna, mein Kind, der Mann, dessen Kind du damals wegen meiner falschen Diagnose … der … so jung … er muss auch bald gehen.

KALLENDER Ja … traurig. Dafür machen wir's morgen ganz groß in unserer …

HOFMAN *gleichzeitig mit »unserer«* Halt die Klappe, Jobst!

DR. WEISSELBERG *zu Hofman* Was machen Sie?

HOFMAN Was glauben Sie … mhm, was wir machen?

DR. WEISSELBERG Hofman, nicht … Lassen Sie's!

Pause.

HOFMAN Lassen Sie's, Doktor! Sie sind … bei allem Respekt, ja, Sie sind … ich red Ihnen auch nicht rein. Ich sag Ihnen auch nicht, sagen Sie ihm, die, die … die Che… die … ich will das Wort gar nicht aussprechen … die Sache da ist seine einzige Chance, oder was auch immer … ist sie's überhaupt? *Pause.* Ich bin still, ich bin ganz, ganz still, das sind große Dinge, ich steh davor wie ein kleiner, ganz kleiner Gläubiger vor einem riesigen Altar und warte, ja, ich sehe, verstehen Sie das Bild? … ich sehe, Sie machen, was Sie machen müssen – und wir machen, was wir machen müssen. Klar? Die Wahrheit muss einfach raus! *Mit Comicstimme.* Raus. Raus … Rausi-raus! *Pause.* Sie muss raus, sie muss

immer raus, das ist nicht Selbstzweck, das ist nichts, worüber Leute wie Sie dann sagen können, das machen diese
Medienscheißkerle nur wegen der Sensation. Die Wahrheit
ist immer die Sensation, verstehen Sie, die Wahrheit ... das
ist unser Altar, darin sind wir ganz groß, und Sie stehen,
bitte ... bitte! ... stehen Sie gefälligst da unten und warten
Sie, was passiert. *Pause.* Was glauben Sie, warum die Welt
immer besser wird? Weil wir immer die Wahrheit schreiben,
Herr ... Doktor ... Weisselberg!

Pause.

DR. WEISSELBERG Psycho.
HOFMAN Psycho – ja?
DR. WEISSELBERG Wissen Sie, was der Herr ... Doktor ...
   Freud mal an seinen Freund Ernst Weiß, den Schriftsteller,
   geschrieben hat?
HOFMAN »Wir Juden sind euer sexuelles Unglück« vielleicht?
DR. WEISSELBERG Schauen Sie, wie ich lache, ganz tief drin,
   wo es wirklich zählt. *Pause.* »Mir ist noch nie ein Fall von
   Hysterie untergekommen, den ich ...«

Wieder bekommen alle, bis auf Dinter, fast gleichzeitig eine
SMS.

DR. WEISSELBERG »... den ich hätte heilen können.« *Pause.*
   Der große Altar – verstehen Sie, Hofman? Es gibt ihn nicht,
   es gibt keinen großen Altar, keine Wahrheit, nichts wird
   besser. Höchstens schal ... Schal, verstehen Sie?
HOFMAN *schaut auf sein Telefon, dann zu Kallender* Von
   Girsch ... Du auch?

Kallender nickt.

DR. WEISSELBERG *sieht auch auf sein Telefon; dann zu Hofman* »Ihr werdet alle diesen Abend nicht vergessen! Heillos

verzweifelte Grüße, Ihr Girsch.« *Pause. Weiter zu Hof-man.* Ist es wegen des Museums? Ist es wegen dieser Sache mit der Ausstellung? Ist es wegen … was ist es?!

HOFMAN *grinsend* Ich hab ihm gesagt, wir müssen nichts darüber schreiben. Darüber. Das bleibt unser Geh…

KALLENDER *gleichzeitig mit »Geh«* Nein … natürlich … nein, neinnein, das muss nicht sein. Das ist doch nur unsere Wahrheit, richtig?, das ist eine »mögliche« Wahrheit, und so wie wir seine Wahrheit sehen wollen – Thora von Budweis, Christie's, geht weg für zwanzigtausend Pfund, warum nicht, warum nicht? – so, so … so wollen wir nur, dass er auch unsere Wahrheit sieht. Hübsche Idee, was?

Pause.

HOFMAN Es genügen achttausend Anschläge.

DR. WEISSELBERG Achttausend was?

HOFMAN Anschläge … Achttausend Buchstaben. Das heißt, diese kleinen weißen Löcher zwischen den Buchstaben auch. Die Löcher, die sind auch schon was wert. Er soll … das, das … wissen Sie, wenn es wahr ist, dass ich in drei Monaten … dass Anna und ich in drei Monaten nicht mehr in diesem Haus leben, dann … soll es auch wahr sein, dass die Juden nur uns Deutschen verdanken, dass es sie über-haupt noch gibt! Dass jeder so viel über sie redet! Dass es dort unten endlich wieder diesen herrlichen Judenstaat gibt! *Pause.* Achttausend Zeichen dazu von Hermann Girsch, dem Direktor der Lindenstraße, und schon dreht sich wieder das Wahrheitsrad.

DR. WEISSELBERG Das will er Ihnen natürlich nicht schrei-ben. *Pause.* Und das verstehen Sie nicht?

KALLENDER Doch. Doch, doch … doch.

HOFMAN *gleichzeitig mit »doch«* Aber ja, er will, er hat gar kein Problem damit, und die Überschrift ist … was denn, was denn … ist auch schon verabredet: »Die Wiedergeburt der jüdischen Rasse in den Feueröfen von Auschwitz II«. You like, dottore?

DR. WEISSELBERG Das meinen Sie nicht im Ernst.

HOFMAN Aber natürlich nicht. *Lacht.* Lieber verlier ich mein Haus an ihn und meine Frau an den andern kranken jüdischen Psycho, als dass ich mal auf meiner Wahrheit bestehe. Die ist doch ohnehin schal.

Pause.

HOFMAN Was gucken Sie so? Was …? Er hat es mir selbst angeboten. Es ist ein … wie sagt man … Geschäft.

Pause.

HOFMAN Sein Vater hat in Bergen-Belsen mehr Frauen gehabt als Casanova in Venedig. Und ich kenne jemand, der jemanden kennt …

DR. WEISSELBERG Oh, bitte! Ich will das wirklich … wirklich nicht mehr … genug. Genug! *Pause.* Was für ein scheußlicher Abend!

HOFMAN Finden Sie? Ich finde, das gleicht sich aus. *Zu Dinter.* Stimmt, Meister? *Zu Kallender, der in dem Moment aufgestanden ist.* Und wohin gehst du? Warum machst du nicht mal was richtig … *mit Comicstimme* richtig, richtig, richtig Überraschendes?!

KALLENDER Ich?

HOFMAN Ja, Freitag – du. *Pause.* Was du machen, wohin du gehen?

KALLENDER Mhm, ähm … ich dachte … ich gehe auf die Toilette. Ist doch in Ordnung, ja? Ich bin gleich wieder da. Ich bin sofort wieder da, das geht ganz … ganz schnell, Henning.

Geht raus.

HOFMAN *zu den anderen* Freitag, meine Sklave, haben gutes Herz. Freitag gehen suchen Girsch, um zu sehen, ob möglich zu retten Girsch. Girsch sonst von hohem Felsen springen in Wasser und noch früher sterben als aggressive, todkranke Karpeles. Wäre gut für Robinson. Robinson dann keine Angst mehr, dass Insel ihm unter Arsch weggezogen werden. Und können dann auch weiter Insel heißen und nicht ... Sand, oder so. *Rülpst.*

Stille. Dr. Weisselberg schenkt sich Wein ein, dann auch den anderen. Sie trinken stumm. Man hört wieder deutlich, dass immer noch »I will survive« läuft.

HOFMAN Könnte das mal vielleicht jemand ausmachen?

Pause.

HOFMAN Kann das endlich mal bitte einer ausmachen?!

DR. WEISSELBERG Fragen Sie Freitag, wenn er wieder da ist. Oder warum machen Sie's nicht selbst, Robinson? Sie werden sehen, es macht Spaß, auch mal was selbst zu machen.

HOFMAN Doc, wollen Sie komisch sein? So komisch war meine Freitag-Nummer aber nicht ...

Pause. Alle trinken stumm. Lange Pause.

HOFMAN Ist euch auch so langweilig? *Pause.* Plötzlich ... mir ist plötzlich so langweilig! Es tut weh, so langweilig ist mir plötzlich. *Pause.* Ich, ich ... ich merke die Langeweile immer an dieser komischen schwarzen Stelle zwischen Herz und Bauch. Dort setzt sie sich fest, und dort tut es weh und geht nicht weg. Das ist so ... so ... *zu Dr. Weisselberg* sagen Sie, Doktor, wie haben Sie, also ich meine, wie genau ... wie haben Sie den Krieg überlebt? Ich meine, keiner überlebt, ohne dass ... dass ...

DR. WEISSELBERG ... jemand anders stirbt? Das hatten wir schon. Versuchen Sie mal was anderes!

HOFMAN Ja ...?

DR. WEISSELBERG Ja.

HOFMAN Sicher?

DR. WEISSELBERG So sicher, wie ich in drei Minuten im Taxi nachhause sitze, wenn, wenn ... Ach, egal.

Pause.

HOFMAN Gut. Okay. Aber nicht erschrecken, okay? *Langsam.* Es kann wirklich sein ... es kann also sein, dass ich ... dass ich nächstes Jahr aufhöre! *Er sieht alle erwartungsvoll an.* Oder übernächstes Jahr. Spätestens. Wisst ihr, Joe hat immer gesagt, in zehn Jahren ist diese Hexe Hofman der neue Dalai Lama, oder so, den sehen wir dann plötzlich ganz woanders. Rasierter Kopf, rasierte ...

KALLENDER *den man von nebenan undeutlich rufen hört* Ich glaube, wir sollten uns beeilen! Vielleicht doch unten im Garten!

HOFMAN ... rasierte Schamhaare, das tibetanische Totenbuch unterm Kopfkissen ... Hat Joe immer Anna gesagt. Und die hat's mir gesagt. *Pause.* Hat er's vielleicht gar nicht gesagt, und sie hat sich's bloß ausgedacht? O nein, nix, nein – das ist ein echter Joe! Das ist eine richtige, echte Joe-Idee ... so eine richtige Scheißidee, die einen erst mal nervt, und nervt, und nervt, und dann plötzlich ... *Pause.* Vielleicht hatte er ja recht, denkt man plötzlich. *Pause.* Großartig, ich kann das jetzt nur noch beweisen, widerlegen, je nachdem ... was immer ich mache, er ist schuld, ich ... man ... ich reagiere auf eine von seinen Scheißideen!

Pause.

DR. WEISSELBERG Wir könnten vielleicht Gläser essen.

HOFMAN Was?

DR. WEISSELBERG Wir könnten Gläser essen.

HOFMAN Warum sollen wir Gläser essen?

DINTER Damit uns nicht langweilig ist – vielleicht?

DR. WEISSELBERG Genau. Damit uns nicht langweilig ist.

HOFMAN Wir könnten auch aus dem Fenster springen –
damit uns nicht langweilig ist.

DINTER Nein. O nein … das geht. Das geht wirklich. Das ist
sogar ganz unterhaltsam, das stimmt. Das ist, das … da hat
der Doktor hier recht … das ist wirklich überhaupt kein
Problem. Man muss sich das so vorstellen …

*Kallender kommt rein und setzt sich stumm und kopfschüt-
telnd hin.*

DINTER … dass das Glas, das Glas, irgendeins, egal welches,
ja? … dass das Glas im Prinzip nichts ist als … Sand, Staub,
irgendwas. Man kann also entweder schnell draufbeißen
und es zerkauen, und dann kann man sich auch nicht schneiden, man kann es sogar verdauen, also nicht verdauen
direkt, aber es … geht … dann durch … *Pause.* Oder es gibt
einen anderen Trick, aber den kenne ich nicht. *Zu Doktor
Weisselberg.* Sie?

DR. WEISSELBERG *nimmt das Glas und hält es sich an den
Mund* Nein. Doch. Ja. Ja … Es ist aber schon eine Weile her,
dass ich gesehen hab, wie jemand es gemacht hat. Ja.

HOFMAN Sie … Sie selbst … Sie, Sie … nie?

DR. WEISSELBERG *nimmt sein Glas, hält es sich an den Mund,
dann stellt er es wieder ab* Ich? Nein. Ich spring ja auch
nicht aus dem Fenster, wenn mir langweilig ist.

Pause.

HOFMAN Komisch. Mir ist plötzlich überhaupt nicht mehr langweilig.

Girsch kommt rein und bleibt in der Mitte des Raums stehen

HOFMAN Nein – mir ist plötzlich überhaupt nicht mehr langweilig ...

Pause.

GIRSCH Aber mir. Mir, Mr. Hofman, mir – dem Herschelmauschel, dem museumsjüdischen Judengirsch! Mir ist plötzlich soooo langweilig! Immer nur Hitler, Stalin, Stasi, Nasi ... Goreng, immer nur, wer hat wem was geklaut, wer hat wen betrogen, ist dein Vater auch schuld am Tod seines Vaters, weil er ihn verpfiffen hat? *Pause.* Gebt mir auch eins. Gebt mir auch eins! Ich will sofort ein Glas essen. Ich will jetzt auch ein Glas essen, und dann ... Schicksal.

Pause.

DR. WEISSELBERG *zu Girsch* Alles okay? *Pause.* Sind Sie okay? Es geht Ihnen wieder ... besser, ja? Sind Sie okay?
GIRSCH Ich? *Pause.* Ich ja. Ich ja. Ich ... ja.

Pause.

GIRSCH *zu sich* Das kann doch nicht sein. Ich dachte, ich bin es, der ... der so am Arsch ist ...
KALLENDER Ja, Girsch.
GIRSCH Das dachte ich. Das denke ich immer, das hab ich schon immer gedacht, das denke ich – seit ich denken kann ... So lange ungefähr ...
KALLENDER ... es ist alles okay, wirklich ...
GIRSCH ... aber ... er ist es, der am Arsch ist! Ich ... eigentlich bin ich okay. Glaubt mir. *Pause.* Er ist überhaupt nicht okay.

KALLENDER Wer?

GIRSCH Was ...?

KALLENDER Wer?

GIRSCH Joe. Wisst ihr, dass er ...

DINTER *gleichzeitig mit »er«* Vielleicht wollen Sie zuerst etwas trinken? Trinken Sie einen Wein mit uns! Wir haben sehr guten weißen Rioja hier. Rioja, das wissen Sie ja, kann weiß sein, kann also weißer Rioja sein, obwohl er vorher roter Rioja war, aber der rote ...

HOFMAN *gleichzeitig mit »rote«* ... und dann kannst du dein Glas aufessen, wenn du noch Hunger hast! *Lacht. Danach ernst.* Was war das für eine Scheiße mit deinen Scheiß-SMS, Hermann? Du hast uns so erschreckt ... Scheiße ... Verfickte Scheiß-Scheiße.

Pause. Hofman und Girsch lachen leise.

GIRSCH Henning ...

HOFMAN Hermann?

GIRSCH Henninglein ...

HOFMAN Herschele?

GIRSCH Henning – ich hab's mir anders überlegt. Ich schreib dir doch deinen Artikel. Mir ist alles egal. *Pause.* Ich meine ... eigentlich ... ich, ich ... ich hab ihn eigentlich sowieso schon geschrieben. *Er deutet mit dem Zeigefinger auf seinen Kopf.* Es ist alles hier drin. Alles ... Ich muss es nur noch aufschreiben. »Der Nationalsozialismus und seine Gedenkkultur«. Das willst du lesen? Du sollst es lesen! Keine Sache. Ich will, dass du zufrieden bist. Gut? Ist das gut ...? Oder vielleicht zu, zu ... akademisch? *Pause.* Und wegen der andern Sachen, Henninglein, bitte, bitte ... bitte, nicht böse sein.

HOFMAN Nein, das ist sehr gut, Grisch. Darf ich Grisch zu dir sagen? *Pause.* Welche anderen Sachen?

GIRSCH *gleichzeitig mit »Sachen«* Ja? Du bist ganz ehrlich? Oder willst du's vielleicht ... so ein bisschen, so ein bisschen, so a ... bissl jiddischer?

HOFMAN Jüdischer?

GIRSCH Das war nur ein Witz, Henning. *Kurze Pause.* Das ... das ist leider alles, was ich gerade für dich tun kann. Aber ... »Das Erinnern und Vergehen der böhmischen Juden«, das, hör zu, das machen wir gleich als erste Ausstellung in unserem neuen Museum ... Deutsches Museum jüdischer Geschichte bis 1941. Korrekt?

HOFMAN Korrekt!

KALLENDER Korrekt.

Pause.

DINTER *zu Girsch* Herrlich, Girsch ... ich bin ... wenn ich das so höre ...

GIRSCH Ich weiß ...

DINTER Ja?

GIRSCH Halb. So halb ... um ehrlich zu sein.

DINTER Und was?

GIRSCH Beeindruckt. Ja – beeindruckt?

DINTER Ja. Richtig. Also Ihr Mut.

GIRSCH Mein ... Mut?

Anna kommt rein. Sie setzt sich auf die Lehne des Sessels, in dem Hofman sitzt, und hört stumm zu.

DINTER *weiter zu Girsch* Ich würde mich das nie... niemals trauen, was sie sich trauen wollen. Was Sie schreiben wollen. Das wird der ... das ... dagegen war der Histo... His... Historikerstreit gar kein Streit.

GIRSCH *erstaunt* Was?

DINTER Wie – was?

GIRSCH Das sagen »Sie«?

DINTER Man muss ... man muss doch ... sehen Sie, die Wissenschaft, das Faszinosum Wissenschaft ist das Faszinosum »Denken« ... Hin und her denken ... Das ist alte jüdische Schule. Sehr alte jüdische Schule, das ist doch, das ist in einer Jeschiwa nicht anders. *Pause.* Was, jetzt sagen Sie mal, was können wir dafür, dass manchmal das Leben dazwischen kommt, also ... also ... zwischen die vielen Seiten einer ...

GIRSCH Okay ...

DINTER *lacht* Und ... und sagen Sie jetzt bitte nichts über mein Buch, bitte, nichts über meine *er macht mit den Fingern Anführungsstriche in der Luft* ss-Geschichte. Eine Lappalie! Das ist doch nichts ... dagegen. Dabei ... ich beneide Sie! ... ich hab's gesehen. Ich hab ja erlebt, wie das alles ... »das« alles! ... durcheinanderging, wie nichts mehr schwarz oder weiß ... man muss sagen, richtig muss man sagen, gelb oder braun war, ja ... verstehen Sie ... ich hab's erlebt, ich hab es an meinem eigenen Körper ... es ist eingeschrieben in meinen Körper! Alles das. *Er sinkt, nach diesem plötzlichen Temperamentsausbruch, ins Sofa zurück.* Ich bewundere Ihren Mut, Girsch, Sie sind ... ich dachte das ja immer ... mutig kann nur der Feigling sein. Sie machen Wissenschaft wissenschaflich ... sozusagen.

GIRSCH Nein ... Nein. *Pause.* Ich bin bloß ein Mann ohne Eier, Herr Dinter. Sorry. Das bin ich. Nichts anderes. *Pause.* Und Sie auch.

DR. WEISSELBERG *gleichzeitig mit »auch«* Wisst ihr, der Mann, den ich damals gesehen hab ...

HOFMAN Welcher Mann?

DR. WEISSELBERG ... der, der, der damals in sein Glas reingebissen und es aufgegessen hat, das war ein großer, schlanker Orientale. Der hatte Eier! Perser oder Afghane, glaube ich. Er verschränkte immer die Arme sehr höflich über der Brust, wenn er sich verabschiedete. Er war Musiker, und er trug viel Schmerz in ... er war sehr traurig, weil er als Kind sein Zuhause verließ mit einem großen, silbernen Flugzeug ... so hat er es immer erzählt ... er war ein Mystiker, und er glaubte an das gleichzeitige Fühlen von zwei Menschen, die weit weg voneinander sind und sich lieben, er glaubte an etwas, das zwischen dem Diesseits und dem Jenseits liegt, und er glaubte an die Macht des menschlichen Willens. Also aß er ... es war an einem Sommersonntagnachmittag an einem dunkelgrünen See in Bayern ... er aß einfach sein Glas auf. Stellt euch das vor! Er war so stolz. Aber es machte ihn am Ende auch nicht glücklicher. *Pause.* Eine andere Geschichte ... *Pause.* Wir haben trotzdem eine halbe Stunde gelacht an diesem Sonntagnachmittag.

Girsch nimmt das Glas und versucht, reinzubeißen.

ANNA Herschel ... Herschel, nein. Nein, Hermann, hör auf!

Girsch reagiert nicht.

ANNA Herschel, nein. Nein, nein, nein, nein, nein – das ist es nicht wert. *Pause.* Warum ...? *Schreit.* Nein! *Pause.* Du hast vorhin die falschen Sachen gehört. Nein – du hast sie »falsch« gehört. Du wolltest sie falsch hören. Du hast dagesessen, du hast dich im Sessel versteckt und ... du hättest ja auch sagen können, dass du da bist. Du hast uns belauscht, du kleiner Dummkopf. Und was steht im Talmud? Belauschen ist verboten, denn was der Belauscher hört, hört sich immer nur wie eine Wahrheit an, die mal eine Lüge an. *Pause.* Er hat es ... du weißt doch, dass Joe dich mag.

Girsch beißt stärker aufs Glas, seine Zähne knirschen.

ANNA Hör auf, du Idiot! Er hat's genau andersrum gemeint. Er mag dich. Er mag auch Abigail, das hat er mir oft gesagt, ich weiß es. Er mag sie, er findet sie sehr ... sehr balbatisch und so. Deine Kinder auch, Gadi und Gabriella, so heißen sie doch? Er hätte auch gern eine solche Frau. Und solche Kinder: Gadi und Gabriella! Glaub mir. Glaubst du mir? Ich sag dir … ich, ich bin sicher, er ist auch wegen dir wieder zurückgekommen. *Kurze Pause.* Wegen mir und wegen dir.

Peinliche Stille.

ANNA Er hat Schlimmeres durchgemacht als du. Wir haben, er und ich, wir wollten … ihr wisst, was wir wollten …

Peinliche Stille.

ANNA *sieht schuldbewusst Hofman an, dann wieder zu Girsch* Wegen dir, Herschel! Du hast ihm so … du … Er hat es nicht so gemeint, Herschel! Darum … mach bitte nichts, was uns allen wehtun würde. Gut?

Stille.

HOFMAN Lass ihn doch. Warum lässt du ihn nicht? Lass ihn. *Pause.* Willst du nicht auch? *Pause.* Es kann doch gar nichts passieren, hat hier unser Dinter ge… ge…, und wenn, wenn was passiert, umso besser! *Pause.* Entschuldige.
GIRSCH *stellt das Glas wieder ab* Was hat er nicht so gemeint?
ANNA Mhm … mhm, er hat …
GIRSCH Gut. Akzeptiert.
HOFMAN *zu Girsch* Hermann, enttäusch mich nicht. Du … Dinter hat gerade gesagt, dass du … du bist so ein mutiger Typ, hat er gesagt. Das denk ich auch, schon lange, schon lange denke ich das … immer gedacht! Du schaffst es … Mach! Komm! Endlich schaffst du mal was!
KARPELES *kommt rein während, Hofman spricht, und setzt sich auf dem Boden dazu* Und die Anne-Frank-Straße …

das ... ist das nichts?! Das hat unser Herschelmauschel ganz
allein hinbekommen, schon vergessen, Ofenmann?
2. Dezember, Volkbefragung – und Ende der illegalen
Hausbesezung! *Zu sich.* Ich hatte es vergessen, ich hab's
völlig vergessen, ich hab's vergessen, was für Idioten ihr al...
HOFMAN *zu Girsch* Nu! Es heißt doch »nu«, oder nicht?
Nu! Hast du Eier oder hast du keine Eier? Mhm? Mhm?
Hm ...?!

Pause.

GIRSCH »Geschichte eines Hauses – Treitschkestraße 32«.
HOFMAN Was?
GIRSCH »Geschichte eines Hauses – Treitschkestraße 32«.
Kurze Pause. Ja, ich glaube, schon.
HOFMAN Was »ja«?
GIRSCH Ja, ich habe Eier. *Pause.* Und: Ja, das wird die nächste Ausstellung in der Lindenstraße. »Geschichte eines
Hauses – Treitschkestraße 32. Einmal Arisierung und
zurück. Mit einem ausführlichen Doppelporträt der Fami-
lien Berenson und Hofman.« Und das ... das mit den
tschechischen Juden lassen wir. Alles klar, Ofenmann?
KALLENDER *zu Girsch* Hermann, nein! Das sagst du jetzt
nur so, weil du ... was ist eigentlich los? Wir haben dir doch
versprochen, dass du ... du musst keine Angst haben, es
bleibt unter uns.

Pause.

HOFMAN Wer hat das gesagt?
KALLENDER Nein?
HOFMAN Hab ich das gesagt? Oder hab ich schon mit dem
Kulturstaatssekretär ...
KALLENDER Henning, hör auf, uns ... immer ... hör auf, uns
alle ständig zu ... Ich finde das auch nicht mehr gut!

Kallender steht auf und stellt sich schwer atmend vor Hofman.

HOFMAN Du traust dich doch sowieso nicht. Was? Was? Was …?!

Pause.

HOFMAN *auf Karpeles mit dem Kopf deutend* Und er … er traut sich auch nicht. Das traut er sich nie. *Zu Girsch.* Das traust du dich nie! Trau dich! Beiß rein! *Pause.* Du traust dich noch nicht mal, ein bisschen an einem kleinen Weinglas herumzukauen. Du … hast nur den Mut zu klauen! *Er macht eine Bewegung, als stecke er etwas unter den Mantel.* Zack! So, ja? Genauso! Hier, eine Menora! Da, diesen tollen Tefillin! Da, Ben Gurions Wärmedecke! Das kannst du … das liegt dir im Blut, he?

Girsch nimmt das Glas und führt es an seinen Mund.

HOFMAN *mit Comicstimme* Ein Bluff! Das ist doch nur ein Bluff. Bluff, Bluff, Bluff! Ein toller Bluff! Ein langweilige Bluff … Das traust du dich nie!

ANNA Henning, hör auf!

HOFMAN *zu Girsch* Dann iss es doch, wenn du Eier hast … Friss es auf! Iss es auf bis zum letzten Splitter, du Null. Du Nichts! Du Dieb. *Pause.* Guten Appetit.

Das Licht und die Musik gehen aus.

6.

Im Schlafzimmer von Anna und Hofman. Einige der Bilder an den Wänden sind aufgeschlitzt und die Leinwände hängen lose in den Rahmen. Die Messerschmitt liegt zerbrochen in der Ecke. Karpeles und Hofman sitzen auf dem Bett. Karpeles wirkt sehr abgeschlagen. Anna sitzt im orangefarbenen Sessel.

HOFMAN Mir tut es leid. Mir tut es so leid wie … wie einem Jungen, der … ich hab mal, ich war als Kind auf einem Bauernhof. Einem Reiterhof. Einmal im Jahr, im Frühjahr, das war meistens im Frühjahr, und es war immer sehr kalt, und es hat immer geregnet, und es gab nur einen kleinen dicken Isländer, den mussten wir immer ohne Sattel reiten. Wir waren zehn Kinder, zehn oder zwölf, und wir mussten uns immer dieses Pferd teilen, und die Mädchen, die haben … die waren immer älter … Immer. Jedes Jahr. Jedes Jahr, wenn ich kam, gab es nie Mädchen, die so alt waren wie ich oder jünger, sie waren immer älter, und dann, was blieb mir … da war also der kleine dicke Isländer, ich hatte den höchstens eine halbe Stunde am Tag, mehr nicht, und die Mädchen, die haben mich nicht gesehen, die hatten nichts gegen mich, die dachten aber auch nicht, was für ein kleiner, süßer, trauriger Junge, nein, die … die … nur einmal, ja, einmal, die eine … Sie hieß Julia, und ich wollte ins Bad, ich geh also ins Bad, und ich mach die Tür auf, und Julia, sie hat vergessen, die Tür zuzumachen, sie sitzt da und pinkelt, und ich mach die Tür auf, und sie springt hoch und schreit, sie schreit wie verwundet, und ich sehe … ich glaube, ich sehe … ihre Schamhaare, und ich … das war mein größtes Erlebnis in Hardebek, so hieß der Bauernhof, der Reiterhof. *Pause.*

Nein, das größte Erlebnis, das ... es gab dort einen Ziegenbock, einen kleinen, starken, strammen, dummen Ziegenbock ... der rannte den ganzen Tag hektisch hin und her
über den Hof, und er hatte kleine, starke, stramme ... Eier ...
und ich hab dann immer, wenn ... wenn keiner geguckt hat,
ich hab die Schaufel genommen, und mit der Rückseite vom
Griff hab ich ihm immer gegen diese strammen Eier ge...
Ich schäme mich so.

KARPELES Er wird durchkommen.

HOFMAN Er wird nicht durchkommen.

ANNA Nein – er wird nicht durchkommen.

KARPELES Nein, er wird nicht durchkommen.

Pause.

HOFMAN Naja ... ein Glück. Was für ein Glück, dass der
Doktor in der Nähe war. Ist es nicht ein Glück?

KARPELES Ein Glück?

HOFMAN Er hatte weniger Schmerzen – dadurch. Habt ihr
das nicht gesehen? Weisselberg hat ihm gleich was gegeben.
Pause. Hatte ihm der Doktor nicht gleich was gegeben?

ANNA Was kann man jemandem geben, der ... zuerst ein
Glas ... ein, ein ganzes Glas aufisst, und dann, dann ...
dann versucht, sich mit einem Brieföffner die Eier abzuschneiden?

Pause.

HOFMAN Er hat nicht versucht, sich die Eier abzuschneiden.

ANNA Nein?

HOFMAN Nein. Er hat nur so getan.

ANNA Und warum hat er so geblutet?

HOFMAN Weil ... Dinter hätte ihn lassen sollen! Warum hat er
sich eingemischt?

ANNA Warum?

KARPELES *gleichzeitig mit »warum«* Weil es seine Chance war.

HOFMAN Wie, seine Chance? Das verstehe ich nicht. Verstehe ich das richtig?

KARPELES Ich weiß nicht.

HOFMAN Seine Chance zu zeigen, dass er auch mal …

KARPELES *gleichzeitig mit »mal«* Ja. Genau. Dass er auch mal was macht, was »anders« ist.

HOFMAN Und darum fällt er ihm in den Arm? Und macht dann alles noch schli…

KARPELES *gleichzeitig mit »schli«* Warum bist du ihm nicht in den Arm …

HOFMAN Warum du nicht?

KARPELES Du hast ihn durcheinandergebracht! Du wolltest, dass es passiert. Du hast ihn aufgehetzt.

HOFMAN Ich hab ihn nicht aufgehetzt. Hab ich ihn aufgehetzt? Wie kann man jemanden gegen sich selbst …

ANNA *gleichzeitig mit »selbst«* Den Ziegenbock hast du auch aufgehetzt. Was hat der Ziegenbock gemacht, als du ihm die Schaufel …

HOFMAN Er rannte mit dem Kopf gegen die Mauer, gegen die Mauer vom Pferdestall, immer wieder rannte er gegen die Mauer, er rammte seine kleinen Hörner gegen diese Mauer, und es knirschte, und ich spürte das Knirschen in meinen eigenen Knochen, und jetzt spür ich's wieder.

Lange Pause.

ANNA Du hättest … Du hast gewusst, wie es ihm geht.

HOFMAN Und er hat gewusst, wie es mir geht!

ANNA Henning, dir ging es immer besser als ihm. Egal, wie schlecht es dir ging, ihm ging es schlechter.

HOFMAN Mein Haus … er wollte mir mein Haus wegnehmen. Unser Haus.

ANNA Euer Haus.

HOFMAN Und er wollte, dass ich diesen ... diesen ... Zettel unterschreibe. Chuzpe, das nennt man doch Chuzpe, oder nicht? Name, Vorname, Straße, Postleitzahl, Ort, Geburtsdatum, Unterschrift. Hiermit unterschreibe ich – ich, Henning Jakob Hofman –, dass ich dafür bin, dass die Treitschkestraße in Anne-Frank-Straße umgetauft wird. »Denn Berlin braucht eine Anne-Frank-Straße!« Was noch? Was noch ...? Eine Moshe-Dayan-Straße ... Und eine Chomskystraße. Und eine Jud-Süß-Straße. Und eine ... Kackelesstraße.

KARPELES Das hast du jetzt nicht wirklich gesagt.

Dr. Weisselberg kommt rein.

DR. WEISSELBERG Jetzt ist Dinter dran ... Der wird es ... ich weiß nicht, ich hab ihm schon zweimal was gegeben, das wird nicht leicht für ihn. *Pause.* Kallender kommt gleich danach, haben sie gesagt. Und dann, ich weiß nicht ... wahrscheinlich Anna zuerst ... Sie sind ... sie machen es nicht besonders kompliziert. Sie sind sehr ungeschickt. Sie können noch nicht mal den ... sie wissen immer noch nicht, wo das Messer ist. Komisch, das sollen deutsche Polizisten sein.

KARPELES *darüber* Der Brieföffner. Herzls Brieföff...

HOFMAN *gleichzeitig mit »Brieföff«* Das war kein Brieföffner. Das war was anderes. Das war viel länger und größer als ein Brieföffner.

DR. WEISSELBERG *zu Hofman* Warum sagen Sie das?

HOFMAN Pardon?

DR. WEISSELBERG Warum Sie das sagen ...

HOFMAN Weil es stimmt.

DR. WEISSELBERG Warum sagen Sie überhaupt noch was?! Schämen Sie sich nicht?

HOFMAN Doch. Doch, doch ... wie der Schaulustige, der am

Ort eines schrecklichen Unfalls etwas langsamer vorbei-
fährt als erlaubt.

Pause.

DR. WEISSELBERG Ich gehe jetzt. *Pause.* Ich rufe mir ein
Taxi, und ich fahre jetzt nach Hause, und ich will euch alle
nie wieder sehen. *Pause.* Wenn ihr mich auf der Straße seht,
seht auf den Boden. *Geht ab, kommt wieder.* Gebt mir
meinen Mantel, ihr sitzt auf meinem Mantel, gebt mir meinen Mantel, gebt mir meinen ... Ich hatte ja gar keinen Mantel. *Geht ab, kommt wieder.* Herr Hofman, ich hoffe, sie
fallen Ihnen eines Tages einfach ab ... Ihre Eier. *Geht raus.*

Pause.

HOFMAN *zu Anna* Du hast recht ... Du hattest recht. Du hast
völlig recht ... so recht wie der Astronaut, der von der
Rakete auf die Erde blickt und sagt: Sie ist blau. *Pause.*
Weißt du, Anna, meistens passiert es von selbst. Einer kann
gut Witze erzählen, jemand läuft hundert Meter unter zehn.
Und ich ... ich bin ...
KARPELES ... pervers.

Pause.

ANNA Ich werd nicht mehr in die Redaktion kommen, Hen-
ning. Lass es. *Pause.* Du strengst dich umsonst an.
HOFMAN Das meinst du nicht so.
ANNA Doch.
HOFMAN Nein. Nein! Du denkst, dass du es so meinst, und
du denkst, wenn ich sage, dass du es nicht so meinst, was
weiß denn er, er will mich nur überreden, ich meine es
natürlich so. Aber du meinst es nicht so.
ANNA Ich komm nicht mehr, Henning. Ich hör auf bei euch.
Pause. Lass es.

HOFMAN Ach ja ...

ANNA Ja. Ich werde verschwinden. Ich werde aus der Redaktion verschwinden, ich werde aus dieser Wohnung verschwinden, ich werd aus deinem ...

HOFMAN *gleichzeitig mit »deinem«* Entschuldige ... so wie damals, als du nach Perleberg gefahren bist? *Zu Karpeles.* Sie ist mal nach Perleberg gefahren! *Lacht.* Es war im Sommer, Juli oder Juni, und es roch nach Linden, viel süßer als sonst, roch es nach Linden, und Anna ...

ANNA ... Juni vor zwei Jahren ...

HOFMAN ... sie fuhr mit dem Regionalexpress nach Perleberg. Sie wollte »spazierengehen«. Um zwei Uhr nachts war sie noch nicht zurück! Das Telefon war tot, und ich war auch tot. Ich bin mit dem Auto hin, wir hatten so eine Ecke am Goeritzer See, eine Ecke mit Bank, Blick, guten Erinnerungen, einseitigem Sex, und als ich dort ankomme, ruft sie an. »Ich bin zuhause, Henning. Ich hab mich verlaufen. Ich hatte kein Geld. Ich konnte niemanden fragen. Ich war wie gelähmt ... Henning, ich bin zu Fuß bis nach Hause gegangen!« Dann hat sie geheult.

ANNA Ich hatte dich verlassen.

HOFMAN Für wie lange?

ANNA Ich hab versucht, dich zu verlassen ...

HOFMAN Wirst du auch so heulen, wenn du nicht mehr in die Redaktion kommst, meine Schöne? Nach einem Tag, nach einem Monat ... nach einem Jahr.

ANNA Nein.

HOFMAN Nein ...?

ANNA Nein.

HOFMAN Willst du's dir überlegen?

ANNA Ich hab's mir überlegt.

HOFMAN Wie gut hast du's dir überlegt?

ANNA Ich musste es mir gut überlegen. *Pause.* Ich hab's ...

Fällt sich selbst ins Wort. Meine Wünsche, Henning, waren wie eine Kiste Champagner, die mit der Queen Elizabeth unterging. Nur ein paar Bläschen auf der schwarzen Oberfläche des Meers bleiben, bis auch die sich auflösen.

Pause.

HOFMAN *zu Karpeles* Verstehst du sie? Verstehst du, was sie redet? Ich verstehe sie nicht … Ich verstehe sie so oft nicht. Und … ich versteh auch nicht, warum ich … willst du sie nicht wirklich wieder zurück, Joe? Mhm? Zurück? *Kraftlos mit Comicstimme.* Zurück … zurück …

ANNA *zu Hofman* Alles, was du jetzt sagst, sagst du umsonst, Henning. Wir haben schon …

HOFMAN … ja …

ANNA … wir haben sowieso schon darüber geredet.

HOFMAN »Darüber«?

ANNA Ja.

HOFMAN Joe und du?

ANNA Joe und ich.

KARPELES Haben wir nicht, Anna … Anna, haben wir? Worüber haben wir geredet?

ANNA *zu Karpeles* Du hast gesagt, du willst. Und dir ist egal …

KARPELES Egal?

ANNA … dir ist egal, dass ich von ihm schwanger bin!

Lange Pause.

HOFMAN *ballt die Faust und stößt sie mehrmals in einen unsichtbaren Gegner* So. Genau so. Genau … so. So!

Pause.

ANNA *zu Karpeles* Du hast gesagt, du bist froh, du bist sogar froh … das hast du gesagt. Du hast gesagt, endlich, endlich …

endlich können wir unser Kind haben, mein Liebling, ein gesundes, starkes, freundliches Kind, komm mit mir zurück nach Israel, ich bin nur gekommen, um dich zu holen, und wir ... wir werden uns in Jerusalem ein Haus bauen und die Veteranen eines gewonnenen Krieges sein. Hast du das nicht gesagt?

KARPELES Anna, ich hasse Jerusalem. *Pause.* Du bist wirklich ... wirklich schwanger von ihm? Von Henning? Du bist ... Du bekommst ein Kind vom Ofenmann?! Anna!

ANNA Es ist dein Kind, Joe ... Es wird dein Kind ... *Pause.* Hauptsache ... nun, Hauptsache, es ist gesund. Und Lenny würde sich so freuen – über ein gesundes, fröhliches, starkes Geschwisterchen. Das ist doch das Wichtigste, das weißt du wie ich.

HOFMAN *zu sich* Nein. Nein. Nein! Genau.

ANNA *zu Karpeles* Bist du nicht glücklich, mein Liebling? Hab ich dich nicht glücklich gemacht ...? Was ist?!

KARPELES Anna ...

ANNA Jossel ... Jossel, mein Schöner, mein Schönster, es war eine ... es hat so lange alles ... das hat alles so lange gedauert, nicht wahr?

HOFMAN *zu Anna* Er ... Anna, hör zu ...

KARPELES *gleichzeitig mit »zu« zu Anna* Du hättest ... wir haben nicht darüber geredet ... das stimmt leider nicht.

HOFMAN *gleichzeitig mit »nicht«* ... er ist nach Deutschland zurückgekommen, Anna ... er ist zum Sterben zurückgekommen nach Deutschland. Er ist nach Hause zurückge...

KARPELES *gleichzeitig mit »zurückge«* Und er, Anna, er ...

ANNA Wer ... »er«?

KARPELES *gleichzeitig mit »er«* Habt ihr ... nein, habt ihr bestimmt nicht, habt ihr den Test gemacht?

ANNA Welchen »Test«? *Pause.* Was wollt ihr von mir? Was ... was macht ihr mit mir? *Weinend zu Karpeles.* Bist du

darum so dünn ... so blass? Wirst du wirklich sterben, mein
Schöner? Was soll das? Bist du ... ich ... könnt ihr mir bitte,
bitte, bitte sagen, was hier passiert?

Pause.

HOFMAN Kannst du uns bitte sagen, was hier passiert? Du ...
Das stimmt also – ja?
ANNA Ja.
HOFMAN Sicher?
ANNA So sicher, wie ich seit Monaten immer ins Küchen-
waschbecken kotze, wenn du dich rasierst.
HOFMAN Du ...

Anna nickt stumm.

HOFMAN Von mir?
ANNA Von dir. *Zu Karpeles.* Für uns.
HOFMAN *steht auf, er geht von Bild zu Bild und reißt die
Leinwände aus den Rahmen. Dann setzt er sich wieder aufs
Bett neben Karpeles* Das ... so ... das ist gut, ich wollte
sowieso nicht ... sie waren schon immer hier, und sie haben
mich immer so ... entartet angeguckt!
KARPELES ... für uns ein jüdisches Kind?
ANNA *zu Karpeles* Natürlich. Natürlich ein jüdisches Kind,
was sonst. Sorg dich nicht, mein Liebling. Ein jüdisches
Kind ... wegen mir, ja, weil ich die Mutter bin, nur das ist
wichtig, ich bin die Mama, die Ima ... die Imale, das wirst du
sehen, wenn mein Bauch immer größer und größer und ...
größer wird! Und ... weil du ihm ein guter jüdischer Vater
sein wirst. In Jerusalem ... Darum wird es ein jüdisches
Kind!

Pause.

KARPELES Nein, Anna.

ANNA Was nein?

KARPELES Nein … Nein, es wird ein jüdisches Kind, weil er »es« auch ist, Anna … Anna, er ist auch »amchu«. Verstehst du? *Pause.* Hat er's dir nie gesagt?

HOFMAN Hatte ich glatt …

ANNA *abwesend, gleichzeitig mit »glatt«, zu Karpeles* Was? Nein, hat er nicht. *Pause.* Was hat er mir nicht gesagt?

KARPELES Dass es mit ihm auch gefährlich ist. Dass Frauen mit deinen Chromosomen gefährlich sind für Männer mit seinen, mit meinen, mit allen aschkenasischen Genen! Dass das Getto immer noch in uns ist!

ANNA *fast weinend* Joe, bitte …

KARPELES Dein zweiter Kindermord, Anna.

Pause.

ANNA Du weißt nicht, was du sagst. Wahrscheinlich bist du wirklich krank … sehr, sehr krank. Darum redest du so. Das ist ja normal, das ist die Wut, die Angst. Du wirst aber sehen, du wirst dich noch … Warum freust du dich nicht?!

KARPELES Anna … warum ich mich nicht …

ANNA *gleichzeitig mit »nicht«* Joe, bitte … bitte … Ich möchte jetzt gehen. Ich werde jetzt gehen. *Legt die Hände auf ihren Bauch.* Mein Baby und ich müssen jetzt schlafen.

KARPELES Ach, es muss schlafen? Das arme Baby, das ohne Test gar keine Chance hat? *Pause.* Ein Baby aus dem Tay-Sachs-Katalog, das werdet ihr kriegen! Lange Wimpern, dünne Haut, kleines Puppengesicht, höchstens fünf Jahre zu leben. Lenny II.

Lange Pause.

HOFMAN *zu Karpeles* Joe, ich weiß nicht, was du gehört hast … vorhin.

KARPELES *gleichzeitig mit »vorhin«* Ihr ... ihr müsst sofort
eine Untersuchung machen lassen! Sofort ... Ihr müsst
Fruchtwasser entnehmen lassen, ganz schnell, naja, das
kennt sie ja schon, und Ultraschall und so weiter, CVS, so
schnell's eben geht. Wegen – ihr wisst schon ... sonst
schnipp ... und schnapp ... und weg! Dazu gibt's im
Midrasch bestimmt auch eine kluge Stelle. *Zu Anna und
Hofman.* Welcher Monat? Wie groß?
HOFMAN *gleichzeitig mit »groß«* Sei still, Joe, sei doch still!
Für mich ist es genauso ... so ... sonderbar wie für dich.
ANNA *wacher, zu Hofman* »Amchu«? Du bist doch nicht
»amchu«? Henning – bist du ... Jude? *Sie weint wieder.*

Pause.

HOFMAN *langsam* Nein, Anna, bin ich nicht. Nein, ich bin
keiner von euch.
    Pause. Wirst du mich jetzt noch weniger lieben? Hast
mich überhaupt je geliebt? Wirst du vielleicht erst jetzt
anfangen, mich zu lieben? *Pause.* Nein. Leider nicht. Nein
... kein Jude. Sorry. Dafür arisiere ich wahnsinnig gern.
Pause. Aber ich bin auch keiner von denen, die plötzlich
mit Großvater Amschel um die Ecke kommen – oder so.
KARPELES *zu Hofman* Leider nein?
    Hofman schüttelt den Kopf.
KARPELES *schreit* Leider nein? Henning ... Henning! Oktober 88, das verrauchte Besprechungszimmer! Henning –
Breslau 37! Henning, der Autounfall! Henning, der
Großvater, die verwischten jüdischen Spuren der Mutter!
Henning ... du Arschloch!!

Hofman zuckt mit den Schultern und steht vom Bett auf.

KARPELES Henning! *macht Hofmans Comicstimme nach*
»Alles Eins-a-koscher, Joe, aber bitte noch eine Weile zu

keinem ein Wort!« Ja, Henning, klar, Henning, gern, Henning. »Weißt du, Joe, ich schreib gerade die Bombe. Joe, weißt du, ›Ein Jude auf Reisen‹, das ist der Titel, wie findest du den, ein provokanter Titel, nicht?, ein Memoir. Also bitte, mein Freund, zu keinem ein Wort!«

HOFMAN Keine Ahnung, wovon du redest.

Er geht zur Tür. Anna steht gleichzeitig aus dem Sessel auf und geht langsam zu Karpeles, sie setzt sich neben ihn und umarmt ihn stumm.

HOFMAN *bleibt stehen und dreht sich zu ihnen um* Ihr könnt mein Kind haben. Es ist okay. *Grinsend* Nein – das mein ich natürlich nicht so! Oder mein ich es so? Oder mein ich es so? *Pause.* Doch, doch – ich meine es so. Warum nicht. Ihr könnt's haben, ich schenke es euch – »das Kind« … So was ist nicht ungewöhnlich, gerade in Kriegszeiten. *Schreit* Wir haben jetzt nämlich Krieg, ihr und ich!! Krieg!! Kapiert?! Meine, meine … meine, meine Großmutter konnte meinen Halbonkel ja auch nicht behalten, er ging mit seinem *er macht mit den Fingern in der Luft Anführungsstriche* Erzeuger nach Frankreich zurück, 45, im Juli. Und ich? Ich hab von ihm einmal im Jahr ein Paket gekriegt. Ein ekelhaftes fettiges Paket mit … wisst ihr, wie ekelhaft französische Salami schmeckt? Salami war drin und die trockensten Kekse der Welt! Wisst ihr, wie traurig es ist, einen Halbbruder zu haben, der nach Wildschweinsalami aus der Provence stinkt in eurer Phantasie? *Pause.* Nicht wahr, Krieg, es ist also Krieg … Also, ihr könnt … behaltet eure Beute! Kein Problem. Ja. Ja … Ja! So was passiert häufiger, als man denkt. Man verschenkt ja so einen kleinen Haufen Fleisch und Luft und Knochen nicht bewusst, aber ich, ich tu es eben … auf diese Art. *Er schlägt sich theatralisch mit der Hand auf die Stirn.* Ach so … nein, hab ich ja ganz vergessen! Joe, Joe du wirst ... Das tut mir wirklich leid. Das tut mir ja so leid! Zuerst Girsch, schnipp-schnapp, diese ewige Gettonudel, und dann du. Aber ich ... wenn du willst, ich komm gern zu dir zum Schiwe-Sitzen! Versprochen! Ehrlich! Ganz bestimmt ... Ich werd jeden Tag da sein, und ich schreibe einen schönen Nachruf auf dich. *Pause.* Schiwe-Sitzen – macht man das überhaupt noch? Das heißt doch so, oder ...? Großvater Amschel geht, und die Freunde und Verwandten kommen sieben Tage lang jeden Tag. Ja? Ja? Also ich bin dabei. Ich bin dabei.

Anna und Karpeles sehen ihn stumm an. Pause.

HOFMAN *schreit* Ich bin der Hass-Hofman, kapiert?! Und du, Joe, du bist das Arschloch!!

Hofman geht raus.

ANNA *zu Karpeles* Ich hab umsonst gewartet.
KARPELES Ja, du hast umsonst gewartet.
ANNA Ich hab umsonst gelebt ...
KARPELES Wie alle andern.
ANNA Wie alle andern ...
KARPELES Wir leben alle umsonst, Anna. Sogar Henning ... sogar er lebt umsonst. Und ... *Er löst sich aus ihrer Umarmung.* Nein, entschuldige, ich kann nicht. Sei mir nicht böse. Ich kann das nicht mehr.

Pause.

ANNA Ich werde dich nie wieder berühren können?
KARPELES Ich glaube, nein.
ANNA Warum nicht?
KARPELES Es tut mir sehr leid. Verstehst du das?
ANNA Nein.
KARPELES Ist es schlimm? Verzeihst du mir trotzdem?

ANNA Aber nein, das macht mir nichts, nein, mein Liebling,
nein … nein, nein. Das ist okay, wirklich. Ich will … trotzdem bei dir sein.

Pause.

KARPELES Ich werde aber nicht schöner werden.
ANNA Ich weiß.
KARPELES Und ich werde bald nur noch Luft und Knochen
sein.
ANNA Ich weiß.
KARPELES Ich werde immer dünner und schwächer und
ungeduldiger werden. Willst du das sehen?
ANNA Bis zum Schluss. Wenn du es willst … Warum nicht.
KARPELES Gut. Wir werden also »sterben« spielen, Anna,
okay?
ANNA Ja. Aber ich spiele nur mit, wenn du gewinnst, mein
Herz.

Pause.

KARPELES Wann immer du kommst, wann immer du an mein
Bett kommst, meine Schöne, trag weite Kleider. Ich bitte
dich … Trag sehr weite Kleider – denn ich will es nicht
sehen.
ANNA Es ist … es tut mir so leid! *Pause.* Ich dachte, du wür-
dest dich freuen.
KARPELES Nein, das war zu verrückt für mich. *Pause.* Aber
eigentlich – wie Jobst sagen würde – eine hübsche Idee.
ANNA Ja?
KARPELES Ich finde es sehr … raffiniert.
ANNA Zu raffiniert?
KARPELES Vielleicht.

Pause.

ANNA Joe, weißt du was? Joe – ich muss es doch gar nicht
bekommen. Ich kann, wenn du willst ... es muss nicht ...

KARPELES ... nein ...

ANNA ... es muss nicht so weit kommen, mein Liebling. Das
ist doch gar kein Problem. *Pause.* Weißt du, ich hab's mir
gerade ... ich hab's mir gerade total anders überlegt. Es wird
einfach nicht so weit kommen! Na und? Wenn du es nicht
willst, will ich's auch nicht. So einfach ist es. Vielleicht wirst
du gesund, und dann machen wir noch mal unser ei...

KARPELES *gleichzeitig mit »ei...«* Das würdest du wirklich
für mich tun?

ANNA Für uns!

KARPELES Du willst ... schnipp ... und schnapp ... und weg?

ANNA Ja, warum nicht.

KARPELES Das sagst du doch nur, um mich zu trösten!

ANNA Nein. Naja, ein bisschen vielleicht.

Pause.

KARPELES Sag: »Karpeles, das meine ich wirklich so!«

ANNA »Karpeles, das meine ich wirklich so!«

KARPELES Ja ... jetzt glaube ich dir.

ANNA Das musst du auch.

Pause.

KARPELES Du bist verrückt.

ANNA Ich bin verrückt.

KARPELES Du bist verrückt!

ANNA Ich bin verrückt!

KARPELES Du bist verrückt ...

ANNA Ich bin verrückt ...

KARPELES Du bist verrückt.

ANNA Ich bin verrückt.

KARPELES Du bist ...

Kallender kommt rein. Er setzt sich stumm in den Sessel.

KALLENDER Was ist denn mit euch?

KARPELES Was ist mit dir?

KALLENDER Nein, nichts, nichts ... Nichts, was nicht schon mal mit jemandem andern gewesen wäre, der dachte, das habe er noch nie erlebt.

Pause.

KARPELES Musstest du etwas unterschreiben?

KALLENDER Nein.

KARPELES Ich dachte, man muss immer was unterschreiben danach.

KALLENDER Nein.

KARPELES Nein?

KALLENDER Ich war doch noch gar nicht dran!

ANNA Nein?

KALLENDER Nein ...

Pause.

KALLENDER Sie haben Dinter mitgenommen.

KARPELES Was?

KALLENDER Sie haben ihn mitgenommen.

ANNA Sie haben ihn nicht mitgenommen ...

KALLENDER Doch, sie haben ihn mitgenommen.

KARPELES Sie haben Dinter ... verhaftet?

KALLENDER *gleichzeitig mit »verhaftet«* Er hatte das Messer. Er hatte ... dieses ... von Theodor Herzl das. *Pause.* Und er hat gesagt ... er meinte sogar selbst, er war's. Er und Girsch, meinte er, sie hätten sich so gestritten, und als Girsch ... was für eine blöde Idee! ... als Girsch dann gesagt hat, im Juli gäb's bei ihm im Museum so eine Riesensache über jüdische Kollaborateure und Juden in der ss und so ... da hat er, da habe er, er, Dinter, er habe ihm das Messer aus der Hand gerissen und wäre ausgeflippt und hätte es ganz schnell gemacht.

ANNA … hätte es ganz schnell gemacht …

KALLENDER … und hätte es ganz schnell gemacht!

Pause.

KARPELES Echt?

KALLENDER Echt.

KARPELES Wow.

KALLENDER Kann das überhaupt sein, hab ich mich gefragt. Dinter … Ich sag euch noch mal den Namen: Samuel Dinter. Und jetzt überlegt bitte mit mir: Kann … das … sein?!

KARPELES Gute Geschichte … *Pause.* Das ist sogar … eine fabelhafte Geschichte, Jobst … Weiß Henning Bescheid?

Kallender nickt.

KARPELES Schreibt er was? Schreibt er selbst etwas?

Kallender schüttelt den Kopf.

KARPELES Schreibst du?

KALLENDER Donnerstag … Die Geschichte ist am Donnerstag drin.

KARPELES Sie ist Donnerstag drin?

KALLENDER Schneller geht's nicht, ich will … ich hab diese These, dafür brauch ich sowieso etwas Zeit. Wollt ihr hören? Nur … nur im Selbsthass, im jüdischen Selbsthass, versteht ihr, verstehst du, Joe, lebt die Zerstörungswut, der Zivilisationshass der Nichtjuden weiter. Girsch, Dinter, und auch du, Joe – das kann, das lässt sich mit euch nachwei… lässt sich also der Nachweis führen. *Pause.* Klar, die Meldung, etcetera, die … die kommt natürlich sofort. Ich hab sie gerade ins iPhone getippt.

Pause.

ANNA *zu Karpeles* Er hat sie gerade ins iPhone getippt, Joe, hast du das gehört?

KARPELES Ja, Anna, ich hab's gehört, das hat er gesagt.

KALLENDER *zu Karpeles* Dein Interview müssen wir leider schieben, tut mir leid.

Pause.

KARPELES *zu Kallender* Du bist verrückt.

Pause.

KALLENDER Ich bin verrückt?

KARPELES Du bist verrückt.

ANNA Ich bin verrückt!

KALLENDER Ich bin auch verrückt …

KARPELES Ich bin verrückt! *Pause.* Wir sind verrückt! *Pause.* Wir sind alle verrückt! Und wir sind tot, lange bevor wir gestorben sind.

Pause.

KARPELES *zu Kallender* Sag mal, Jobst, du hast es doch auch gehört. Du warst doch dabei. Henning, ja … hat er's gesagt oder nicht? Hat er mir seine wahre Geschichte erzählt? 88, in München? Oder bin ich verrückt?

Menschen in falschen Zusammenhängen
Komödie

1.

Später Abend. In der Wohnung von Dina und Sven. Die Wohnung ist schön, einfach und modern eingerichtet; an den Fenstern sind keine Gardinen. Man sieht Lichter in den Fenstern der sehr nah gegenüberliegenden Häuser. Dina und Micky kommen ins Wohnzimmer herein. Dina zieht ihren Mantel aus, Micky behält seine Jacke an.

DINA Mach dir keine Sorgen.

MICKY Machst du dir Sorgen?

DINA Warum soll ich mir Sorgen machen?

MICKY Du hast diese roten Flecken am Hals.

DINA Ich hab Pizza gegessen. Wenn ich Pizza esse, bekomm ich immer rote Flecken.

MICKY Ich weiß gar nicht mehr, was ich gegessen hab. Was hab ich gegessen?

DINA Nudeln mit irgendwas.

MICKY Mit Sardellen. Ich hasse Sardellen.

DINA Warum hast du nicht was anderes bestellt?

MICKY Ich hatte lange keine Sardellen mehr gegessen. Ich dachte, vielleicht hasse ich sie nicht mehr.

DINA Mach dir keine Sorgen. Er kommt erst übermorgen zurück.

MICKY Hab ich auch rote Flecken am Hals?

DINA Nein. Aber du zitterst.

MICKY Das kommt von den Sardellen.

DINA *lacht* Du musst ja nicht lange bleiben. Ich such nur schnell deine Briefe, dann kannst du wieder gehen. *Pause.* Willst du dich inzwischen umsehen?

MICKY Warum soll ich mich umsehen?

DINA Damit du siehst, wie ich lebe.

MICKY Wie du mit ihm lebst.

DINA Das hast du immer gewusst.

MICKY Die Gedichte auch. Ich will auch alle Gedichte zurückhaben.

DINA Ich bringe dir ein Bier, und dann such ich alles.

MICKY Ich will kein Bier. Ich geh gleich wieder.

DINA Du musst es ja nicht trinken.

MICKY Das werde ich auch nicht. Glaub bloß nicht, dass ich ein Bier trinke, das in deinem und in seinem Kühlschrank stand. Das er gekauft hat. Das er im Supermarkt bezahlt hat, das er in die Tüte getan hat, das er nach Hause getragen hat, das er in euren Kühlschrank gestellt hat …

Sie geht aus dem Zimmer, kommt mit zwei Flaschen Budweiser zurück und gibt Micky eine Flasche. Sie stoßen an und trinken. Dann stehen sie schweigend am Fenster, er hinter ihr, und schauen in die Nacht hinaus. Plötzlich versucht Micky, Dina zu umarmen, aber sie entwindet sich ihm schnell.

DINA Macht dich das an?

MICKY Natürlich macht mich das an.

DINA Mich auch?

MICKY Ich weiß nicht. Vielleicht.

DINA Nein, mich nicht.

Pause.

DINA Bin ich krank, Micky?

MICKY Ja, du bist krank. Und du willst, dass ich auch krank werde … Und er ist bestimmt auch schon krank. Alle sagen, dass er krank ist, dass er fürchterlich aussieht, kein Vergleich zu früher, als ihr euch kennengelernt habt. Avner meint, früher war er so ein hübscher Goj, und jetzt sieht er aus wie ein Reh, dem man den Kopf weggeschos-

sen hat, das aber immer noch ein paar Meter weiter-
läuft.

DINA Ich will nicht, dass du schlecht über Sveni sprichst. Und
Avner auch nicht … Ich will es nicht.

MICKY Sveni?

DINA Sven.

MICKY Sveni, der Sofamann.

DINA Ja und? Das ist sein Beruf.

MICKY Worüber redet ihr eigentlich, du und dein Sofamann,
wenn er abends aus seinem Sofaladen nach Hause kommt?
Über Sofas? Oder über Sessel? Ach, ich weiß: über Sofas –
und über Sessel. Und ab und zu über … Stoffe. Über Sofas,
Sessel und Stoffe. Und manchmal bringt er Kataloge von
seinen Sofas und Sesseln mit oder kleine Mäppchen mit
Stoffmustern und sagt: Mäuschen, ich brauch deinen Rat,
wollen die Leute nächstes Jahr Lehnen oder keine Lehnen,
weiße Bezüge oder graue, Chrom- oder Holzfüße?

DINA Warum machst du das?

MICKY Was?

DINA Warum redest du ständig von ihm? Warum fängst du
immer wieder von ihm an?

MICKY Das ist wie vorhin mit den Sardellen, Dina. Ich will
sehen, ob ich ihn noch hasse.

DINA Es hat nichts mit ihm zu tun.

MICKY Es hat nichts mit ihm zu tun?

DINA Nein, hat es nicht.

MICKY *zieht seine Jacke aus* Bring mir noch ein Bier, Dina.
Und bring mir endlich meine Sachen. Ich will gehen. Ich
will endlich gehen.

2.

Eine Stunde später. Dina und Micky sitzen nackt auf dem großen hellgrauen Sofa im Wohnzimmer, halb zugedeckt mit einer Wolldecke. Auf dem Beistelltisch stehen mehrere leere Flaschen Budweiser.

MICKY Es ist jetzt ein Jahr her.

DINA Ein Jahr und drei Wochen.

MICKY Wann haben Avner und Mimi geheiratet?

DINA Vor einem Jahr und drei Wochen und zwölf Stunden.

MICKY Und wann haben wir uns das erste Mal geküsst?

DINA Vor einem Jahr, drei Wochen und neun Stunden. Wir haben zuerst miteinander getanzt, dann geredet, dann hast du die Wodkaflasche geklaut, und wir sind zusammen aufs Dach vom Sheraton hochgefahren und haben von dort auf Tel Aviv runtergeguckt.

MICKY Es war ein seltsamer Kuss.

DINA Warum?

MICKY Weißt du noch, worüber wir geredet haben?

DINA Warum war der Kuss seltsam?

MICKY Wir haben über Sven geredet. Nein – du hast über Sven geredet. Du hast über ihn wie über einen Toten geredet.

DINA Das stimmt nicht. Du wolltest, dass es so ist.

MICKY Ich wollte gar nichts. Ich kannte dich seit zehn Jahren, und du warst mir zehn Jahre lang egal. Du hast angefangen, du hast mich zuerst geküsst.

DINA Ich wollte sehen, ob du der Richtige bist. Ich kannte dich auch seit zehn Jahren.

MICKY Und ich war nicht der Richtige.

DINA Ich weiß es nicht.

MICKY Fängst du wieder an? Das ist unser letzter Abend,
Dina, das haben wir verabredet.

DINA Na und?

Pause.

MICKY Schlaf endlich einmal mit mir, schlaf richtig mit mir.
Danach wirst du's wissen.

DINA Das ist keine gute Idee.

MICKY Ein Jahr, und ich war kein einziges Mal in dir drin.

DINA Er auch nicht. Er noch länger.

MICKY Und wie findet er das?

Pause.

MICKY Sag schon.

DINA Ich will darüber nicht reden.

MICKY Du bist wie ein Mann, Dina, weißt du das? Du redest
wie ein Mann, du schweigst wie ein Mann und du küsst wie
ein Mann. Du hast mir auf dem Dach vom Sheraton die
Zunge so tief reingesteckt, dass ich mich erschrocken hab.
Sie war hart und herrisch, und ich dachte, ich werde ihr bei-
bringen müssen, wie man küsst. Es ist aber nicht das Küssen.

*Dina fährt mit der Hand unter die Decke, zwischen Mickys
Beine.*

MICKY Weißt du, wie verrückt das ist?

Schweigen.

MICKY Deine Urgroßmutter bringt deinen Urgroßvater um,
und darum willst du nicht mit mir zusammensein.

DINA Was?

MICKY Du weißt, wovon ich rede.

DINA Das meinst du nicht im Ernst, oder?

MICKY Doch, das tue ich.

DINA Ach so – die Nazis sind schuld. Immer sind die Nazis schuld.

MICKY Irgendwie schon, ja.

DINA Sie hat ihn nicht umgebracht. Sie hat sich von ihm scheiden lassen.

MICKY 1940.

DINA Was ist dabei?

MICKY Neunzehn-hundert-und-vierzig.

DINA Damals gab es eben auch Ehen, die nicht glücklich waren.

MICKY Ja, genau. Vor allem die zwischen Juden und Nichtjuden.

DINA Du weißt doch gar nicht, wie das ist. Hättest du's ausgehalten?

MICKY Wenn ich gewusst hätte, dass sie am Tag nach der Scheidung meinen Mann in den Zug nach Polen stecken?

DINA *schweigt kurz* Toll. Da ist er wieder – der pathetische Herr Rosenstein. Beliebt und bekannt aus Fernsehen, Familie und Gemeinderat. *Pause.* Hör endlich auf, so zu tun, als hättest du selbst jahrelang Mengele in die Augen geschaut. Das ist lächerlich.

MICKY Vielleicht hätte ich mich an ihrer Stelle auch scheiden lassen.

Pause.

DINA Siehst du.

MICKY Ich hätte meinen jüdischen Mann nach Auschwitz geschickt und hätte nächtelang deshalb geweint, dann hätte ich aufgehört zu weinen, denn man kann nicht immer nur weinen – und dann wäre ich für immer versteinert. Und meine Tochter wäre dann auch versteinert. Und meine Enkeltochter. Und …

DINA Ja, jetzt sag's schon ...

MICKY ... und meine Urenkeltochter wäre auch versteinert.

DINA Toll, Herr Rosenstein, sogar wenn du recht hättest ...
Pause. Darum weiß ich also nicht, ob ich Sven oder dich
will?

MICKY Ja, so ungefähr.

DINA Versteinern nur Deutsche? Können nur versteinerte
Deutsche mit versteinerten Deutschen zusammensein?

MICKY Ja, so ungefähr.

DINA Und Juden sind alle locker und unversteinert?

MICKY Ja, so ungefähr.

DINA Idiot.

Pause.

MICKY Darf ich?

DINA Was?

MICKY Es noch mal anders sagen.

DINA Nein.

Pause.

MICKY Deine Urgroßmutter hat einen Juden umgebracht,
und darum ist es egal, dass dein Vater in Brooklyn geboren
ist und um ein Haar der Szczuczyner Rebbe geworden
wäre. Verstehst du?

DINA Du hörst einfach nicht auf. Du redest immer so lange,
bis alles noch mehr kaputtgeht.

MICKY Du weißt nicht, wer du sein darfst. Darum ...

DINA Nein, nicht darum.

Pause.

MICKY *zuckt mit den Schultern* Oder hast du eine andere
Erklärung?

DINA Vielleicht liebe ich dich einfach nicht.

136

Dina steht auf, geht nackt zum CD-*Player, macht »Get It On«
von T. Rex an. Sie kommt mit der Fernbedienung zurück, setzt
sich neben Micky, und sie schauen sich an.*

MICKY Warum habt ihr eigentlich keine Vorhänge?
DINA Damit man uns besser sehen kann.

3.

Zwei Stunden später. Micky und Dina liegen nackt unter der Wolldecke auf dem Fußboden vor dem Sofa. Er liegt auf ihr.

DINA Und? Ist jetzt etwas anders?

MICKY *fast unmerklich kühl* Du musst es wissen. Warum fragst du mich?

DINA Du hast doch gesagt, ich würde es wissen, wenn wir es einmal richtig tun.

MICKY Hab ich das gesagt?

DINA Micky, hör auf.

MICKY Ich kann mich nicht erinnern. Ehrlich.

DINA Warum kannst du dich nicht erinnern?

MICKY Woher soll ich das wissen.

DINA Du machst Spaß, oder?

MICKY Ja. Ich mach Spaß.

DINA Es ist anders. Es ist ganz anders. Warum ist es jetzt erst passiert?

MICKY Keine Ahnung, warum es jetzt erst passiert ist. Vielleicht, weil ich dich so lange angebettelt habe.

DINA Aber besser so herum als andersrum, stimmt's?

MICKY Stimmt.

DINA Weißt du, was »so herum« ist und was »andersrum«?

MICKY Ja, weiß ich.

DINA Sag.

MICKY »So herum« ist zuerst gar nicht und dann immer mehr. Und »andersrum« ist zuerst viel und dann überhaupt nicht mehr.

DINA Bei Avner und Mimi ist es »andersrum«.

MICKY Woher weißt du das?

Das Telefon auf dem kleinen Plexiglastisch neben dem Sofa klingelt. Dina streckt die Hand nach dem Telefon aus, hebt aber nicht ab.

DINA Wer ruft um ein Uhr nachts an?

MICKY Woher weißt du das?

DINA Was?

MICKY Dass Avner und Mimi nicht mehr miteinander ins Bett gehen?

DINA Weißt du's auch?

MICKY Ja.

DINA Ich weiß es von ihr. Und du weißt es von ihm.

MICKY Ja.

DINA *lacht* Zwei lockere und unversteinerte Juden – und nach einem Jahr Ehe ist es schon wieder vorbei mit dem Sex.

MICKY Sie waren vorher vier Jahre zusammen.

DINA Das entschuldigt natürlich alles.

MICKY Sie haben nichts Böses getan, Dina.

DINA Nein.

MICKY Du redest aber so.

DINA Nein. *Pause.* Doch – du hast recht.

MICKY Ist man ein schlechter Mensch, wenn man jemanden, den man liebte, plötzlich nicht mehr liebt?

DINA Wenn man ihn nicht mehr liebt – oder wenn man nicht mehr mit ihm schläft?

MICKY Es ist Avners Schuld.

DINA Ich weiß. Das sagt Mimi auch.

MICKY Sie weiß nicht alles.

DINA Was sollte sie wissen?

MICKY *gleichzeitig mit »wissen«* Ich hab Hunger.

DINA Wir haben doch gerade erst gegessen, Liebling.

MICKY Bei dir und Sven ist es doch auch »andersrum«.

DINA Ja, ich weiß. Aber das ist was anderes.

MICKY *gleichzeitig mit »anderes«* Wir haben um acht gegessen. Jetzt ist es schon halb zwei. Das sind fünfeinhalb Stunden. Ich mache nie eine längere Pause als … drei Stunden. Vier vielleicht. Zwischen Frühstück und Mittagessen dreieinhalb Stunden, und dazwischen immer eine Banane oder ein Sesamriegel oder so was. Am Nachmittag esse ich dann auch immer etwas. Ich kann mich nicht erinnern, wann ich das letzte Mal zwischen Mittagessen und Abendbrot nichts gegessen hätte. Meistens esse ich ein Stück Apfelkuchen, im Sommer Pflaumenkuchen. Manchmal kaufe ich mir noch ein Bagel im Bagelshop unten im Gemeinderestaurant. Na ja, zumindest trinke ich einen Saft. Das füllt den Magen. Dann halte ich es besser durch bis zum Abendbrot.

DINA Soll ich dir etwas zum Essen machen?

MICKY Nein. Seit einer halben Stunde denke ich nur noch an die Linsensuppe aus dem »Hasir«. Ich rieche sie bis hierher, glaubst du mir das? Ich rieche sogar, wie es ist, wenn man die Zitrone in sie auspreßt. Ich rieche das warme Brot, ich rieche sogar die fettigen Tische aus dem »Hasir«.

DINA *die nun auf Micky liegt* Hör auf, du Idiot. *Sie umarmt und küsst ihn, aber er reagiert nicht. Dann ist er plötzlich erregt.*

DINA Nein, mach gar nichts. Umarm mich einfach nur. Ich will was ausprobieren. *Pause.* So fühlt es sich richtig an. *Längere Pause.* Nein, doch nicht.

MICKY Was?

DINA Ich weiß nicht. Es ist anders.

MICKY Was ist anders?

DINA So auf dir zu liegen … So auf dir zu liegen ist anders als so auf ihm zu liegen.

Das Telefon klingelt, und Dina lässt es wieder klingeln.

DINA Tut mir leid. Mein Gott, das tut mir so leid. Manchmal bin ich so furchtbar kindisch. Es tut mir leid.

MICKY *gleichzeitig mit »leid«* Ist er wirklich weggefahren?

DINA Was meinst du mit »wirklich weggefahren«?

MICKY Ist er wirklich in Mailand?

DINA Ja, Micky, er ist in Mailand. Er ist jedes Jahr in Mailand um diese Zeit.

MICKY Oder ist er drüben in einem der Häuser und guckt uns zu?

DINA Du spinnst.

MICKY Vielleicht macht ihn das ja an.

DINA Micky, er ist in Mailand auf der Möbelmesse.

MICKY Vielleicht macht es ihn an, zuhause anzurufen und ins Telefon …

DINA *gleichzeitig mit »Telefon«* … seit elf Jahren, seit ich mit ihm zusammen bin, ist er im Mai drei Tage lang auf der Möbelmesse. Er nimmt immer das letzte Flugzeug am Donnerstag, und er kommt mit dem ersten Flugzeug am Montag zurück, und vom Flughafen fährt er direkt ins Geschäft, und von dort ruft er mich wieder an. Verstehst du? Er ruft nie von unterwegs an. Einmal war er mit seinem Vater und seiner zweiten Frau auf Föhr zwei Wochen, da hat er mich auch nicht angerufen, kein einziges Mal. Er ist so. Manchmal mag ich, dass er so ist. Das ist seine Art. Er sagt, er weiß nicht, was er sagen soll am Telefon … Sonst reden wir auch nicht so viel. *Pause.* Aber wir machen viel zusammen. *Pause.* Wir kochen zusammen, oder wir gehen am Schlachtensee spazieren. Und wir sind oft im Theater. *Pause.* Kennst du das Theatertreffen? Wir gehen in jede Vorstellung, weißt du … und hinterher bleiben wir oben an der Bar stehen und trinken was und schauen uns die Schauspieler an. Einmal stand Maria Trewold direkt neben uns – ganz allein. Sie war müde, und sie gefiel uns noch besser als vorher in

»Lulu«, und fast hätten wir mit ihr geredet. Sven ist zu schüchtern für so was, aber er meinte, ich wäre genauso schön wie Maria Trewold, ich müsste mich nicht genieren. Aber dann kamen die anderen Schauspieler, und wir hatten unsere Gelegenheit verpasst. *Das Telefon klingelt wieder, während Dina noch spricht.* Was ist das? Was ist das?! *Sie hebt schnell ab und hört, ohne Hallo zu sagen, eine Weile stumm zu.* Nein, ich hab schon geschlafen ... Ich hab geschlafen, ich hab's nicht gehört. Das tut mir leid. Jetzt? Jetzt sofort? Nein, schlaf erst mal. *Hört zu.* Mimi, das glaub ich nicht, nein. Vielleicht hat er es einmal gemacht. Alle Männer machen das, das bedeutet nichts. *Hört zu.* Alle jüdischen Männer. *Hört zu.* Ja. Ja, wir sprechen gleich morgen früh. Gute Nacht, Schatz. Ja, gute Nacht. Wein nicht. *Legt auf.*

DINA *zu Micky* Mimi.

MICKY Mimi?

DINA Ja, Mimi.

MICKY Und wo ist Avner?

DINA Er ist ins Krankenhaus gefahren. Er hat dort sein Oberarztzimmer. Er schläft heute Nacht dort. Dann sehen sie weiter. *Pause.* Kannst du bitte Musik anmachen?

MICKY Das Gleiche wie vorhin?

DINA Nein.

MICKY Und was?

DINA Weiß nicht. Ich weiß es nicht. *Pause.* Woher soll ich das wissen? Kannst du mir das verraten? Woher soll ich wissen, welche Musik wir jetzt hören sollen? Warum muss ich immer alles entscheiden?

4.

Zwei Stunden später. Dina und Micky sitzen im Wohnzimmer am großen Esstisch, beide mit dem Rücken zum Fenster. Micky hat nur seine Jeans an, kein T-Shirt oder Hemd, Dina trägt einen Bademantel. Sie haben gegessen, auf dem Tisch steht das leere, schmutzige Geschirr. Draußen wird es langsam hell. In einigen Fenstern gegenüber ist noch Licht, in einigen geht es jetzt wieder an. Es läuft französische Musik. Dina hält einen Stoß Blätter in der Hand. Sie liest, und wenn sie mit einem Blatt fertig ist, reicht sie es an Micky weiter.

DINA »Willst du, was ich will, frag ich / und du sagst: ich weiß nicht / deine Hände sind so schwarz / wie die Laken unserer Nächte / liebe mich, Rose von Judäa.«

MICKY Schrecklich.

DINA Ich mag's.

MICKY Dina, es ist idiotisch. Merkst du's nicht? Ein Fünfzehnjähriger hätte es besser gemacht.

DINA Nein.

MICKY Wenn ich rot werden könnte, würde ich jetzt rot werden.

DINA Du kannst rot werden – bild dir bloß nichts ein.

MICKY Damals mochtest du es nicht.

DINA Das stimmt nicht.

MICKY Du hast immer gelacht, wenn ich dir ein Gedicht geschickt hab. Bei diesem hast du besonders laut gelacht. Du hast gesagt, ich sei süß, aber ich sollte dir lieber Schmuck oder eine Wohnung schenken.

DINA *blättert in den Papieren, zieht ein Blatt heraus* »Anwalt der Liebe ... Ich bin Anwalt der Liebe / Ich habe

Geduld / Ich kenne alle Paragraphen und Instanzen / komm
mit mir tanzen / die Sitzung wird vertagt.«

MICKY *versucht, Dina das Blatt zu entreißen* Gib her!

DINA Ich bin nicht fertig. Warte.

MICKY Doch, doch, doch, doch, doch.

DINA *lacht* Liebling!

MICKY Bitte, das ist ja nicht auszuhalten.

DINA Du warst eben verliebt.

Schweigen.

DINA Du warst verliebt.

*Micky schweigt weiter. Dina reicht ihm wortlos das Blatt, er
liest, gibt es ihr wieder, zusammen mit allen anderen Papieren.*

DINA Ich dachte, du wolltest sie zurück.

MICKY Nein, nur die Briefe. Die Gedichte kannst du behalten. Du kannst sie aber auch wegschmeißen. *Pause.* Ich
würde sie wegschmeißen, wenn ich du wäre. *Pause.* Die
Briefe will ich eigentlich auch nicht zurück.

DINA Was ist los?

MICKY Was soll los sein?

DINA Du weißt es jetzt, stimmt's?

MICKY Was weiß ich?

DINA Nichts. *Sie blättert, zieht wieder ein Blatt raus.*
Nichts, was wichtig wäre.

MICKY Dina …

DINA Nur noch eins.

MICKY Wenn du weitermachst, geh ich.

DINA Dann geh. *Pause.* Du willst doch sowieso schon die
ganze Zeit gehen.

MICKY *steht auf, geht zur Tür, kommt zurück, geht zum Fenster, schaut hinaus* Nein.

DINA Das ist jetzt deine Rache, ich weiß das.

Micky schüttelt stumm den Kopf.

DINA Du kleiner, lächerlicher, jüdischer Junge!

MICKY Das musst du aushalten können.

DINA Was muss ich aushalten können? Dass du immer nur das willst, was du nicht hast? Ich bin nicht deine Mutter. Die muss das aushalten.

MICKY Jetzt siehst du, wie das ist.

DINA Deine Mutter sagt Ja, wenn du Ja sagst, und sie sagt Nein, wenn du Nein sagst. *Mit Babystimme.* Ja, Bubele, alles wird gut, schau in den Mond, wie der lacht. *Wieder normal.* Ich sage das nicht.

MICKY Jetzt siehst du, wie das ist.

DINA *schreit* Wie was ist? Wie ... was ist?! Wovon redest du?

MICKY Wie das ist, ein Jahr, drei Wochen und neun Stunden ...

DINA *gleichzeitig mit »Stunden«* Warum ... *weint* Warum machst du das mit mir?

MICKY Warum machst du das mit mir?

DINA Du wolltest immer gleich so viel. Zu viel.

MICKY Und was will er?

DINA Eine Frau. Einfach nur eine Frau.

MICKY Die sich nie was anmerken lässt. Eine Frau, die wie ein Mann ist. Die immer schön die Zähne zusammenbeißt. Die vierzehn Stunden am Tag in der Munitionsfabrik steht, während ihr Verlobter sich für den Führer vor Stalingrad die Beine abfrieren lässt.

Dina schaut Micky entsetzt an. Dann weint sie wieder, während er weiter am Fenster steht. Sie hört auf zu weinen, er geht zu ihr und umarmt sie.

DINA Geh weg.

MICKY *geht wieder zum Fenster, steht dort, schaut raus, dann ruft er* Hallo, Sveni, macht dich das an? Aah, ja, so ein kleiner scharfer Streit zwischen zwei Juden, ja …

DINA Du weißt es, seit du in mir drin warst.

MICKY Was?

DINA Du hast mich reingelegt.

MICKY Nein … Nicht absichtlich.

DINA Du hast die Sache umgedreht.

MICKY Vielleicht habe ich nur Angst.

DINA Jetzt siehst du, wie das ist. *Sie wischt sich die Tränen weg, lächelt.*

MICKY Ja, jetzt sehe ich, wie das ist, Angst zu haben. *Pause.* War dir auch immer übel, wenn du Angst hattest?

DINA Ja. Übel. Jeden Morgen bin ich mit dieser Übelkeit aufgewacht, ein Jahr lang. Manchmal ging sie nach dem Zähneputzen weg, manchmal erst mittags. Manchmal bin ich mit der Übelkeit wieder ins Bett gegangen.

MICKY Du hast nie was gesagt.

DINA Es gab auch schöne Tage.

MICKY Leichte Tage?

Die Musik geht aus, und Micky macht noch mal dieselbe CD *an.*

DINA Schöne und leichte Tage. Der Tag im Park in Friedrichshain war schön.

MICKY Oben auf dem Hügel?

DINA Wir haben die Brunnen gezählt. Ich hab mich versteckt. Du hast mich überredet, Flammkuchen zu essen.

MICKY Und du bist nicht ans Telefon gegangen, wenn er angerufen hat.

DINA Kannst du dich an die Umarmung im Park auch noch erinnern?

MICKY Oben auf dem Hügel, wo es nicht mehr weiterging. Wir konnten zwischen den Büschen den Fernsehturm sehen. Und es war dieser Jogger da, der ausgerutscht ist.

DINA Es war eine feste, entschlossene Umarmung ...

MICKY Ja.

DINA ... und danach war mir tagelang nicht mehr übel. Die Angst war weg, und ich freute mich auf ein Leben mit dir.

MICKY Vielleicht geht meine Übelkeit auch weg.

DINA Ja – vielleicht.

MICKY Das wäre gut.

DINA Möchtest du es versuchen?

Er geht zu ihr, und sie umarmen sich.

DINA Und?

MICKY Nein. Ich merke nichts.

DINA *fängt an, das Geschirr auf dem Tisch zusammenzuräumen, hört aber gleich wieder auf* »Ich will / was du willst / wenn du willst / was ich will / damit meine ich alles / nur kein Sofa aus Aschdod.«

MICKY Nicht schlecht.

DINA Das ist nicht von dir. Das ist von mir.

MICKY Jetzt merk ich was.

DINA Ich hab's mir ausgedacht, als wir uns ...

MICKY *gleichzeitig mit »uns«* ... und warum kam ein paar Tage nach dem Park die Angst wieder?

DINA Ich weiß es nicht mehr.

MICKY Sicher?

DINA Nein, nicht sicher.

MICKY Es ist wichtig, Dina.

DINA Er hat es gemerkt. *Pause.* Und ich habe gemerkt, dass er es gemerkt hat.

MICKY Scheiße.

DINA Vor Mailand war es auch so.

MICKY Vor Mailand hast du gesagt, du brauchst drei Tage.

DINA Ja. Ich war so nah dran. Ich hab im Kopf schon die
Möbel und Bücher gesehen, die ich mitnehmen würde.

MICKY Ja …

DINA Und dann hast du Idiot angerufen. Du hast sonst nie bei
mir zuhause angerufen, immer nur in der Agentur, und als
ich schnell aufgelegt habe, hat er gesagt: »Telefonier ruhig
weiter.«

MICKY Ich hasse ihn.

DINA Das hat gereicht.

MICKY So hat er dich herumgekriegt.

DINA Ja. Aber das ist jetzt auch egal.

MICKY Weil ich dich jetzt herumgekriegt hab?

DINA Nein, nicht du. Dein langer, hübscher, beschnittener
Schwanz.

MICKY Sag's noch mal.

DINA Ich sag's gern, weil es deiner ist.

MICKY Sag's noch mal …

DINA Dein hübscher, langer, jüdischer Schwanz …

*Sie umarmen sich. In dem Moment fliegt draußen ein Ei gegen
die Fensterscheibe. Der Schlag ist dumpf und nicht sehr laut,
und weil sie mit dem Rücken zum Fenster sitzen, verstehen sie
nicht, was passiert ist. Dann fliegt ein zweites Ei.*

DINA Mach die Musik aus.

MICKY Wo ist die Fernbedienung?

DINA Mach die Musik aus!

MICKY Ich weiß nicht, wie.

DINA Bitte. Bitte!

*Er sucht die Fernbedienung, findet sie nicht, schließlich geht er
zum CD-Player und zieht den Stecker raus. Auf dem Weg zurück zum Esstisch sieht er die zerplatzten Eier auf der Fensterscheibe, sagt aber nichts. Er setzt sich wieder hin, und sie*

schweigen. Dann fliegt wieder ein Ei. Dina dreht sich zum
Fenster um und sieht, was los ist.

DINA Bitte geh.
MICKY Was?
DINA Bitte geh jetzt sofort. Geh. Und komm nie wieder.

5.

*Zwölf Stunden später. Früher Nachmittag. In der Küche von
Dina und Sven. An den Wänden, auf dem Kühlschrank viele
Familienfotos, Fotos von Freunden, auch von Dina und Sven
natürlich, Kunstpostkarten, Kinderzeichnungen. Draußen ist
es hell und sonnig. Dina, die nur ein T-Shirt anhat, sitzt mit ge-
spreizten Beinen auf dem Küchenschrank. Micky steht vor ihr.
Er trägt einen Anzug und eine Krawatte. Seine Hand ist zwischen ihren Beinen. Irgendwo in der Wohnung läuft das Radio,
man hört Jazz.*

DINA Sag's nicht.
MICKY Nein, ich sag's nicht.
DINA Du darfst es nicht sagen.
MICKY Nein, ich sag's nicht.
DINA Aber du merkst es?
MICKY Ja, ich merk's.
DINA Wirklich?
MICKY Ja – aber jetzt hast du's selbst gesagt.
DINA Nein, das stimmt nicht.
MICKY Doch, auf deine Art.
DINA Ja, das ist wahr.

Pause.

DINA Lange hast du's nicht ausgehalten ohne mich.
MICKY Nein, hab ich nicht. *Pause.* Du hättest mir aber auch
  nicht aufmachen müssen.
DINA Du hättest nicht wiederkommen müssen.
MICKY Du hättest mich nicht anrufen müssen …
DINA … und du hättest nicht ans Telefon gehen müssen.

Pause.

MICKY Ich dachte, du brauchst Hilfe.

DINA *gleichzeitig mit »Hilfe«* Ich hab dich gerochen, als ich heute früh aufgewacht bin.

MICKY Ich dich nicht … ich hatte nur schrecklichen Hunger.

DINA War dir noch übel?

MICKY Nein, warum?

DINA Du hast es vergessen.

MICKY Was?

DINA Das ist gut.

Pause.

DINA Ich hab von uns geträumt, als ich mittags noch mal eingeschlafen bin.

MICKY Bitte nicht – keine Träume!

DINA Wir waren bei meinen Eltern. Mein Vater sah aus wie der Szczuczyner Rebbe, mit Bart und Schläfenlocken und einem riesigen schwarzen Streimel aus Biberpelz. Und meine Mutter hatte ein Dirndl an und eine SA-Binde am Arm, und immer wenn sie den Mund aufmachte, fielen ihr ein paar goldene Zähne heraus.

MICKY Ich glaub dir kein Wort.

DINA Mach weiter … mach weiter, während ich rede.

MICKY Und was war dann?

DINA Warum willst du das wissen?

MICKY Weil ich in dem Traum vorkomme.

DINA Nein, ich hab gelogen. Ich war allein mit ihnen, und du hast mir furchtbar gefehlt. Ich war ganz klein, so klein wie ein kleines Hündchen, und ich saß auf Mamis Schoß, und sie wollte das nicht und stieß mich immer wieder weg. Aber ich bin jedes Mal wieder raufgeklettert.

Dina seufzt.

154

DINA Das hat noch keiner geschafft. Du schaffst es auch nicht!

MICKY Bist du sicher?

DINA Ja ... das hat noch keiner geschafft.

MICKY Warum nicht?

DINA Ich weiß es nicht.

MICKY Schaffst du's?

DINA Wenn ich allein bin?

MICKY Ja.

DINA Zu zweit auch. Es muß aber meine Hand sein. Und ich muss Zeit haben.

MICKY Wir haben zwanzig Minuten. In zwanzig Minuten muss ich weg.

DINA *schiebt seine Hand zur Seite, dann führt sie sie erneut zwischen ihre Beine* Papa wollte mir die Firma überschreiben. Er hatte einen Vertrag dabei, der so aussah wie eine alte Papyrusrolle, und der Kugelschreiber sah aus wie dein Pipi.

MICKY Träume sind langweilig und bedeuten nichts, Dina. Sie sind langweilig, weil sie nichts bedeuten. Und wenn sie was bedeuten ...

DINA Ja?

MICKY ... und wenn sie was bedeuten ...

DINA *gleichzeitig mit »bedeuten«* Meine Mutter schlug ihm den Kuli aus der Hand und sagte: Das Mädchen soll was studieren. Soll sie ihr ganzes Leben im Laden stehen wie eine von den ungebildeten Jachnes? Und Papa hat angefangen zu weinen, und seine Tränen waren kleine rote Perlen, die klimpernd auf den Boden fielen. Dann flog was gegen das Fenster, und es war dein Kopf, und er zerschellte wie ein rohes Ei an der Scheibe. Davon bin ich aufgewacht. *Er bewegt die Hand ruckartig nach vorn, und sie schnappt nach Luft.* Zwanzig Minuten?

MICKY Achtzehn.

DINA Das schaffen wir nie.

MICKY Ich komm danach wieder, wenn du willst. Es dauert nicht lange.

DINA Wie lange?

MICKY Eine Stunde, mehr nicht.

DINA *gleichzeitig mit »nicht«* Wirst du wieder der pathetische Herr Rosenstein sein?

MICKY Sag mir, wie ich es nicht sein soll.

DINA Jetzt?

MICKY Ja, jetzt. Ich will dir gefallen. Ich will so sein, wie du mich haben willst.

DINA Mach ihnen keine Vorwürfe, Micky. Erzähl nicht von deinen Eltern. Vermeide das Wort »Schindlerjude«.

MICKY Aber das bin ich doch.

DINA Nein, Micky, das bist du nicht. Deine Eltern sind Schindlerjuden, du nicht. Dich hat er nicht gerettet.

MICKY Er hat sie gerettet, und wenn er sie nicht gerettet hätte, wäre ich nie geboren worden.

DINA Ja, das wäre gut. Dann wäre alles einfacher.

MICKY Unsinn.

DINA Nein, warum? *Pause.* Dann wäre alles einfacher für mich.

MICKY Aber etwas anderes wäre vielleicht komplizierter.

DINA Das ist mir egal. Das »andere« kenn ich nicht, das kann ich mir nicht vorstellen.

Schweigen.

MICKY Siehst du.

DINA Was?

MICKY Die Nazis sind schuld. Sie haben meine Eltern nicht gekriegt, und deshalb …

DINA *gleichzeitig mit »deshalb«* Langsam. Du musst langsamer machen …

MICKY … und deshalb weißt du nicht: er oder ich.

DINA Er.

MICKY Was?

DINA Er.

MICKY Sveni, der Sofamann? Sveni, der Eierwerfer?

DINA *die nun schneller atmet* Er war's nicht. Er kann es nicht gewesen sein.

MICKY Vielleicht ein Freund von ihm. Vielleicht hat er ihm gesagt: Pass auf, meine kleine Jüdin hat einen andern, ich glaube, das ist auch ein Jude, das kann gefährlich werden, sie soll auf keinen Fall Spaß haben mit ihm, wenn ich nicht da bin, denk dir was aus!

DINA Nein.

MICKY Doch.

DINA Nein.

MICKY Wieso?

DINA Das würde er nie tun. Ich kenne ihn besser als du.

MICKY Und wie gut kennst du dich selbst? Würde die Dina, die du kennst, ein Jahr lang zwei Männer gleichzeitig haben?

DINA Wir waren nie zusammen, Micky, ich hab ihn nie verlassen.

MICKY *zieht die Hand weg und schaut auf die Uhr* Sechs Minuten. Ich muss gehen.

DINA Nein.

MICKY Was sind schon sechs Minuten?

DINA Eine Ewigkeit.

MICKY Nicht für dich.

DINA Arschloch.

MICKY Tut mir leid.

DINA Wenn du jetzt gehst … wenn du jetzt gehst, musst du nicht mehr wiederkommen.

MICKY Wollte ich das?

DINA Warum bist du so grob?

MICKY Du bist grob.

DINA Ich war nicht grob. Ich war ehrlich.

MICKY Ja. Aber du bist immer nur ehrlich zu mir, nie zu ihm.

DINA Das weißt du doch nicht.

MICKY Nein – und ich will's auch nicht wissen. Ich will überhaupt nichts mehr von euch beiden wissen, verstehst du das? Mir reicht es schon, hier in dieser Wohnung zu sein. Mir reicht es, in dieser Küche zu sein ... mir reicht es, hier so vor dir zu stehen. *Er reißt ein Foto von der Wand und betrachtet es.* Wo war das? Sag schon. Wo war das?

DINA Hör auf.

MICKY Sieht aus wie Tel Aviv. Sieht aus wie das »Susanah« in Neve Zedek. *Pause.* Hast du deinem kleinen Soldaten das Land der Väter gezeigt?

DINA Hör auf.

MICKY Hat's ihm gefallen? Oder war's ihm zu heiß? Der Gordonstrand ist natürlich nicht Stalingrad. Lass mich raten: Er hatte sofort einen Sonnenbrand. Er saß stumm bei deiner Bergen-Belsen-Tante in Rehovot herum und war hinterher stundenlang deprimiert. Er wollte mit dir nach Bethlehem fahren. Er mochte das Tschulent im »Batya« nicht.

Pause.

DINA Fick mich.

MICKY Was?

DINA Fick mich, Micky.

MICKY Nein.

DINA Bitte.

MICKY Frag ihn. Ein Jahr Pause ist sogar für einen kalten Fisch wie ihn zu viel.

DINA Micky!

MICKY Ich werd jetzt gehen, Dina. Ich werd jetzt gehen und nie mehr wiederkommen – so wie wir es von Anfang an besprochen hatten.

DINA Ich will, dass du in mir drin bist, so wie vorhin.

MICKY *atemlos* Nein, das willst du nicht. Denn diesmal würde ich in dir kommen, und du würdest sofort schwanger werden davon … aber du würdest es mir nicht erzählen, und du würdest so tun, als wär's von ihm … und ihm würdest du's auch nicht sagen, und ihr würdet eines Tages dieses Baby kriegen, das so aussähe wie ich … und er würde sofort kapieren, dass es nicht von ihm ist, wie auch, ihr habt es so lange nicht mehr gemacht … aber er würde seinen Schmerz natürlich nicht zeigen, und er würde mit dir meinen Jungen großziehen, und das würde mich so unglücklich machen, dass ich eine schreckliche Depression bekäme … und ich könnte nicht mehr ins Büro gehen, ich hätte Angst vor großen Menschenmengen, vor Fahrstühlen, vor Interviews, ich würde abnehmen, ich würde nur noch Haut und Knochen sein, und mein Junge, mein Junge …

Während Micky spricht, nimmt Dina, die immer noch auf dem Küchenschrank sitzt, das Foto aus seiner Hand und legt es neben sich.

DINA Hör auf.

MICKY Nein, ich kann nicht.

DINA Versuch's.

MICKY Wie?

DINA Ich weiß nicht.

MICKY Und warum?

DINA Weil wir gerade zusammen sind.

MICKY Das reicht nicht.

DINA Das hat dir doch sonst immer gereicht.

MICKY Jetzt nicht mehr.
DINA Auch nicht ein letztes Mal?
MICKY Nein. Nein …

*Sie umarmt ihn, zieht ihn an sich heran und macht seine Hose
auf. Das Radio im Wohnzimmer geht aus.*

MICKY *nach einer Weile* Du kannst ruhig …
DINA Was? Was kann ich?
MICKY Du kannst … deine Hand … das stört mich nicht.
DINA Nein?
MICKY Nein, ehrlich nicht.
DINA Sicher?
MICKY Ja – sicher.
DINA Gut.
MICKY Aber ja.

Pause.

DINA Ich muss mich umdrehen.
MICKY Ja, dreh dich um.
DINA Ich dreh mich jetzt um.
MICKY Ja – dreh dich um.
DINA Ich dreh mich jetzt um.
MICKY Ja, dreh dich um.

Das Radio geht wieder an.

MICKY Ich halt dich fest, ja?
DINA Ja.
MICKY Ich seh dich.
DINA Ja.
MICKY Ich fick dich.
DINA Ja.
MICKY Ach Gott.
DINA Was?

MICKY Mir ist schon wieder so schlecht.

DINA Das geht weg, das geht gleich wieder weg, Liebling.

Das Radio geht wieder aus, und Micky hält inne.

DINA Mach dir keine Sorgen, das ist nichts. Das ist nur das Kabel ... da ist was mit dem Kabel. Das passiert manchmal.

6.

Zwei Stunden später. Im Schlafzimmer von Dina und Sven. Auch hier keine Gardinen. Draußen wird es langsam dunkel. Dina liegt auf dem Bett, neben ihr ein Laptop, das Telefon, ihr Handy und ein Stapel Manuskriptblätter. Sie hat einen hellgrauen Jogginganzug an, und ihre Haare sind vom Duschen nass. Der Fernseher läuft, wir sehen aber nicht das Bild, hören nur den Ton. Sie liest, macht Korrekturen im Manuskript und sieht ab und zu hoch zum Fernseher.

MICKY *im Fernsehen, mit tieferer Stimme als bisher* … das war damals nicht so, das konnte keiner ahnen. Es war ja das erste Mal, dass so etwas passierte … Es war, das muss ich hier ganz offen sagen, Gesetzesbruch.

MODERATOR Es ging um die Freiheit der Kunst?

MICKY Ja, für die Leute vom Theater. Für uns … ich weiß nicht. Wir sind vor der Vorstellung auf die Bühne gegangen und haben unsere Plakate hochgehalten, das war's. Und die Zuschauer haben natürlich fürchterlich gepfiffen und gebrüllt. Da fühlt man sich grauenhaft, das können Sie mir glauben, auch wenn man … auch wenn man moralisch im Recht ist.

MODERATOR Das Stück wird inzwischen wieder gespielt. Sogar in New York … und, ähm … eine israelische Theatergruppe hat es vor zwei Jahren in Berlin aufgeführt.

MICKY *gleichzeitig mit »aufgeführt«* Ja, ich war dort.

MODERATOR *lachend* Wieder auf der Bühne? Mit einem Transparent?

MICKY Nein, natürlich nicht. *Pause.* Ich fand es gar nicht so schlecht.

MODERATOR Sind Sie jetzt Fassbinder-Fan?

MICKY Ich weiß nicht. Aber ich glaube, er war ein ehrlicher Mann. Ich glaube, er hatte Mitgefühl.

MODERATOR Michael Rosenstein – kurz bevor Ihr Vorgänger Ignatz Bubis starb, hat er gesagt, er hätte sich in den Deutschen getäuscht.

MICKY Sie meinen das »Stern«-Interview.

MODERATOR Nein, das war im »Spiegel«.

MICKY Nein, nein.

MODERATOR Nein?

MICKY Nein, ich bin sicher.

MODERATOR Also gut … *Pause.* Im »Stern« oder im »Spiegel« sagt also der große Ignatz Bubis, alles war umsonst. Würden Sie ihm …

MICKY *gleichzeitig mit »ihm«* Im »Stern«!

Dina lächelt, schüttelt den Kopf und macht den Ton aus. Sie nimmt das Handy und wählt eine Nummer.

DINA *kühl und abwesend* Was machst du? *Hört zu.* Nein, ich arbeite. *Hört zu.* Montag … bis Montag. Die Auktion ist am Vormittag um elf. *Hört zu.* Grau – ja. Grau, windig, und wenn's nicht regnet, schneit's. *Hört zu.* Nein, ich hab keine schlechte Laune. Ich hab schon seit Jahren keine schlechte Laune mehr gehabt. *Hört zu.* Geh doch in die Trattoria San Sifredo. *Hört zu.* Die Via Manzoni, dann links in die Passage, dann durch den Park, und dann … Wie bitte? *Hört zu.* Sag mal, wo bist du eigentlich? Ich dachte … *Lacht.* Vielleicht geh ich mit Mimi heute Abend zum »Mädchenitaliener«, und morgen ist Parktag. *Hört zu.* Ja, okay … Ja, okay … Ja, okay … *Plötzlich mit hoher und falscher Mädchenstimme.* Tschüsi! *Küsst den Hörer.* Tschüs.

Sie macht das Handy aus, wirft es, plötzlich verärgert, aufs Bett. Es klingelt sofort wieder. Sie schaut aufs Display.

DINA Ja, Papa?

Sie hört länger zu, gleichzeitig läutet das andere Telefon.

DINA Warte, Papa ... *Sie hebt ab.* Hallo? *Sie spricht ins andere Telefon.* Nein, ich weiß es nicht. Aber ich kann Montagvormittag nicht. Dann musst du eben gleich vom Flughafen ... *Hört zu.* Nein ... Vielleicht kommen sie sowieso wieder nicht. *Sie seufzt, wird immer ungeduldiger.* Du weißt, wie es ist. *Hört zu.* Nein. Nein! Du wolltest ein neues Badezimmer. Du wolltest diese bescheuerten viereckigen Waschbecken und diese Massagesalonbadewanne, dann kümmer du dich auch darum, dass sie jetzt in die Wohnung reinkommen. *Hört zu.* Das ist mir egal. Ich leg jetzt auf, ich bin am andern Telefon.

Sie legt auf und spricht wieder ins Handy.

DINA Papa? *Sie hört zu.* Nein, lass mich in Ruhe damit. *Sie hört zu.* Was – was? Streitet ihr euch nie? Nein, das hat nichts damit zu tun. *Hört zu.* Papa, ich leg jetzt sofort auf, wenn du nicht aufhörst. Ich bin zweiunddreißig, verstehst du das? Das ist meine Sache. Hört auf ... hört ... hört auf, mir ... Nein! Ihr seid völlig verrückt geworden. Wenn du noch mal mit Frau Tscherwiner darüber redest, dann werd ich so wütend! Noah Tscherwiner hat mir mit vier Jahren im Kindergarten seinen Bulbul gezeigt, das reicht. *Hört zu.* Ich hab schon jemanden, okay, und es ist mir egal, wie du das findest. Ich will ihn. Ich will ihn, so wie er ist, und du hast ... Papa ... Papa ... du hast Mama damals auch so genommen, wie sie ist. Oder nicht? *Hört zu.* Also ich finde, Mama ist eine richtige Schickse. Findest du nicht?

Sie lacht. Ach, Papa, ich hab euch doch auch lieb. Ja ... ja. *Hört zu.* Ich muss jetzt weiterarbeiten, ja? Ich ruf später noch mal an, ja? *Hört zu.* Ja-a, ich weiß, auf 3Sat, hat mir Mimi erzählt ... Der redet doch sowieso immer dasselbe. Alle sind Antisemiten, sogar die Juden – und die Hunde, und die Katzen, und die Mäuse. *Lacht.* Ihr wärt die Größ-ten, wenn eure Tochter mit Micky Rosenstein zusammen wäre, meinst du nicht? *Lacht.* Bye, Abale! Bye.

Sie legt auf, wird sofort ernst. Sie schaut eine Weile fern, ohne den Ton anzumachen, dann fängt sie an zu arbeiten. Kurz darauf legt sie das Manuskript weg, steht auf, geht ans Fenster und schaut hinaus. Das Handy läutet, aber sie reagiert nicht. Sie setzt sich auf die Fensterbank, öffnet das Fenster und raucht. Sie legt sich wieder hin, steht aber gleich wieder auf, schließt das Fenster, legt sich wieder hin, arbeitet kurz, steht wieder auf und geht noch mal ans Fenster. Sie macht es auf, macht es zu, legt sich wieder aufs Bett, deckt sich zu und schließt die Augen. Sekunden später schiebt sie die Decke wieder zur Seite, setzt sich auf und macht den Fernsehton an.

MICKY Hunderttausend.

MODERATOR Nicht neunzig?

MICKY Hundert. Vielleicht sogar noch mehr. Wir reden hier von den offiziellen Zahlen ...

MODERATOR Neunzig oder hunderttausend jüdische ...

MICKY Nein, hundert.

MODERATOR *ungeduldig* Hunderttausend Juden leben ...

MICKY *gleichzeitig mit »leben«* Es sind noch viel mehr ...

MODERATOR *gleichzeitig mit »mehr«* Was sagen Sie ihnen, wenn es nicht so läuft, wie es sollte?

MICKY Was meinen Sie?

MODERATOR Wie?

MICKY Na ja ...

MODERATOR Ich meine, die Atmosphäre ...

MICKY *gleichzeitig mit »Atmosphäre«* Ich sage ihnen gar nichts. Viele sind älter als ich. Älteren gibt man keine Ratschläge.

MODERATOR Aber in Ihrer Funktion ...

MICKY *gleichzeitig mit »Funktion«* Meine Eltern haben immer gesagt, ich soll schweigen, wenn die Alten sich unterhalten. Ich habe das respektiert.

MODERATOR Ja?

MICKY Ich möchte Ihnen auch sagen, warum.

MODERATOR Ja.

MICKY Weil meine Mutter meinen Vater mit sieben Diamanten freigekauft hat, die im Futter ihres Mantels eingenäht waren. Im Lager – sie hatten sich schon verabschiedet.

Pause.

MICKY Und von dort ging es in Schindlers Fabrik ... Und von dort drei Jahre später in die Freiheit ... Und von dort auf den Schwarzmarkt am Olivaer Platz, und von dort in Berlins gute Gesellschaft ... *Pause.* Verstehen Sie, was ich sagen will?

MODERATOR Ja.

MICKY Sie konnten die Älteren werden, weil sie nicht starben, als sie die Jüngeren waren.

MODERATOR Hat denn ... hat der kleine Michael Rosenstein Oskar Schindler noch selbst kennengelernt?

MICKY *langsam* Ja ... er war oft bei uns. Er kam zum Essen, kam oft ... aber eigentlich ... er trank eigentlich immer nur. *Pause.* Er war der einzige Deutsche, der zu uns nach Hause kam.

MODERATOR Und Sie persönlich?

MICKY Ich war noch ein Kind. Bier durfte ich natürlich noch nicht.

MODERATOR *lacht* Ich meine, was verdanken Sie ihm persönlich? Ohne ihn ...

MICKY *gleichzeitig mit »ihn«* Ist das mein Wasser?

MODERATOR Ja, natürlich.

Pause.

MICKY Nein, meins war mit Kohlensäure.

MODERATOR Warten Sie.

MICKY Ich glaub, ich hab das falsche Glas genommen.

MODERATOR Bitte ... *Pause.* Das ist mir noch nie passiert.

MICKY *gleichzeitig mit »passiert«* Solange wir nicht mit unseren Notizen durcheinanderkommen.

*Dina lacht, macht den Ton aus, wählt auf dem Handy eine
Nummer und wartet, bis die Mailbox angeht.*

DINA *zärtlich* Toll, ich guck's gerade. Es ist so schwer, ich
weiß das doch. Sie tun sich so leid, wenn es darum geht.
Willst du nicht ... *lacht* willst du nicht nach der Sendung ...
ist doch nur eine halbe Stunde. Bitte, du fehlst mir schon
wieder. *Pause.* Du – und dein Bulbul.

Sie legt auf und macht den Fernsehton wieder an.

MICKY ... werden sehen, die Entscheidung liegt bei ihr.

MODERATOR *lacht* Wie immer bei den Frauen.

MICKY Ja.

MODERATOR Schaut sie gerade zu?

MICKY Ich hoffe.

Pause.

MODERATOR Alles Gute, Michael Rosenstein. *Er lacht.*
Alles Gute, Deutschland. Bis morgen, meine Damen und
Herren. *Abspannmusik von »Alles Gute, Deutschland«.*

7.

Zwei Stunden später. In Dinas und Svens Schlafzimmer, in dem jetzt große Unordnung herrscht. Überall liegen Manuskriptblätter und Kleider. Draußen ist es dunkel, wir sehen die Lichter der gegenüberliegenden Häuser und nächtliche Baumschatten, die sich im Wind wiegen. Micky sitzt auf der Fensterbank, Dina auf dem Bett. Sie ist nackt und hat sich die Decke um die Schultern gelegt. Er trägt nur eine Unterhose.

DINA Red mit mir, bitte.
MICKY Nein.
DINA Bitte – red mit mir.
MICKY Nein.

Mickys Handy klingelt. Er steht auf, sucht es in seinem Jackett, das auf dem Boden liegt, macht das Handy aus und setzt sich wieder auf die Fensterbank.

DINA Es ist passiert. Ich hab einen Fehler gemacht. Es tut mir leid.

Er schweigt.

DINA Nein, ich hab keinen Fehler gemacht.

Er schweigt.

DINA Du hast den Fehler gemacht.

Er schweigt.

DINA Ja – du.

Er schweigt immer noch.

DINA Du ... Hast du gehört?

MICKY Ich hab keinen Fehler gemacht. Ich hab endlich »etwas« gemacht ... Jemand musste ja endlich was machen.

DINA Wer ist »jemand«? Micky, der Gott?

MICKY Nein. Aber auch nicht Sveni, der Spanner, oder Dina, die Heuchlerin.

DINA Idiot. Ich schlag dich gleich noch mal.

MICKY Vielleicht ist es ja wirklich nur mein Schwanz.

DINA Ja, vielleicht.

MICKY Und vielleicht hast du ihn zu spät entdeckt.

DINA Ja, vielleicht.

Pause.

MICKY Wenn ich nichts gemacht hätte ...

DINA *gleichzeitig mit »hätte«* Wie konntest du?!

MICKY Wie konntest ich was?

DINA Wie konntest du im Fernsehen ...

MICKY *gleichzeitig mit »Fernsehen«* Er hat's nicht gehört. Er ist doch in Mailand.

DINA Das stimmt nicht.

MICKY Siehst du, das sag ich die ganze Zeit. Er sitzt drüben, guckt uns zu und wartet ...

DINA ... nein, das meine ich nicht ...

MICKY ... und wartet, bis es uns keinen Spaß mehr macht.

DINA *gleichzeitig mit »macht«* Du weißt, was ich meine.

MICKY Was meinst du? Soll ich mal wieder deine Gedanken lesen? Deine Taten sind wie immer sehr kompliziert und rätselhaft, Dina.

DINA Jemand wird es ihm sagen. Alle werden es ihm sagen.

Mickys Handy klingelt.

MICKY Ich hab's doch ausgemacht. Hab ich's nicht ausge-macht?

DINA Was ist so kompliziert und rätselhaft?

MICKY *steht auf, sucht das Handy, macht es aus und bleibt neben dem Bett stehen* Du fickst mit mir, nicht mit ihm. Wir haben gerade wieder gefickt. Weißt du noch?

DINA Ja – aber ich schlage dich, nicht ihn.

MICKY Genau.

DINA Und wenn er wiederkommt ... weißt du überhaupt, was du gemacht hast?

MICKY Ich hab deinen Namen nicht gesagt.

DINA Jeder wird es verstehen. Meinst du, Avner und Mimi werden nicht wissen, von wem du geredet hast?

MICKY Genau. Sie werden es ihm sagen. Weil sie selbst nicht genug mit sich zu tun haben ...

DINA Und mein Vater. Meine Mutter. Frau Tscherwiner ... Der widerliche Noah Tscherwiner ... Die halbe Gemeinde, verstehst du das?

MICKY Das war mein Plan.

DINA Es ist dir rausgerutscht, Micky. Es ist dir ...

MICKY *gleichzeitig mir »dir«* Ja, vielleicht. Ja, es ist mir nur rausgerutscht ... Was für ein Glück. Jetzt wird der kalte Herr Brunner zeigen müssen, was er will.

DINA Ich weiß, was er will.

MICKY Ja?

DINA Ja.

MICKY Und das reicht?

Pause.

MICKY Und das reicht?

DINA Gestern war unser letzter Abend, Micky, weißt du das noch?

MICKY Es hat sich ja auch nichts geändert. Oder hat sich was geändert?

DINA Hat sich was geändert?

MICKY Jemand hat Eier gegen eure Fenster geworfen – und danach hast du die Fenster saubergemacht. Ich hatte Hunger – und danach war mir schlecht. Ich wollte mit dir ficken ...

DINA *gleichzeitig mit »ficken«* Hör auf ... hör auf, ständig vom »Ficken« zu reden. Immer nur »ficken«. Du liebst dieses Wort, du liebst es mehr als dich selbst. Du sagst »ficken«, und schon steht er dir. Sogar wenn du mich fickst, sagst du »ich fick dich« ... Warum hast du das nicht vorhin im Fernsehen gesagt? *Imitiert jetzt Mickys offiziellen Tonfall.* Seit einem Jahr und drei Wochen, meine Damen und Herren, will ich mit Dina Ajalon ficken, und jetzt habe ich sie gefickt und plötzlich will ich sie nicht mehr. Obwohl – noch ein-, zweimal würde ich sie schon ganz gern ficken, denn erstens habe ich sie schon lange nicht mehr gefickt, und zweitens, ein bisschen ficken ist immer gut, und drittens, es ist nicht schlecht, eine verheiratete Frau zu ficken, denn die fickt man, und dann geht man wieder weg, und alles ist wie vorher, und man schuldet niemandem irgendwas und kann wieder davon träumen, jemand andern zu ficken.

MICKY Bist du fertig?

DINA *weiter in Mickys offiziellem Ton* Ich habe sie, meine Damen und Herren, übrigens auch im Stehen gefickt und dann von hinten. Das ist sehr ungewöhnlich bei Juden, aber ...

MICKY ... aber ...

DINA ... aber das ...

MICKY Warum, glaubst du, habe ich das getan?

DINA ... aber das hat sie nicht anders verdient. Ich, als Kind von Überlebenden, kann ...

MICKY ... für dich und für mich ...

DINA ... kann nicht akzeptieren, dass unsere Frauen sich an die Söhne der Gegenseite verschwenden. Ich habe eine Funktion, eine Position, eine Erek...

MICKY *gleichzeitig mit »Erek«* Halt doch endlich den Mund.
DINA Es geht nicht.
MICKY Halt bitte den Mund, Liebling.
DINA Es geht nicht ...

Er setzt sich neben sie aufs Bett, und sie umarmen sich.

DINA Weißt du, was das Schlimmste ist?
MICKY Dass wir nicht nur Gaza aufgeben müssen, sondern
auch Hebron und Jerusalem?
DINA Idiot.
MICKY Sag.
DINA Er wird wieder so tun, als wäre nichts gewesen. Ich
schwör's dir.
MICKY Er wird wieder so tun?
DINA Ja, er wird wieder so tun. Er kommt nach Hause, und er
sagt Hallo, und ich sag Hallo, und dann guckt er mich aus
seinen kalten, schwarzen Augen an, als wär nichts, obwohl
was ist, und dann sagt er, Mailand war wirklich gut diesmal,
wollen wir heute ins Kino gehen, und ich sag, nein, ich bin
müde, und er sagt, ich eigentlich auch, und dann gehen wir
schlafen, und am nächsten Morgen ist er weg, bevor ich
wach bin, und abends kommt er nach Hause, und wir gucken zusammen fern und essen Rucolasalat mit Entenleber,
und ich sag, ich geh mit Mimi was trinken, kommst du mit,
und er sagt, nein, ich muss noch wegen Mailand so viel
Papierkram machen, und ich sag, schade, meine es aber nicht
so, und wenn ich nach Hause komme, schläft er schon, und
wenn ich am nächsten Morgen aufwache, ist er schon im
Laden, und so weiter ... und so weiter ... und so weiter.
Pause. Und nie werden wir über irgendwas reden. Wir werden nur leben, nie reden, nie was sagen, nie was erklären ...
Pause. Ich will nicht tot sein, während ich lebe, Micky.
MICKY *kalt* Nein.

DINA Verstehst du das?

MICKY Ja …

DINA Wer würde es nicht verstehen, stimmt's?

MICKY Ja.

DINA Nicht einmal er.

MICKY Nein, nicht einmal er.

Pause.

DINA Bin ich auch so, Micky?

Micky antwortet nicht.

DINA Mama ist auch so – du hast recht.

MICKY Nein … du bist nicht so.

DINA Gestern hast du's gesagt!

MICKY Im Streit … ich hab's im Streit gesagt.

DINA Schwör's.

MICKY Ich schwöre es.

DINA Schwör richtig!

MICKY Ich schwöre, dass du keine verklemmte deutsche Kuh
bist, Dina. Ich schwöre es … bei meinem linken Fuß.

Pause.

DINA Hör zu … Weihnachten, ja … Weihnachten vor zwei
Jahren … wir waren bei meiner Oma …

MICKY In Brooklyn oder in Steglitz?

DINA In Steglitz, bei der Nazi-Oma.

MICKY Das darfst du nicht sagen.

DINA *gleichzeitig mit »sagen«* Sie hat vorher gesagt, keine
Geschenke, sie hat diese Ganskeulen gemacht, die man nicht
essen konnte, weil sie noch halb tiefgefroren waren, und
dann hat sie an uns ihren Schmuck verteilt, als würde sie am
nächsten Tag sterben. In Umschlägen, in ganz normalen
Briefumschlägen. Und sogar Papa hat angefangen zu wei-

nen, Papa, der sie nicht leiden kann, und mein Bruder hat
sich auch fürchterlich aufgeregt. Aber Mama – nichts. Keine
Träne, kein Wort. Sie hat mich nur gefragt, ob ich auch noch
den Ring will, den sie bekommen hat.

MICKY Und du?

DINA Ich?

MICKY Was hast du gemacht?

Pause.

DINA Siehst du.

MICKY Was?

DINA Ich bin auch so. Ich hab nichts gemacht. Ich hab nicht
geweint, und ich hab mich nicht aufgeregt, und den Ring
hab ich auch genommen. Guck mal. *Sie streckt ihm die
Hand entgegen und zeigt ihm den Ring.*

MICKY Ach der.

DINA Ja, der.

MICKY Den kenn ich doch.

DINA Ja, den trag ich eigentlich immer.

MICKY Ja, ich weiß.

DINA Ich hab ihn ein bisschen umändern lassen. Die Fassung
ist jetzt schmaler …

MICKY Hmh.

DINA … und der Stein sitzt jetzt so schön flach. Siehst du?

MICKY Ja.

DINA Schön, nicht?

MICKY *gleichzeitig mit »schön«* Nicht flach genug.

DINA O Gott.

MICKY Macht nichts.

DINA Hast du den vorhin auch abgekriegt?

MICKY Ja, ich glaub schon. Ja …

DINA Micky …

MICKY Ja?

DINA Ich ...

MICKY Ich bin selber schuld.

DINA *gleichzeitig mit »schuld«* Nein ... nein, nein. Das war
gut ... das war gut, was du gemacht hast.

MICKY War's nicht peinlich – vor allen Leuten?

DINA Ich fand's romantisch. Furchtbar romantisch. Das ...
das würde er nie tun.

MICKY Ja?

DINA Wildromantisch.

MICKY Ja.

DINA Ich hab dich gehasst dafür.

Pause.

DINA Ich kann anders sein, Micky, glaub mir das. Glaubst
du's mir?

MICKY Ja.

DINA Schwör's.

MICKY Ich schwöre bei meinem rechten Fuß, dass Dina Ajalon alles kann, was sie will, wenn sie nur will.

DINA Du bist süß. Du glaubst es wirklich.

MICKY Ja.

DINA Ja?

MICKY Ja ...

DINA Schwör noch mal.

MICKY Dina.

DINA Was denn ...?

Pause.

DINA Danke, Motek.

MICKY Danke ... wofür?

DINA Seit wir uns kennen, weißt du ... seit wir uns kennen,
hab ich viel weniger Angst ... wusstest du das?

MICKY Nein, das wusste ich nicht.

DINA Ich hab's dir nie gesagt.

MICKY Nein.

DINA Ich hab endlich gelernt, Nein zu sagen ... Klingt wie aus einer Frauenzeitschrift, stimmt's? Zuhause zum Beispiel. Zuhause, also ... zuhause bei meinen Eltern.

MICKY Gut.

DINA Auch in der Agentur.

MICKY Gut.

DINA Und überhaupt.

Pause.

DINA Ich wollte nur, dass du es weißt. *Sie steht auf und beginnt, die Kleider und Manuskriptblätter vom Boden aufzusammeln.* Was willst du noch wissen? Würdest du gern wissen, worum es in dem Buch geht?

MICKY In welchem Buch?

DINA In dem hier.

MICKY Ja, warum nicht.

DINA Es ist ein sehr schönes Buch. Es handelt von einer jungen Frau, die den Mann, den sie liebt ...

MICKY *gleichzeitig mit »liebt«* ... ja, warum nicht ...

DINA ... so sehr liebt, dass sie ...

MICKY ... klingt ein bisschen ...

DINA *gleichzeitig mit »bisschen«* ... billig? Nein, nein ... ich les es dir vor. Weißt du was ... ich les dir den Anfang vor, und dann sagst du mir, ob's dir gefällt, und dann ... dann sprechen wir darüber, und dann ... dann schlafen wir miteinander, wenn du willst. Und dann gehst du nach Hause, und morgen sehen wir uns noch ein Mal wieder und ... und wir gehen noch ein letztes Mal in den Park. *Pause.* Wenn du willst.

MICKY Ja – ich will.

DINA *lacht traurig* Ja, genau.

Pause.

MICKY Und wenn jetzt ein Telefon läutet, gehen wir nicht
ran?

DINA Auf keinen Fall.

MICKY Und wenn ich in dir komme und du schwanger wirst?

DINA Auf keinen Fall.

MICKY Und wenn er plötzlich nach Hause kommt?

DINA Das wird nicht passieren. Nein. Niemals. Eher wird
mein Vater nach Jerusalem in eine Jeschiwe gehen. *Lacht.*
Eher wird Schmuel Ajalon nach Jerusalem in eine Jeschiwe
gehen. *Pause.* Eher wird Papa der neue Rebbe von
Szczuczyn.

8.

*Achtzehn Stunden später. Später Nachmittag. In der Wohnung
von Dina und Sven. Dina und Micky kommen ins Wohnzimmer herein. Draußen ist es novemberhaft grau, und es wird bereits wieder dunkel. In vielen Fenstern der gegenüberliegenden
Häuser brennt Licht. Dina zieht ihren Mantel aus, Micky behält seine Jacke an. Er zögert, dann zieht er die Jacke aus und
setzt sich auf das große hellgraue Sofa.*

DINA Komisch …
MICKY Ich bleib aber …
DINA *gleichzeitig mit »aber«* … wirklich komisch …
MICKY … hörst du?
DINA Was?
MICKY Ich bleib aber nicht lang. Ich will nur meine Sachen.
DINA Ja. *Pause.* Es ist wirklich seltsam. Findest du nicht?
MICKY Ich geh gleich wieder, Dina, hast du gehört?
DINA Ja … ja, schade. Wie du willst.

Pause.

MICKY Bist du sicher?
DINA Wie – sicher?
MICKY Bist du sicher, dass du abgeschlossen hast?
DINA Ja. *Pause.* Ich weiß nicht. Ich hab abgeschlossen, ja, ich
   hab abgeschlossen, als wir gegangen sind. Oder nicht? Ich
   schließ immer ab.
MICKY Ich schließ auch immer ab. *Pause.* Das ist das Zeichen!
DINA Was für ein Zeichen?
MICKY *übertrieben langsam und betont* Ich – auch. Verstehst
   du?

DINA Du auch?

MICKY Und meine Mutter. Und mein Vater. Und dein Vater, deine Schwester, Frau Tscherwiner, Noah Tscherwiner, Mimi, Avner, alle ... *Pause.* Deine Mutter schließt vielleicht nicht ab.

DINA *lacht* Ach so ...

MICKY Und?

DINA Nein, du hast recht. Nein, sie schließt nie ab. Sie streiten sich deshalb auch immer. *Pause.* Er und ich auch.

Pause.

MICKY Zweimal, oder?

DINA Ja, man muss zweimal umdrehen, einmal reicht nicht.

MICKY Das ist sonst wie ... gar nicht abschließen.

DINA Ja, genau.

MICKY Und vor dem Schlafengehen auch.

DINA Ja, auch. Da vor allem. Sonst könnte ich gar nicht einschlafen. Sonst würde ich denken, es ist so, als würde die Tür offenstehen, und wer immer will, kann einfach reinkommen und die Sachen aus der Wohnung raustragen, und vielleicht kommt er auch ins Schlafzimmer und setzt sich neben das Bett und guckt mich an oder macht irgendwas. Ich hätte furchtbare Angst.

MICKY Das ist sehr jüdisch, weißt du das?

DINA Ja.

MICKY Zweimal umdrehen ist auch sehr jüdisch.

DINA Ja, ich weiß.

MICKY Und nicht abschließen ist ...

DINA *gleichzeitig mit »ist«* Nein, das glaub ich nicht.

MICKY Doch, irgendwie schon.

DINA Du meinst, sie schließen alle nicht ab?

MICKY Sie haben keine Angst. Sie waren nicht ...

DINA *gleichzeitig mit »waren nicht«* ... Sklaven in Ägypten?

MICKY *lacht* Genau.

DINA *lacht* Hmm … nicht Sklaven in Ägypten.

Pause.

DINA Micky, weißt du was?

MICKY Ja – ich weiß.

DINA Nein, weißt du nicht.

MICKY Doch.

DINA Es war … sehr schön im Park.

MICKY Nur das Licht nicht.

DINA Doch, das auch.

MICKY Vielleicht hast du recht. Ja … auch das Licht war
schön.

DINA Es war alles noch viel schöner als damals. Sogar das
Licht.

MICKY Noch sehr viel schöner.

DINA *lacht* Und es haben uns viel mehr Leute erkannt als
damals.

MICKY Damals hat uns überhaupt keiner erkannt.

DINA Damals hat mir ja auch keiner im Fernsehen Liebeser-
klärungen gemacht.

MICKY Und damals habe ich dich nicht oben zwischen den
Büschen …

DINA *lacht, gleichzeitig mit »Büschen«* Ach, hör doch auf …

MICKY Und was noch? Was noch?

DINA *gleichzeitig mit »noch«* Damals haben wir auch nicht
Avner mit einer von seinen Nutten getroffen!

MICKY Das war keine Nutte, Dina.

DINA Und wenn doch? Mimi sagt, er ist süchtig nach Nutten.
Er geht hin und will mit ihnen nur ein bisschen Armdrücken
machen oder so was, und sie sagen, komm, komm, mach es
richtig mit uns. Und er macht es richtig mit ihnen, und sie
küssen ihn sogar, und so wird er immer süchtiger danach.

MICKY Hat dir das Mimi erzählt?

DINA Und was hat Avner dir erzählt?

MICKY Dasselbe …

DINA Siehst du.

MICKY Nein, das ist egal. Das macht trotzdem nichts. Das
kapiert ihr bloß nicht.

DINA Hast du gesehen, wie sie geschminkt war? Hast du
ihren kleinen, geilen Mund gesehen? Sie hatte vanillegelbe
Strähnen in ihrem Pony, hast du die gesehen?

MICKY Eine Russin.

DINA Ekelhaft. Sie hat immer nur dich angeguckt, sie hat
immer nur ihren kleinen, geilen Mund verzogen, und
dann … dieses ewige »Sie waren wunderbar, Herr Rosenstein« und »Sie sind ja so fotogen« und »Ach, wie romantisch« und »Wenn ich das einmal selbst erleben würde!«.

MICKY Sie wird es nie erleben, Dina. Avner wird mit ihr noch
ein paar Mal ins Bett gehen, und dann geht er noch mal mit
ihr in den Park, und dann setzt er sich mit ihr unten vor die
große Fontäne und hält ihre Hand, und dann sagt er »Auf
Wiedersehen, Nadeschda, aber ich liebe meine Frau«.

DINA Die ist mir so auf die Nerven gegangen.

MICKY *gleichzeitig mit »gegangen«* Komm her.

DINA Was?

MICKY Komm her.

Sie setzt sich zu ihm aufs Sofa.

MICKY Möchtest du noch mal?

DINA Noch ein letztes Mal?

MICKY Ja.

DINA Zum Abschied?

MICKY Ja …

DINA Nein. Lieber nicht. Lieber nicht …

Micky schweigt.

DINA Aber ich mach's dir – wenn du willst.
MICKY Nein ... lieber nicht.
DINA Oder willst du noch was essen? Hast du wieder Hunger? Sag, hast du wieder Hunger? Komm, ich mach dir was. Es ist bestimmt wieder Zeit für dich. *Pause.* Oder ist dir gerade mal wieder so richtig schön schlecht? *Sie lacht.*
MICKY Nein, mir ist nicht schlecht.
DINA Sicher?
MICKY Ja. Ganz sicher.
DINA Aber mir, Micky ... Micky, mir ist furchtbar schlecht.

Pause.

MICKY War dir vorhin auch schon schlecht?
DINA Mir ist seit gestern Abend schlecht.
MICKY Seit ich ...
DINA *gleichzeitig mit »ich«* Ja.
MICKY Wer hat's denn noch gesehen ... ich meine, jemand, den wir kennen?
DINA Meine Eltern – und Avners russische Nutte natürlich ... Mindestens die ... und alle Leute im Park. *Pause.* Sie haben heute früh angerufen. Sie haben gesagt, er meinte doch dich, oder nicht? Und ich hab gesagt, ich weiß nicht, was ihr meint, und sie haben gesagt, ach komm, Mamele, das wär doch so schön, dann wären wir wieder alle eine Familie. *Pause.* Jeder weiß, um wen es ging – wenn er uns kennt. *Pause.* Ich hab solche Angst, Micky.
MICKY Du machst, was du willst.
DINA Und du auch ... Warum hast du das nur gemacht?
MICKY Und du?
DINA Ich kann nicht anders. Ich warte, dass etwas passiert, dass mein Körper aus meinem Körper rausgeht und weg-

geht und nicht wiederkommt und ein ganz anderes, eigenes Leben führt, und dann gibt es keinen Sven mehr und keinen Micky, und meine Eltern rufen mich auch nicht ständig an, und ich muss nicht immer nur das machen, was man von mir will.

MICKY Das versteh ich.

DINA Aber ich schaff's einfach nicht.

MICKY Irgendwann schon.

DINA Wann?

MICKY Das weiß ich nicht.

DINA Wann?

MICKY Irgendwann.

DINA Wann?

Sie schweigen.

MICKY »Angst«.

DINA Was?

MICKY »Angst … Wenn ich geh / komm ich nicht wieder / Wenn ich bleibe / bin ich nicht da / Ich bin der Schatten / den du bald verlierst / Oder auch nicht.«

DINA Das ist schön.

MICKY Ja?

DINA Ja, sehr.

MICKY Für dich.

DINA Danke. Hast du dir das gerade ausgedacht?

MICKY Ich hab's seit Tagen im Kopf.

DINA Seit wie viel Tagen?

MICKY Seit ich diese Sardellen gegessen hab.

DINA Dass du die nicht vergessen kannst.

Kurze Pause.

MICKY Ich glaub, ich hab doch Hunger.

DINA Okay. That's the spirit … that's the spirit! *Sie steht auf, geht zur Fensterbank, wo ein dickes, braunes Couvert liegt, nimmt es und gibt es Micky.* Hier, vergiss das nicht. Da ist alles drin.

MICKY Ein ganzes Jahr …

DINA … das neue Gedicht natürlich noch nicht …

MICKY … plus drei Wochen und neun Stunden.

DINA Ach komm, du bist ja wie eine Frau. Komm – hör auf, so kitschig zu sein … *Sie geht raus.*

MICKY *ruft ihr hinterher* Wenn du Schinken hast, ja? Oder Salami. Schinken oder Salami und ein Stück Brot. Und ein Glas kalte Milch. Ein Glas kalte Milch wäre gut. *Er macht das Couvert auf, guckt rein, macht es aber gleich wieder zu.* Sie muss wirklich kalt sein. Hörst du? Kalt … kalt, aus dem Kühlschrank. *Lacht.* Von warmer Milch wird mir schlecht.

Pause.

MICKY Okay? Hast du gehört?

Längere Pause.

MICKY Dina? Dina …

DINA *kommt in dem Augenblick ins Wohnzimmer und hält einen großen, hellgrünen Eierkarton in der Hand* Er war hier …

MICKY Was?

DINA Er war hier.

MICKY Nein.

DINA Doch. Hörst du nicht? Er war hier, in der Wohnung, in der Küche, überall.

MICKY Das kann nicht sein, Dina. Nein. Er ist in Mailand und sucht gerade ein paar sehr, sehr schöne Stoffe für seinen Laden aus. *Pause.* Er sucht ein paar sehr, sehr schöne Stoffe für seinen sehr, sehr schönen Inneneinrichtungsladen in der Kantstraße aus … *Pause.* Bist du sicher?

DINA Das hier war auf dem Küchentisch.

MICKY Was?

DINA Die Eierschachtel. Diese verfluchte Eierschachtel.

MICKY Du hast sie vergessen. Du hast dir heute früh Eier
gemacht und hast vergessen, sie in den Kühlschrank zu tun.

DINA Ich hab heute keine Eier gegessen. Ich esse nie Eier. Ich
hasse Eier. *Pause.* Und ich hab auch nicht das da auf die
Schachtel geschrieben.

MICKY Was?

DINA »Niemand ist fair«.

MICKY Niemand ist fair?

DINA Ja, das steht da drauf. Mit Filzstift … Das ist seine
Schrift. Das ist seine Schrift – verstehst du das?

MICKY Nein. Das verstehe ich nicht.

DINA Wieso verstehst du das nicht?

MICKY Weil das verrückt wäre.

DINA Und wir sind nicht verrückt?

Pause.

MICKY Nein – ihr seid verrückt. Du und er. Und jetzt wollt
ihr, dass ich auch noch verrückt werde.

DINA Was redest du.

MICKY *langsam* Du hast das nicht heute früh zufällig selbst
gemacht, Dina, bevor du mit mir in den Park gegangen bist?

DINA Micky …

MICKY Überleg mal kurz.

DINA Micky.

MICKY Versuch, dich zu erinnern.

Pause.

MICKY Doch, doch. Ich glaube, das warst du selbst. Damit
alles einfacher ist. Ja, das warst du selbst. Ja, du – Dina, die
Heuchlerin.

DINA Micky …

Er steht auf, sucht seine Jacke, will sie anziehen, verheddert sich in den Ärmeln, wirft sie auf den Boden und setzt sich wieder hin.

MICKY Du hast es gemacht. Davon bin ich überzeugt. Du hast es gemacht! Das hast du ganz allein gemacht. Du. Du allein. Du …

Pause.

DINA Bitte nicht, Micky.
MICKY Ich merk's schon. Es wird plötzlich ganz stark.
DINA Was?
MICKY Dass ich verrückt werde.
DINA Nein, das tust du nicht.
MICKY Doch.
DINA Wieso machst du das?
MICKY Wieso nicht? Ich bin doch verrückt.
DINA *gleichzeitig mit »verrückt«* Mein Gott, du bist ja wirklich wie eine Frau.

Pause.

MICKY Was ist mit meinem Schinkenbrot? Wo bleibt mein Schinkenbrot? Wie lang dauert das noch? Ich hab Hunger. Los, schnell … schnell! Bring mir mein Essen … und vergiss nicht die Milch. Vergiss nicht die Milch.

Das Licht geht aus. »Get it on« von T. Rex im Off, das dann in der Mitte abrupt ausgeblendet wird.

9.

*Ein halbes Jahr später. In der Wohnung von Dina und Sven.
Später Abend. Dina ist allein im Schlafzimmer, das etwas anders eingerichtet ist als vorher. Sie ist gerade nach Hause gekommen. Während sie spricht, macht sie sich fertig, um ins Bett
zu gehen. Nur in wenigen Fenstern der gegenüberliegenden
Häuser brennt noch Licht. Dina ist schwanger.*

DINA *spricht zu jemandem, der nicht im Zimmer ist* Papa will
   dich nur ärgern, verstehst du? *Pause.* Er will dich ärgern,
   aber das heißt nichts. Nichts. Das ist so eine blöde Männer-
   sache, mehr nicht ... Glaub mir, sie freuen sich. Sie haben so
   lange darauf gewartet, und jetzt spinnen sie eben ein bisschen ... Dieter ... Dieter! Meinst du, das hat er im Ernst
   gesagt? Du glaubst doch nicht, dass er wirklich will, dass sein
   erstes Enkelkind Dieter heißt? *Pause.* Und du bist gleich
   beleidigt! Er will sich nicht einmischen, verstehst du das, er
   will nur ... ich hatte ... ich hab einen Cousin in Toronto, der
   heißt Predrag. Predrag, ja? Willst du wissen, warum er
   Predrag heißt? Er sollte Mendel heißen, auch nicht besser,
   und alles war schon vorbereitet, sie hatten sogar schon seinen Namen an die Kinderzimmertür geschrieben oder auf
   die Handtücher gestickt, das weiß ich nicht mehr, und dann
   kommen die Wehen, und die Tante springt ins Taxi, weil der
   Onkel mal wieder bei einer von seinen Chontes ist, und
   das Kind kommt natürlich im Taxi, und der Taxifahrer ist
   natürlich furchtbar süß und hilft ihr ... Und wie heißt er?
   Predrag. Genau. *Pause.* Jetzt heißt mein armer Cousin
   Predrag Weinstein. Predrag Weinstein ... *Lacht.* Was hältst
   du von Boaz? Ich finde Boaz sehr schön. *Pause.* Du hättest

ruhig was sagen können, als Papa damit angefangen hat. Wenn du nichts sagst und so höflich bist, dann wird er noch aggressiver ... dann wird er richtig aggressiv. *Pause.* Du weißt doch noch, wer Boaz war, oder? Das war ... unser ... Liegestuhlmann. Im Dolfinarium. Genau. *Sie lacht.* Du hast das ja gar nicht mitbekommen, wie der mit mir geflirtet hat. Gar nicht. Jeden Morgen, wenn du noch nicht da warst, ja ... jeden Morgen hat er mir die beiden Stühle gebracht und die Sonnenschirme, und dann hat er sich zu mir in den Sand gehockt und hat mich ausgefragt ... Berlin, deutsche Frauen, Mercedes ... du. Einmal hat er mich nach Yaffo ins Abulafia eingeladen, und ich hab gesagt, ich überleg's mir, warum nicht. *Pause.* Hättest du was dagegen gehabt? Sag mal, hättest du was dagegen gehabt? *Pause.* Bringst du mir Wasser mit? *Pause.* Arthur fände ich schön. Das ist so ein bisschen altmodisch, ich weiß. Der Vater meiner Großmutter hieß Arthur, weißt du, sie lebten in Uschgorod ... ich glaube, in Uschgorod, ja, oder in Munkatschew, ich verwechsel das immer, und dann ... hmm ... als sie nach Amerika gegangen sind, da hieß er dann plötzlich Art ... Art wäre auch gut. Vielleicht gab's bei euch auch einen Arthur. Oder einen Art? *Pause.* Ich bin so froh, Liebling. Es war wirklich schön. Es ist jedes Mal irgendwas, jedes Mal ... aber es ist ja auch jedes Mal schön, und Mama macht sich jedes Mal noch ein bisschen mehr Mühe. Fällt dir das auf? Ist dir das auch aufgefallen? Sie hat diesmal sogar die Hühnersuppe richtig gemacht. Mit Tomatenmark! Das wollte sie früher nie, sie sagte, das könnt ihr so in Szczuczyn machen, eine echte Wiener Hühnerbrühe muss klar sein ... Siehst du – und jetzt ... jetzt wird immer alles besser. Sogar die Suppe. Und alles andere muss man ignorieren ... und Geduld haben, und dann wird's immer besser und besser und besser. *Pause.* Aber wieso redest du mit ihm über

Politik? Darüber redest du dann mit ihm, ja? Sag was, wenn er sich in unser Leben einmischen will, aber nicht, wenn es um Scheich Jassin oder diese Zaunsache geht. *Pause.* Rantisi ... der andere hieß doch Rantisi, oder? Klingt eher italienisch, findest du nicht? *Pause.* Ich find's gut, dass sie das machen. Bum, so schön aus der Luft. Sehr elegant ... *Längere Pause, dann gespielt gelangweilt.* Und – wie lange brauchst du noch? Mir fallen schon die Augen zu, Baby, hörst du's? Klipp ... klapp. *Pause.* Soll ich dir mal sagen, was ich heute Nacht träumen will? Ich will ... ich will ... ich ... will ... träumen, dass ich nicht mehr schwanger bin, und unser kleiner Junge ist schon sechs Jahre alt. Oder nein, zwölf, zwölf muss er sein, und wir sind bei ihm in der Schule, auf einem Schulfest, nein, bei einer Theateraufführung, und er spielt in »Lulu« den Doktor Schön, und alle sagen, der ist aber viel zu klein dafür, und wir sagen, nein, nein, haben Sie nicht gesehen, wie gut der das gemacht hat, warten Sie, wenn er erst mal richtig groß ist, der wird ein zweiter Max Reinhardt! *Pause.* Max Reinhardt, verstehst du? *Pause.* Gott, was red ich denn da ... Ich muss wirklich schlafen, Baby. Ich bin so müde ... so müde ... klipp, klapp. *Pause.* Du weißt überhaupt nicht, wie anstrengend das ist. Du hast gar keine Ahnung ... *Gespielt wütend.* Weißt du was? Ich werd träumen, dass du schwanger bist! Dass du diesen großen Bauch hast. Dass du ständig auf die Toilette musst. Dass dir der Rücken wehtut. Dass du keinen Spaß mehr beim Ficken hast. *Pause.* Entschuldige. *Pause.* Ich werd träumen, dass ich die Klappe halte, okay? Ich ver- sprech's ... Jetzt sag aber endlich auch mal was! Sag doch was. Hörst du mich überhaupt? *Pause.* Nein, er hört mich nicht. *Pause.* Nein? *Pause.* Ich weiß genau, dass du mich hörst, du kleiner Räuber! Du großer Räuber! Du ... vergiss mein Wasser nicht, ja? Und wenn du nachher kommst, und

ich schlaf schon, ja … Ich schlaf jetzt nämlich. *Pause.* Ja?
Längere Pause. Abimelech? Meir? Natanael? *Pause.*
Gustav? Wie findest du Gustav? *Lacht.* Ich werd mich im
Schlaf auf dich legen, abgemacht? *Pause.* Gael, Isak, Yoni,
Herschel … Herschel. Herschel! *Sie legt sich ins Bett und
löscht das Licht.* Doktor Schön. *Pause.* Rantisi. Rantisi
fände ich gut.

Marcel Reich-Ranicki

Wolfgang Koeppen

Aufsätze und Reden

Mit Fotografien von
Isolde Ohlbaum

Ammann Verlag

1. Auflage
© 1996 by Ammann Verlag & Co., Zürich
Alle Rechte vorbehalten
© der Fotografien: Isolde Ohlbaum, München
Umschlaggestaltung: Nina Rothfos, unter
Verwendung einer Fotografie von Isolde Ohlbaum
Satz: Gaby Michel, Gießen
Druck: Franz Spiegel Buch GmbH, Ulm
ISBN 3-250-10325-X

Für Rachel Salamander und Stephan Sattler

Leben ist nur ein wandelnd Schattenbild;
Ein armer Komödiant, der spreizt und knirscht
Sein Stündchen auf der Bühn', und dann nicht mehr
Vernommen wird: ein Märchen ist's, erzählt
Von einem Dummkopf, voller Klang und Wut,
Das nichts bedeutet.

Shakespeare, Macbeth

Wir sind von Anbeginn verurteilt.

Wolfgang Koeppen, Jugend

INHALT

EIN UNGEWÖHNLICHER FALL

Das literarische Talent ist nicht eine wunderliche Pflanze, die plötzlich aus geheimnisvollen Gründen erblüht, später aus ebenso unerklärlichen Gründen verdorrt und sich nach einiger Zeit höchst unerwartet abermals entfaltet. Wie alle Menschen ist natürlich auch der Schriftsteller den Einflüssen einer Umwelt ausgesetzt. Hierbei haben wir es – abgesehen von den ästhetischen, philosophischen und literarischen Einflüssen – vor allem mit zwei verschiedenen, wenn auch keineswegs voneinander unabhängigen Formen der Einwirkung zu tun.

Einerseits sind die allgemeinen gesellschaftlichen, politischen, historischen und kulturpolitischen Verhältnisse Faktoren, die den Entwicklungsweg eines jeden Schriftstellers auf mehr oder weniger sichtbare Weise erleichtern oder erschweren, beschleunigen oder hemmen, in diese oder jene Richtung drängen. Andererseits übt die unmittelbare Reaktion auf das Werk eines Schriftstellers – Publikumserfolg, Pressekritik, Literaturpreise und so weiter – einen gewissen Einfluß auf seine weiteren Bemühungen aus, und zwar nicht nur auf die Wahl der Stoffe und Probleme, sondern, in vielen Fällen, auch der Formen und Stile. Diese unmittelbare Reaktion tritt übrigens immer ein, sie ist also, paradox ausgedrückt, auch dann vorhanden, wenn sie nicht vorhanden ist – etwa wenn Publikum und Presse ein Buch gänzlich ignorieren. Nichts klingt in den Ohren des Autors so schrill wie das Schweigen der Kritik; kein Echo ist auch ein Echo.

Nun üben die allgemeinen zeitgeschichtlichen Verhältnisse auf die unmittelbare Reaktion, die einem literarischen Werk zukommt, einen starken, mitunter sogar entscheidenden Druck aus. Oft ist also der Rezensent – um ein Wort von Virginia Woolf zu zitieren – »ein hinundhergerissener Lappen am Schwanz des politischen Papierdrachens«[1]; bisweilen sind die Juroren nur Sprecher bestimmter Organisationen und Interessengemeinschaften; häufig muß der Publikumserfolg auf außerliterarische Umstände zurückgeführt werden. Trotzdem ist es nützlich und notwendig, zwischen diesen beiden Faktoren, die auf das Werk eines Schriftstellers einwirken, genau zu unterscheiden: Während es sich nämlich im ersten Fall um den großen Hintergrund handelt, der allen Zeitgenossen in einem Land mehr oder weniger gemeinsam ist, handelt es sich im zweiten Fall um Phänomene, die durch eine individuelle Leistung ausgelöst werden und sich vornehmlich innerhalb des literarischen Lebens abspielen.

So erschreckend die Vereinfachungen mancher marxistischer Kritiker sind, zu denen sie die Versuche geführt haben, einen unmittelbaren Kausalzusammenhang zwischen den gesellschaftlich-politischen Verhältnissen, der Lebensgeschichte des Dichters und dem Werk zu konstruieren, so wenig es möglich ist, ein Kunstwerk gänzlich aus dem zeitgeschichtlichen Hintergrund abzuleiten, sosehr kann erst die Berücksichtigung dieses Hintergrundes den Entwicklungsweg eines Schriftstellers mit den vielen oft überraschenden Höhe- und Tiefpunkten und Unterbrechungen verständlich machen – zumal in unserer, leider, so bewegten Zeit.

Und so wenig sich ein Schriftsteller, dem ein Buch mißlungen ist, mit dem Hinweis auf seine Kritiker rechtfertigen darf, so leichtsinnig wäre es, den Einfluß der Kritik und den anderer Formen der unmittelbaren Reaktion auf ein literarisches Werk zu unterschätzen oder gar zu ignorieren. Es ist bekannt – um nur einen Fall zu erwähnen –, daß Tennyson seine Gedichte auf Wunsch der Kritiker abänderte und, wie einer seiner Biographen behauptet, durch die Feindseligkeit von Rezensenten in solche Verzweiflung geriet, daß sein Geisteszustand und damit sein Dichten volle zehn Jahre verändert blieben. Man könnte aus der gesamten Literaturgeschichte der Neuzeit zahllose weitere, wenn auch meist weniger radikale Beispiele anführen, die immer wieder beweisen: Wer schreibt, will ein Echo hören und lauscht dem Echo sehr aufmerksam selbst dann, wenn er – wie Dickens – die Kritiker für Läuse hält, für »elende Geschöpfe in Menschengestalt, aber mit Teufelsherzen«[2].

Die Kritik wirkt, wenn sie redet, und sie wirkt, wenn sie schweigt. Sie belehrt und erzieht, verführt und demoralisiert den Schriftsteller auch dann, wenn sie sich nur an das Publikum wendet oder wenn er entschlossen ist, sich ihrem Einfluß zu entziehen. Somit ist die Kritik mitverantwortlich für die Literatur des Landes (oder

Sprachraums) – selbst wenn, wie in der Bundesrepublik, die Kritiker Einzelgänger bleiben, von denen jeder für sich allein das Risiko der kritischen Existenz tragen muß. Wie stark der Einfluß sein kann, den auf die Entwicklung eines Schriftstellers sowohl die allgemeinen gesellschaftlich-politischen Verhältnisse ausüben als auch das unmittelbare Echo auf sein Werk, wird mit besonderer Deutlichkeit am Weg des Wolfgang Koeppen sichtbar. –

Koeppen, Jahrgang 1906, ist Verfasser von fünf Romanen, die jedoch in zwei Zeitabschnitten von insgesamt nur sechs Jahren veröffentlicht und auch etwa in derselben Zeit geschrieben wurden. Diese erstaunliche Eigentümlichkeit einer schriftstellerischen Biographie wird weniger geheimnisvoll, nachdem man einen Blick auf die Daten geworfen hat.

Der erste dieser beiden Abschnitte fiel auf die ersten Jahre der nationalsozialistischen Herrschaft. Der Roman *Eine unglückliche Liebe*, 1934 erschienen, ist bereits ein episches Bekenntnis, dessen unheimliche Leidenschaft die offensichtlichen Schwächen in den Hintergrund treten läßt. Vergeblich wird man in diesem Buch die Spuren auch nur der geringsten Konzessionen gegenüber den damaligen Machthabern suchen. Im Gegenteil: Die *Unglückliche Liebe* zeugt eher von der Isolation und Resignation des Künstlers im neuen Reich. Noch war der Roman von dem jüdischen Verlag Bruno Cassirer ediert worden, noch gab es das *Berliner Tageblatt*, in dem Herbert Ihering die *Unglückliche Liebe* als »das Versprechen eines Dichters« und »ein herrliches

Buch« rühmte, noch konnte Erich Franzen den Roman in der *Frankfurter Zeitung* besprechen.[3] Kurz nach Erscheinen der *Unglücklichen Liebe* wurde der Verlag liquidiert – und somit verschwand auch der Erstling trotz mehrerer wohlwollender und sogar enthusiastischer Rezensionen.

1935 folgte der Roman *Die Mauer schwankt,* in dessen Mittelpunkt abermals Resignationsmotive stehen. Der junge Koeppen mußte sich nun, wie jeder in Deutschland verbliebene Schriftsteller, entscheiden: Er konnte sich entweder mit den Machthabern arrangieren oder sich zurückziehen oder einen Kompromiß zwischen Anpassung und Ablehnung suchen. Er beschloß, sich zurückzuziehen: Er hörte also auf, Bücher zu schreiben. Der Druck der gesellschaftlich-politischen Verhältnisse hatten den kaum begonnenen Weg eines jungen Schriftstellers jäh unterbrochen.

Die nächsten Bücher Koeppens – die Romane *Tauben im Gras, Das Treibhaus* und *Der Tod in Rom* – stammen aus den Jahren 1951 bis 1954. In einer Zeit, in der die meisten deutschen Nachkriegsautoren noch im Banne Hemingways standen, griff Koeppen zu anderen angelsächsischen Vorbildern: von Joyce bis Faulkner. In einer Zeit, in der noch das Kriegserlebnis die Thematik beherrschte, attackierte Koeppen in den *Tauben im Gras* die bundesrepublikanische Welt, in deren Leben er bereits – man schrieb das Jahr 1951 – jene Kennzeichen entdeckte, die erst mehrere Jahre später deutlich sichtbar werden sollten.

Die Kritik reagierte auf dieses Buch zwar mit Anerkennung, aber doch mit Befremden – alles war in den *Tauben im Gras* ungewöhnlich: die Technik, die sprachliche Kraft und nicht zuletzt die Aggressivität der gesellschaftskritischen Anklage. Charakteristisch ist die Rezension des *Monat,* der Koeppen vorwirft, er habe »die Düsternis unserer Zeit zum ausschließlichen Ausgangspunkt gemacht«. Und: »Weil dieses Buch sich fast ausschließlich im Morbiden, im Sumpfe tummelt... darum auch mangelt es ihm an dem Atem, der an Überzeugungskraft...«[4]

Vielleicht kann man erst aus der heutigen Perspektive die beklemmende Hellsicht dieses Romans ermessen, in dem manche Abschnitte 1961 und nicht 1951 geschrieben zu sein scheinen. Und vielleicht vermochte Koeppen die Zeitatmosphäre deswegen so scharf einzufangen, weil er kühn genug war, eben »die Düsternis unserer Zeit zum ausschließlichen Ausgangspunkt« zu machen. Immerhin war den *Tauben im Gras* – im Unterschied zu den anderen Romanen – ein gewisser Erfolg beschieden. *Die Welt* meinte (allerdings erst 1953): »Wenn es hierzulande mit rechten Dingen zuginge, würde dieser Roman wie ein Fanfarenstoß wirken.«

Auch *Das Treibhaus,* in dessen Mittelpunkt ein Mann steht, der 1933 emigrierte, 1945 zurückkehrte, 1949 in den Bundestag gewählt wurde und 1952 Selbstmord beging, wirkte keineswegs wie ein Fanfarenstoß. Die meisten Rezensenten schrieben – sofern sie sich überhaupt äußerten – kühl oder geradezu feindlich. Da es aber in der Bundesrepublik, wie gesagt, keine Kritik, sondern nur einzelne Kritiker gibt, war die einzige enthusiastische Besprechung dieses ungewöhnlich heftigen Bonn-Romans just in der *Frankfurter Allgemeinen Zeitung* zu lesen, in der Karl Korn schrieb: »Die Radikalität Koeppens schient mir aus einem tiefen Leiden an der deutschen Gegenwart zu kommen... *Das Treibhaus* ist eine Klasse Literatur, wie sie nur selten erreicht wird.«[5]

Wurde die Bedeutung des *Treibhaus* – von Korns Besprechung abgesehen – zumindest unterschätzt, so scheint *Der Tod in Rom* gänzlich verkannt worden zu sein. Ein Teil der Presse ignorierte das Buch, der Rest sah in ihm lediglich einen gegen Faschismus, Neofaschismus und die Wirtschaftswunderwelt gerichteten politischen Zeitroman, dessen Aggressivität von manchen Rezensenten als höchst überflüssig empfunden wurde. In der *Zeit* beispielsweise wurde *Der Tod in Rom* als ein »Zerrspiegel« der deutschen Wirklichkeit entschieden abgelehnt.[6] Zunächst einmal: Jeder satirische Roman ist seinem Wesen nach ein Zerrspiegel. Überdies konnte man sich schon wenige Jahre nach Erscheinen dieses Buches davon überzeugen, daß Koeppens Visionen nicht aus der Luft gegriffen waren. Und gerade *Der Tod in Rom* ist weit mehr als nur eine gesellschaftskritische Auseinandersetzung mit der Gegenwart.

Jeder der drei Romane dieser Periode wurde zunächst einmal vom Willen einer unerbittlichen Zeitanalyse getragen, jeder zeichnete sich durch eine moralische Leidenschaft und elegische Tonart aus, ein Verantwortungsgefühl und einen bitteren Ernst, die allen Vorwürfen, es handle sich um extravagante Spielereien mit dem Bösen und dem Düsteren, eigentlich den Boden

entziehen sollten. Zugleich müssen diese drei Romane –
trotz vieler Schwächen, die keinesfalls geleugnet werden sollen – als künstlerische Leistungen angesehen
werden, die allem Konventionellen weit entrückt sind
und denen zumindest auf dem Hintergrund der Literatur zwischen 1950 und 1960 außerordentliche Bedeutung zukommt: Es gibt in der deutschen Prosa dieser
Zeit nur sehr wenig, was man Koeppen an die Seite stellen könnte.

Es erwies sich also, daß die bundesrepublikanische
Öffentlichkeit für Koeppens epische Formulierungen
anstößiger Wahrheiten zunächst wenig und später
überhaupt kein Verständnis hatte. Keiner der drei Romane wurde zu einem Verkaufserfolg, keiner erhielt einen Preis, kein Taschenbuchverlag interessierte sich für
Tod in Rom. Daß derartige Umstände zu einer Krise geführt haben, ist nicht verwunderlich. Niemand hat das
Recht, Koeppen vorzuhalten, er hätte weiterhin gegen
den Strom schwimmen sollen. Vielleicht hat er es versucht, wir wissen es nicht. Auch der Hinweis, andere
Schriftsteller, deren Ansichten nicht weniger radikal
sind – beispielsweise Böll –, hätten die Waffen keineswegs gestreckt, sondern die Intensität der Auseinandersetzung mit der deutschen Gegenwart noch gesteigert
(Billard um halbzehn), ist in diesem Zusammenhang
wohl irrelevant. Für Koeppen gab es allem Anschein
nach nur noch die Möglichkeit, sich anzupassen oder
sich zurückzuziehen oder einen Kompromiß zwischen
diesen beiden Haltungen zu suchen. Daß er sich Mitte
der fünfziger Jahre vor eine Entscheidung gestellt sah,

die derjenigen nicht unähnlich war, die er Mitte der dreißiger Jahre treffen mußte, darf man wohl als ein beschämendes Symptom des literarischen Lebens in der Bundesrepublik werten.

Wie dem auch sei: Einige Jahre lang erschien – abgesehen von Pressebeiträgen – nichts von Koeppen. Sein nächstes Buch – *Nach Rußland und anderswohin* (1958) – enthält Reiseberichte, die ursprünglich für den Rundfunk geschrieben waren. Fast die gesamte bundesrepublikanische Presse begrüßte diesen Band mit einer ebenso erfreulichen wie nachdenklich stimmenden Begeisterung und Einmütigkeit. Vor allem der sprachliche Glanz der virtuos geschriebenen, ungemein fesselnden Impressionen aus Ost und West wurde mit Recht immer wieder gerühmt. Walter Jens stellte in der *Zeit* fest, Koeppen sei »neben Max Frisch gegenwärtig der brillanteste Stilist deutscher Sprache«. Und Hans Magnus Enzensberger meinte in den *Neuen Deutschen Heften*: »Die Prosa des Romanciers Koeppen ist die zarteste und biegsamste, die unsere verarmte Literatur in diesem Augenblick besitzt.«[7]

Dieses zweifellos wertvolle Nebenwerk, das in der Folge einer langjährigen Krise entstanden war, zeugt zwar nicht von Anpassung, aber doch vom Kompromiß, von einem Rückzug ins Unverbindliche. So wurde die Begeisterung mancher Kritiker – gewiß nicht die von Jens oder von Enzensberger – allmählich etwas verdächtig: Man hat den Eindruck, daß Koeppen nicht nur dafür gelobt wurde, was er geschrieben hatte, sondern auch dafür, was er zu schreiben unterließ. Manche glaubten, seine Reportagen gegen seine Romane ausspielen zu müssen. In der *Frankfurter Allgemeinen Zeitung* diagnostizierte Karl Korn in der Besprechung des Reisebuchs: »Geistig und politisch bedeutet es für den Autor und vielleicht für die Lage der Intelligenz überhaupt eine symptomatische Wendung. Der Koeppen, der das *Treibhaus* schrieb ... ist in dem Reisebuch kaum noch wiederzuerkennen. Er ist mild geworden und scheint sich, was den politischen Anspruch des Intellektuellen angeht, zu den Entsagenden geschlagen zu haben.« Diese Entwicklung schien Korn damals (1958) eher zu billigen als zu bedauern, denn er bezeichnete den Band *Nach Rußland und anderswohin* ausdrücklich als »bisher reifste Leistung Koeppens«.[8]

1959 folgte wiederum ein Reisebericht *(Amerikafahrt)*, der abermals von der Kritik freudig begrüßt wurde. Der Seitensprung des Romanciers erwies sich als Seitenpfad. Oder als Irrweg? Im Frühjahr 1960 konnte man in der *Zeit* ein Koeppen-Porträt lesen, in dem eben die Reportagen als Höhepunkte seiner Entwicklung gefeiert wurden. Nun ist der dritte Band erschienen: *Reisen nach Frankreich.* Gleich am Anfang heißt es: »Ich träumte von Frankreich, von einem lieblichen Garten von Daseinsheiterkeit, von Lebenssüße und etwas freundlicher Frivolität.«

Doch nicht ein Traum scheint Koeppen diesmal nach Frankreich getrieben zu haben, sondern der Auftrag des Rundfunks oder des Verlags. Er fährt also von Stadt zu Stadt, absolviert gewissenhaft ein nicht geringes Pflichtpensum und bietet eine Fülle von Mitteilungen,

deren Notwendigkeit allerdings in den meisten Fällen
nicht einleuchten will. So kann man beispielsweise erfahren, daß im Ort A. die Kellnerin freundlich, das
Essen mittelmäßig und der Wein schlecht waren. Im
Ort B. hingegen war der Kellner mürrisch, das Essen
gut und der Wein mittelmäßig. Auf Seite 151 lesen wir:
»Am Morgen regnete es. Tréport war dunkelgrau, war
still und war schön. Am Wasser kreischten die Mö-
wen. Vor der städtischen Fischhalle warteten die Fisch-
frauen. Grüne Kacheln, Kälte, Wind, Regenschauer, rote
Arme. Die Fischer saßen alle in derselben Kneipe.« Auf
der nächsten Seite sind wir in Dieppe: »Der Platz ist
menschenfreundlich. Man kann vor dem Café die fri-
schen Austern probieren, ein Glas trockenen Weißwein
trinken, die See riechen, den Fischhandel studieren, den
Dampfer nach New Haven ablegen sehen.« Na und? –
möchte man fragen. Auf derselben Seite heißt es: »Das
Hotel, von einer Dame geleitet, mit wenig Personal unterhalten, hat saubere, nicht große, aber angenehme
und zweckmäßige Zimmer. Die Technik ist durchdacht
und funktioniert. Der Fahrstuhl trägt in den gewünsch-
ten Stock, das Wasser läuft heiß aus dem Warmwasser-
hahn, das Telephon verbindet mit der gewählten Nummer, und am Bett hängt eine praktische Lampe, die
sogar zu lesen erlaubt.« Solche Informationen wären
vielleicht für künftige Dieppe-Besucher nützlich, hätte
der Verfasser verraten, wie das Hotel heißt.

Gewiß kann man in diesem Band auch farbige Impressionen und geschickte Momentaufnahmen finden.
Aber im Grunde enthält er nicht viel mehr als Material

zu einem Frankreich-Buch. Dennoch haben wir es nicht etwa mit einem schlechten Reisebericht zu tun (er ist trotz allem immer noch weit besser als die meisten Reportagen), sondern mit einem ungewöhnlich schwachen Koeppen-Buch. Und dies scheint insofern wichtig zu sein, als der neue Band das folgerichtige Ergebnis einer bedauerlichen Entwicklung ist.

Durch die Verhältnisse in der Bundesrepublik und durch die unmittelbare Reaktion auf seine Bücher wurde der Romancier Koeppen von seiner eigentlichen Aufgabe weggedrängt. Die Reisebücher wurden zur Ausweichmöglichkeit. Der Seitenpfad des Romanciers, in dem manche unbedingt einen neuen und höchst erfreulichen Hauptweg sehen wollten, hat sich als eine Sackgasse erwiesen. Damit ist wohl nach den beiden vorher erwähnten Zeitabschnitten (1934 bis 1935 und 1951 bis 1954) auch der dritte, die Jahre 1958 bis 1961 umfassende, Abschnitt des erstaunlich übersichtlichen Werks von Koeppen beendet. Was wird folgen?

1961

DER POET ALS ZEUGE

Friedrich, ein junger Mann, liebt leidenschaftlich, aber, allem Anschein nach, auch hoffnungslos eine Schauspielerin namens Sibylle. Immerhin erreicht er es, daß sie sich zu einer gemeinsamen Italienreise bereit findet. Sie kommt jedoch nicht zum Bahnhof, sondern schickt ihm im letzten Augenblick eine Stellvertreterin. Er ist verblüfft und enttäuscht, allein, er akzeptiert die neue Partnerin ohne Widerspruch. Wenig später kreuzt Sibylle, nicht zufällig, Friedrichs Weg in Venedig. Es wird wiederum für beide eine Begegnung ohne Erfüllung.

Diese Geschichte erzählt Wolfgang Koeppen in dem Roman *Eine unglückliche Liebe* (1934). Das Buch, mit dem der Achtundzwanzigjährige seine literarische Laufbahn begann, nimmt schon einige entscheidende Motive seines späteren Werkes vorweg: Ungeachtet aller Makel und Schwächen, trägt der Erstling bereits die Merkmale des reifen Koeppen.

Über die Liebe Friedrichs zu Sibylle und zugleich über die Gründe, die sie veranlassen, sich ihm hartnäckig zu verweigern, obwohl sie doch offensichtlich seine Gefühle erwidert, heißt es: »Einmal nur mit den Sinnen eindringen in die Wege ihres Hirns! Das mußte der Schlüssel sein. Er litt unter ganz genauen Vorstellungen... Er sah, wie sein Denken aus seinem Kopf heraus in ihren überstieg... Es war ein Abtasten der feinsten Nerven ihres Wesens. Er wollte sie ergründen...

27

Es war ein Verbrechen, das tun zu können er sich wünschte; das schlimmste Verbrechen überhaupt: Einbruch in die Seele... Er konnte von dieser Begierde, so mit ihr zu fühlen, nicht lassen. Er dachte also nur an sich, an sein Glück, wie sie es sagte. Vielleicht war dieses Denken, dieser tolle Besitzwunsch, der über jedes körperliche Erfassen weit hinaus ging, die Ursache, daß sie ihr Leben seinem Anspruch versagte, weil sein Verlangen zu tief und zu unheimlich war und Schauder über dem Rücken erzeugte.«

Mehr als nur die gegenseitige Beziehung von zwei Romangestalten scheint hier der Anfänger angedeutet zu haben. Denn jener »tolle Besitzwunsch«, den der Bewunderer Sibylles hegt, ist charakteristisch für das Verhältnis des Schriftstellers Koeppen zum Leben. In einer autobiographischen Skizze gesteht er: »Ich umarmte die Erde und empfand sie als einen Ball, der mich in rasender Fahrt durch ein unheimliches Universum trug.«[1] Seine Jugendzeit meint Koeppen mit dieser Bemerkung. Aber sie darf wohl auch auf den Autor der fünfziger Jahre bezogen werden.

Mit allen Sinnen will er das Dasein spüren, erfassen und ergründen. Ein hungriger und nimmersatter, ein gieriger Beobachter seiner Umwelt ist er bis heute geblieben. Alles möchte er sehen und hören, riechen und schmecken, berühren und begreifen. Seine Bücher strotzen von Licht, Schatten und Farbe, von Klängen, Lauten und Tönen, von Düften und Gerüchen, ihnen haftet das Aroma des Lebens an. Er ist der sinnlichste deutsche Prosaist unserer Zeit. Mit einer fast wollüstigen Leidenschaft versucht er, in die Gehirnwindungen seiner Gestalten einzudringen. Wie Friedrich aus der *Unglücklichen Liebe* wünscht er, in die Seele des Mitmenschen einzubrechen.

Aber wie Sibylle befürchtet er, daß »sein Verlangen zu tief und zu unheimlich« sei. Ein Verbrechen gar scheint es ihm zu sein – und doch kann er vor der Begierde, von diesem »tollen Besitzwunsch« nicht lassen. Hier stecken vielleicht die Wurzeln der Antinomie, eines Grundzugs seines Wesens. Gierig und schüchtern zugleich, herausfordernd und demütig, schamlos und schamhaft ist dieser Künstler. Daher wirkt seine epische Welt häufig widerspruchsvoll, daher haftet seiner Sicht fast immer etwas Beklemmendes an: Er umarmt das Leben, obwohl er es als »unheimlich« empfindet.

Bereits im Erstling stattet er seine Gestalten mit sehr menschlichen Leidenschaften und Schwächen aus – und doch hat man den Eindruck, als stünden sie an der Grenze des Irrealen. Den jungen Friedrich nennt er »einen Amokläufer der Liebe«. Die meisten Helden Koeppens sind Amokläufer – der Liebe, der Kunst, der Moral, der Politik, des Unglücks, des Frevels. Von Friedrich heißt es: »Die Welt stand wieder gegen ihn auf. Es war ohne Sinn und Verstand und nie zu begreifen.« Die Charaktere, die Konflikte, die Milieus werden sich in den Romanen Koeppens ändern, immer aber sehen sich seine Helden von einer feindlichen Welt umgeben. Meist glauben sie, das Leben habe sie besiegt, und neigen daher zur Schwermut. Es sind melancholische Amokläufer.

Der schwermütig-elegische Grundton ist in allem hörbar, was Koeppen schrieb: in den Romanen, in den Reisebüchern, in den Aufsätzen. Und so wie Koeppens Helden nicht imstande sind, die Welt zu begreifen, so können sie auch nicht zueinander kommen. Über Sibylle und Friedrich erfahren wir schließlich:»Sie wußten, daß nichts sich geändert hatte und daß die Wand aus dünnstem Glas, durchsichtig wie die Luft und vielleicht noch schärfer die Erscheinung des anderen wiedergebend, zwischen ihnen bestehen blieb.« Entsagend hatte sich Friedrich mit der Stellvertreterin abgefunden, die ihm zum Bahnhof geschickt wurde. Entsagend finden sich Friedrich und Sibylle mit jener »Wand aus dünnstem Glas« ab, die sie zwischen sich sehen:»Es war dies eine Grenze, die sie nun respektierten.«

So ist die *Unglückliche Liebe* letztlich ein Buch der Resignation. Das gilt auch für die späteren Romane Koeppens. Nur daß er in den fünfziger Jahren zu einem Dichter der aggressiven Resignation werden sollte. Von der hoffnungslosen Vereinsamung des Individuums, von der tragischen Vereinzelung des Menschen wird in dem Erstling erzählt. Der Anfänger hatte einen Roman der »Kontaktlosigkeit« geschrieben – lange bevor dieser so technisch anmutende Begriff geprägt und zugleich mißbraucht wurde. Alle Romane Koeppens kreisen um dieses Thema – auch das nächste Buch *Die Mauer schwankt* (1935), das inzwischen ganz vergessen wurde, jedoch für die Beurteilung seiner Entwicklung von größter Bedeutung ist.

Die *Unglückliche Liebe* spielt sich wohl Anfang der

dreißiger Jahre ab. Aber alles, was in diesem Roman erzählt wird, könnte ebensogut hundert oder zweihundert
Jahre früher geschehen sein. Ort der Handlung ist vornehmlich eine »große Fremdenstadt am See«, die an
Zürich erinnert. Aber es könnte auch jede andere europäische Großstadt sein. Denn nicht um die Darstellung einer realen Welt war der junge Koeppen bemüht,
sondern um ein autonomes poetisches Universum, in
dessen eigentümlichem Klima die Leidenschaften und
Hemmungen seiner Gestalten besonders deutlich hervortreten sollten. Die besten Kapitel des Romans boten
tatsächlich die wohl angestrebte überscharfe und überhelle Traumlandschaft, andere jedoch nur einen luftleeren Raum, in dem sich die Gefühle, Komplexe und
Aktionen der Helden nicht mehr beglaubigen ließen.

In der *Mauer* hingegen entscheidet sich Koeppen für
eine durchaus reale Welt: Der überwiegende Teil der
Handlung spielt in einer ostpreußischen Kleinstadt
während des Ersten Weltkrieges. Held ist der Baumeister Johannes von Süde, ein »noch junger Herr und von
sehr ordentlich nüchterner Gesinnung«, ein pflichtbewußter, fast spartanischer Mensch, den Koeppen »mit
dem wachen und besonderen Blick eines Künstlers«
ausgerüstet hat. Auch er – wie Friedrich – ein Einsamer,
dessen Bemühungen vergeblich bleiben, der scheitert.
Die Motive sind jedoch nicht vergleichbar.

In der *Unglücklichen Liebe* wurden charakterologische Diagnosen aus psychologischen Erkenntnissen
abgeleitet und mündeten aus psychologisierenden Behauptungen. So imponierend in diesem Buch eben die

Konsequenz der Psychologie war, so ungewöhnlich seine sprachliche Kraft – es wurde doch immer wieder von der Gefahr der Abstraktion bedroht. Die *Unglückliche Liebe* war eine große Talentprobe und zugleich ein in dieser Art nicht mehr wiederholbares Experiment. Im zweiten Roman wirkt vieles konventionell, er mag in mancher Hinsicht ein Rückschritt gewesen sein – nicht ohne Grund hat der Autor eine Neuauflage nach 1945 verhindert. Indes weist die *Mauer* – auch wenn wir es gewiß nicht mit einem gelungenen Kunstwerk zu tun haben – noch deutlicher auf den Koeppen der fünfziger Jahre hin.

Johannes von Süde, der den Wiederaufbau einer durch das Kriegsgeschehen zerstörten Stadt leitet, kann nichts erreichen, weil sich seinen Neuerungsprojekten sowohl die Einwohner als auch die Behörden widersetzen. Ein romantischer Individualist, dessen »Denken... sich in Extremen bewegt«, kommt er schließlich zum Ergebnis, daß ihm »die Wahrheit und der Sinn immer und immer entgangen waren«. Die Welt erscheint ihm unbegreiflich, nicht weil sich ihm eine Frau verweigert, sondern weil es ihm unmöglich ist, das Sinnvolle gegen »die Mächte des Chaotischen« durchzusetzen. Ein Don Quichotte in kleinbürgerlicher ostpreußischer Umgebung, scheitert an der Gesellschaft, in der er wirkt. Seine Leiden sind vornehmlich Leiden an der Zeit. Dieser Baumeister Johannes von Süde ist Koeppens erster Held, dessen Einsamkeit, Lebensangst und Resignation durch den Druck der Umstände und der objektiven Verhältnisse bedingt sind.

Vergeblich wird der mißtrauische Leser in den beiden Romanen, mit denen Koeppen seine Laufbahn begann, auch nur die geringsten Konzessionen zugunsten der neuen Machthaber in Deutschland suchen. Im Gegenteil: die literarischen Einflüsse, die man in dieser Prosa zu spüren vermeint, scheinen auf Schriftsteller hinzuweisen, die damals verboten waren – von Thomas Mann über Franz Kafka bis zu Joseph Roth. Beide Romane zeugen zumindest von der Isolation und der Depression des Künstlers im »Dritten Reich«. Ja, mehr noch: In den ersten Kapiteln des Buches *Die Mauer schwankt* besucht der Held ein orientalisches Land. Er wird bald verhaftet und von der Polizei mißhandelt. Die Zustände in dieser fernen Diktatur mußten dem deutschen Leser von 1935 nicht ganz unbekannt vorkommen:

»Weißt Du, was man hier flüstert hinter verhängten Fenstern und verstopften Türritzen, wenn man die Maßnahmen der Regierenden bespricht und das Elend, das sie bedeuten?... Nach außen kein offenes Gespräch, kein offenes Antlitz. Man zwingt sich zum Gleichmut in der Miene und tut, als ginge man seinen Geschäften nach. Und doch lebt lebendiger als das eigene Leben immerwährend der Blutgeschmack auf der Zunge eines jeden, der an die Getöteten und die Niedergeschlagenen und die Erniedrigten denkt. Jeder aber mißtraut auch jedem. Überall droht Verrat. Der Freund traut dem Freund nicht mehr, und nur noch die, die durch schon vergossenes Blut miteinander verbunden und verschworen sind, gestehen sich die Wahrheit ihrer Gedanken.«

33

Das Buch *Die Mauer schwankt* war in Berlin erschienen, aber während eines Aufenthalts in Holland entstanden. Koeppen blieb einige Zeit im Ausland, er konnte jedoch nicht mehr schreiben. Über den Schriftsteller Philipp, eine Romangestalt, wird er später sagen: »Philipps kleiner Ruf, der erste Versuch... war im Lautsprecherbrüllen und im Waffenlärm untergegangen, war von den Schreien der Mörder und Gemordeten übertönt worden, und Philipp war wie gelähmt, und seine Stimme war wie erstickt.

Viele Jahre war Koeppen wie gelähmt, blieb seine Stimme wie erstickt – denn sein nächstes Buch, in dem eben der Schriftsteller Philipp auftritt, *Tauben im Gras,* erschien erst 1951. Die Kritik reagierte auf diesen Roman zwar mit Anerkennung, aber doch mit Befremden – und das erscheint weniger verwunderlich, wenn man sich die literarische Situation in Deutschland vergegenwärtigt, auf die das Buch damals traf.

Das Jahr 1949 brachte Ernst Jüngers *Strahlungen,* den ersten Band der Trilogie *Die Sintflut* von Stefan Andres, Arno Schmidts *Leviathan,* die Erzählung *Unruhige Nacht* von Albrecht Goes, den Roman *Die Toten bleiben jung* der Anna Seghers, Stephan Hermlins Erzählungen *Die Zeit der Gemeinsamkeit,* das Kriegsbuch *Die Geschlagenen* von Hans Werner Richter und Heinrich Bölls *Der Zug war pünktlich.* Im Jahr 1950 folgten die ersten Geschichtenbände von Wolfdietrich Schnurre *(Die Rohrdommel ruft jeden Tag)* und von Böll *(Wanderer kommst Du nach Spa...)* sowie der Roman *Nein – Die Welt der Angeklagten* von Walter Jens. 1951 erschienen:

34

Ernst von Salomons *Fragebogen*, Curt Hohoffs *Woina, woina*, Arno Schmidts *Brand's Haide*, Richters *Sie fielen aus Gottes Hand* und Bölls *Wo warst du, Adam?* Von den Büchern des Jahres 1952 schließlich seien erwähnt: Theodor Plieviers *Moskau*, Peter Bamms *Unsichtbare Flagge* und Alfred Anderschs *Kirschen der Freiheit.*

Wenn auch gegen diese knappe Titelauswahl gewiß der Vorwurf der Vereinfachung erhoben werden kann, so läßt sie doch zumindest die Grundtendenzen erkennen. Erkennbar wird, daß damals die Auseinandersetzung mit der Vergangenheit im Vordergrund stand: Die Thematik wurde fast ausschließlich vom Kriegserlebnis – im weitesten Sinne des Wortes – beherrscht. Nicht weniger auffällig ist die (durchaus verständliche) Vorliebe für zeitdokumentarische Bücher, für sachliches Referieren, eindeutige Bekenntnisse und ungetarntes Reflektieren, für anspruchslose oder scheinbar anspruchslose Formen. Es triumphieren autobiographische Berichte, wie sie von Salomon, Bamm und Andersch geschrieben wurden, es werden wirkliche oder fiktive Tagebücher bevorzugt, wie die von Jünger und Hohoff.

In den Roman dringen – in den Jahren nach dem Ersten Weltkrieg war die Situation ähnlich – Elemente der Reportage und des unmittelbaren Rechenschaftsberichts ein. Die Bücher von Plievier und Richter können hier als typisch gelten. Alle diese Autoren streben offenbar nicht Kunstwerke an, sondern fühlen sich berufen, zunächst und vor allem als Zeugen auszusagen, als Zeitgenossen Geschehnisse zu fixieren. Da, wo die Wirkung moderner stilistischer Vorbilder unzweifelhaft

35

spürbar wird, scheint, wenn man von Arno Schmidt absieht, der Einfluß der amerikanischen *short-story*, zumal Hemingways, zu dominieren – so etwa bei Böll und bei Schnurre.

Koeppens vorher zitierte autobiographische Skizze endet mit einer aufschlußreichen Bemerkung, die sich auf die Jahre nach 1945 bezieht:»Eines Tages kam Henry Goverts, der Verleger, zu mir. Er fragte mich: Warum schreiben Sie nichts mehr? Da fragte auch ich mich, worauf ich all die Jahre gewartet hatte und warum ich Zeuge gewesen und am Leben geblieben war.« Auch auf dem Romancier Wolfgang Koeppen lastet die Vergangenheit, auch er will vor allem Zeuge sein. Nur ergeben sich bei ihm daraus ganz andere Folgerungen. Er erzählt nicht von der Vergangenheit. Ihn fasziniert und bestürzt die unmittelbare Gegenwart so sehr, daß er sie dreimal hintereinander in Romanen sichtbar zu machen versucht: zunächst in den *Tauben im Gras,* später im *Treibhaus* (1953) und im *Tod in Rom* (1954). Diese Bücher gehören zusammen: Es sind Teile einer Trilogie. Ihr Hauptthema lautet: Die Deutschen nach dem Zusammenbruch des »Dritten Reichs«. Zugleich knüpft Koeppen an andere formale Traditionen an: Um eine Sinndeutung erlebter Gegenwart mit ausschließlich epischen Mitteln bemüht, greift er ebenfalls zu angelsächsischen Vorbildern, doch nicht zu jenen, in deren Bann die meisten deutschen Erzähler der jüngeren und mittleren Generation um 1950 standen.

Bereits 1928 hatte Alfred Döblin geschrieben: »In den Rayon der Literatur ist das Kino eingedrungen, die Zeitungen sind groß geworden, sind das wichtigste, verbreiteste Schrifterzeugnis, sind das tägliche Brot aller Menschen. Zum Erlebnisbild der heutigen Menschen gehören ferner die Straßen, die sekündlich wechselnden Szenen auf der Straße, die Firmenschilder, der Wagenverkehr... Jetzt ist wirklich ein Mann nicht größer als die Welle, die ihn trägt. In das Bild von heute gehört die Zusammenhanglosigkeit seines Tuns, des Daseins überhaupt, das Flatternde, Rastlose.«[2]

Döblin schrieb dies in einer Kritik des Joyceschen *Ulysses,* der ihm »ein Experimentierwerk« zu sein schien: »weder ein Roman noch eine Dichtung, sondern ein Beklopfen ihrer Grundelemente«. Wie er sich die Verwirklichung seiner theoretischen Postulate vorstellte, bewies der Roman *Berlin Alexanderplatz* (1929). Es wurde augenscheinlich, daß Döblin die Ergebnisse jenes »Beklopfens« auszuwerten vermochte: Er hat bei Joyce viel gelernt und auch bei dem Dos Passos des *Manhattan Transfer.*

An diese Tradition, deren Fortsetzung in Deutschland zwischen 1933 und 1945 unmöglich war, knüpft der Autor der *Tauben im Gras* an. Wenn es in einer *Das Treibhaus* betitelten Parodie von Robert Neumann heißt, Koeppen pfeife die »Dospassionata« und habe vieles »verdöblint«, so hat das schon in einem gewissen Sinne seine Richtigkeit. Er ist bei Joyce, Dos Passos, Döblin und desgleichen – und vor allem – bei Faulkner in die Schule gegangen. Und während Döblin in dem angeführten Aufsatz polemisch bemerkte: »Man muß es nicht so machen, wie es Joyce gemacht hat«, erklärt

Koeppen kurzerhand: »Ich bin überzeugt, daß man heute ohne die Wegmarke Joyce in seine Richtung gehen müßte. Dieser Stil entspricht unserem Empfinden, unserem Bewußtsein, unserer bitteren Erfahrung. Und man sollte, weil ein Großer zum ersten Mal so gesprochen, so erzählt hat, das Gefundene, das Erreichte nicht leichtfertig verwerfen.«[3]

Wie Döblin in den zwanziger Jahren, so hat sich auch Koeppen in den fünfziger Jahren manche Errungenschaften seiner Meister zunutze gemacht. Er hat jedoch nichts mechanisch übernommen, nichts kopiert. Der sich assoziativ fortspinnende innere Monolog, die Montagetechnik und der filmhafte Bildwechsel, die Simultaneität und der Pointillismus, der Perspektivenwechsel, die Kombination von epischem Bericht, Dialog und gedachter Rede, zumal der fast unmerkliche Übergang von der objektiven Darstellung in den Monolog, die Technik der Slogans und der Schlagzeilen – alle diese Mittel hat Koeppen weder erfunden noch in die deutsche Literatur eingeführt. Aber er ist der erste Schriftsteller, der sie mit virtuoser Selbstverständlichkeit zur epischen Bewältigung der deutschen Realität nach 1945 anzuwenden vermochte.

Im Vorwort zur zweiten Auflage der *Tauben im Gras* sagt Wolfgang Koeppen: »Es war die Zeit, in der die neuen Reichen sich noch unsicher fühlten, in der die Schwarzmarktgewinner nach Anlagen suchten und die Sparer den Krieg bezahlten. Die neuen deutschen Geldscheine sahen wie gute Dollar aus, aber man traute doch mehr den Sachwerten, und viel Bedarf war nachzuholen, der Bauch war endlich zu füllen, der Kopf war von Hunger und Bombenknall noch etwas wirr, und alle Sinne suchten Lust, bevor vielleicht der dritte Weltkrieg kam. Diese Zeit, den Urgrund unseres Heute, habe ich geschildert.«

Der Roman enthält eine verblüffende Vielzahl von Gestalten, Schicksalen und Milieus, Situationen und Vorgängen, Impressionen und Bewußtseinsebenen. Aber wie Joyce konzentriert auch Koeppen das Geschehen auf einen einzigen Tag, auf eine einzige Stadt. Und es ist nicht etwa eine Allerweltsstadt – wie seinerzeit in der *Unglücklichen Liebe* –, auch nicht eine kompilierte westdeutsche Durchschnittsstadt, sondern – wie Dublin, New York und Berlin in den Romanen der Meister – eine sehr konkrete, zwar nicht genannte, doch immer erkennbare, ja unverwechselbare Welt: das von den Amerikanern besetzte München.

Das Geschehen ist in Kurzszenen aufgelöst, das Bild wird aus Mosaiksteinen zusammengesetzt. In sämtlichen Episoden durchdringt Koeppen den Alltag seiner Gestalten. Sie werden – wie einst in *Berlin Alexanderplatz* – unaufhörlich von der Brandung des Lebens umspült. Während jedoch Döblin und schon vor ihm Dos Passos rohes, nahezu unermeßliches Tatsachenmaterial zusammengerafft und in ihren Riesengemälden untergebracht hatten, fällt bei Koeppen die strenge Auslese der berücksichtigten Phänomene auf. Seiner epischen Bestandsaufnahme haftet nichts Naturalistisches an. Statt der grandiosen Expansion Döblins bietet Koeppen die gewissenhafte Reduktion. Nicht um ein gigantisches

39

Fresko, das die Fülle der Zeit wiedergibt, ist er bemüht, sondern um ein raffiniert konstruiertes Kaleidoskop, um ein strenges Konzentrat, das lediglich ihre wesentlichsten Merkmale verdeutlichen soll.

Die Menschen, die Koeppen auftreten läßt – Deutsche und Amerikaner, Weiße und Schwarze, Erwachsene und Kinder, komplizierte und primitive Naturen, Erfolgreiche und Gescheiterte –, sie alle sind auf der Jagd: nach Liebe und Erkenntnissen, nach Geld, Genuß und Ruhm, nach Sicherheit und Frieden, nach einem besseren Leben. Aber in Wirklichkeit jagen sie nicht, sondern werden gejagt, streben nicht einem Ziel zu, sondern wimmeln durcheinander wie Tauben im Gras, fliehen wie aufgescheuchte Vögel – »frei und von Schlingen bedroht, dem Metzger preisgegeben«. Die Großen und die Kleinen, die Arrivierten und die Beladenen sind auf der Flucht vor einem Dasein, dessen Unheimlichkeit sie spüren, vor einer Welt, die ihnen sinnlos, unbegreiflich und rätselhaft zu sein scheint: »Im Gras hockten Vögel... Die Vögel sind zufällig hier... vielleicht ist die Welt ein grausamer und dummer Zufall Gottes, keiner weiß, warum wir hier sind, die Vögel werden wieder auffliegen, und wir werden weitergehen.«

Doch nicht metaphysisch wird diese innere Unruhe und Hast erklärt, jenes »Flatternde« und »Rastlose«, dessen Darstellung Döblin in einer freilich ganz anderen Situation gefordert hatte. Der Erzähler Koeppen führt immer wieder – ohne es je aufdringlich zu tun – die Schicksale seiner Helden auf die historischen und gesellschaftlichen Zeitumstände zurück. Der Lehrer, der sich mit Drogen zugrunde gerichtet hat, weil er nicht Soldat werden wollte; der Arzt, der seinen Lebensunterhalt als Blutspender verdienen muß; der Schriftsteller, der so große Hemmungen hat, daß er nicht mehr schreiben kann; die Deutsche, die boykottiert wird, weil sie mit einem Neger zusammenlebt; der Gepäckträger, der sich von seinen Kriegserlebnissen nicht freimachen kann; die in Konventionen erstickende, von ihrem Mann verlassene Frau; der Junge, der einen Gleichaltrigen zu betrügen beabsichtigt; die jüdische Emigrantin, die Deutschland nicht mehr wiedersehen will: Sosehr sie sich voneinander unterscheiden, sosehr sind sie doch alle Opfer ihrer Zeit, auf ihnen lastet – bewußt oder unbewußt – die Vergangenheit.

Sie leiden alle an der schrecklichen Krankheit des Jahrhunderts: an der Angst. *Tauben im Gras* – das ist vor allem eine Studie über die Angst. Die Handlungen und Episoden sind Variationen eines einzigen Themas, das in mannigfaltigen Spiegeln reflektiert wird. Und da Koeppens Gestalten auf der Flucht vor sich selber sind, da sie von Lebensangst gepeinigt werden, können sie nie zueinander kommen. Sie sind nicht imstande, ihre Einsamkeit zu durchbrechen – auch wenn ihre Wege sich hier und da kreuzen. Denn es sind, bestenfalls, nur äußerliche Begegnungen: Die Menschen bleiben sich fremd, sie leben nicht miteinander, sie existieren nur nebeneinander.

Journalisten und Fotografen erwarten in der Hotelhalle den berühmten angelsächsischen Dichter. Aber er entflieht ihnen durch einen Hinterausgang, der in einen

Hof führt. Eben dort trifft er den deutschen Schriftsteller Philipp, der ihn interviewen wollte und der wiederum das Treiben in der Hotelhalle, in dessen Mittelpunkt er durch ein Mißverständnis geraten war, nicht mehr aushalten konnte. Da stehen sie sich nun hinter den Kulissen zufällig gegenüber, können jedoch das Wort der Verständigung nicht finden und gehen, »scheu zueinander Distanz wahrend«, wieder auseinander: »Der Portier hielt sie für Männer, die wegen einer Frauengeschichte den Personalausgang benutzen mußten.«

Mag der Roman damals, 1951, als ungewöhnlich aggressiv empfunden worden sein – im Grunde ist dieser erste Teil der Trilogie Koeppens noch kein militantes Buch. Nicht die Anklage dominiert, sondern die Klage, nicht mit einem epischen Plädoyer haben wir es zu tun, sondern mit einer – freilich bestürzenden – Diagnose.

Als Attacke hingegen war offensichtlich der Roman *Das Treibhaus* gedacht. Im *Tod in Rom* bekommt der Komponist Siegfried Pfaffrath zu hören: »Ich rate Ihnen nicht, in den berühmten Elfenbeinturm zu steigen. Um Gottes willen – kein Leben für die Kunst! Gehen Sie auf die Straße. Lauschen Sie dem Tag!... Experimentieren Sie! Experimentieren Sie mit allem, mit allem Glanz und allem Schmutz unserer Welt, mit Erniedrigung und Größe – vielleicht finden« Sie den neuen Klang!« Koeppens Romane sind in diesem Sinne Experimente. Die erzählerischen Mittel werden erprobt, mit denen es möglich wäre, der deutschen Misere beizukommen. *Das Treibhaus* ist insofern ein ungewöhnlicher Versuch, als wir es mit einem direkten Vorstoß in den politischen Bereich zu tun haben – und politische Romane werden in deutschen Landen sehr selten geschrieben.

Die Bundeshauptstadt Bonn im Jahre 1953, das Parlament und die Regierung, die Parteien und die Fraktionen, die Cliquen und die Verbände, die Karrieremacher und die Opportunisten, der Alltag der politischen Maschinerie – das vor allem ist die Materie des Buches. Die Gestalten haben reale Ausmaße, der Hintergrund hingegen, auf den sie projiziert werden, wirkt gespenstisch, wird von Koeppen bewußt dämonisiert. Denn Deutschland ist in seiner Sicht »ein großes öffentliches Treibhaus«.

Im Unterschied jedoch zu den *Tauben im Gras* führt Koeppen hier einen zentralen Helden ein. Es genügt, die entscheidenden Ereignisse seines Lebens anzuführen, um die moralpolitische Konzeption des Romans anzudeuten: Keetenheuve ist ein Mann, der zur Zeit des »Dritten Reiches« emigriert, 1945 zurückkehrt, »besessen von dem Gedanken zu helfen, aufzubauen, Wunden zu heilen, Brot zu schaffen«, im Bundestag als »des Kanzlers getreuer Abgeordneter und Oppositioneller in Ergebenheit« wirkt und schließlich 1953 Selbstmord begeht – aus Verzweiflung an den deutschen Zuständen.

Die Radikalität dieser Konzeption wurde aber durch das psychologische Porträt Keetenheuves erheblich beeinträchtigt. Es war keine sonderlich glückliche Idee, der Bonner Welt, die Koeppen bloßstellen wollte, einen Mann entgegentreten zu lassen, der schon deswegen zu einer Kontrastfigur nicht taugte, weil er an seiner eigenen Unzulänglichkeit zugrunde geht. Nicht ein Sachwalter des Guten in der Welt des Bösen ist dieser Keetenheuve, sondern lediglich ein von des Gedankens Blässe angekränkelter Träumer und Spintisierer, nicht ein tragisch scheiternder Kämpfer, sondern nur ein bedauernswerter Amokläufer der Politik und ein »törichter Ritter gegen die Macht«, von dem es heißt, er sei bereits geschlagen gewesen, als er anfing, denn: »Als Politiker war er ein Heiratsschwindler, der impotent wurde, wenn er mit Frau Germania zu Bett gehen sollte.« Und an einer anderen Stelle: »Er hatte den Kampf verloren. Die Verhältnisse hatten ihn besiegt, nicht die Gegner. Die Gegner hatten ihn kaum beachtet.«

So wenig das Experiment *Treibhaus* als gelungen bezeichnet werden kann, so bemerkenswert ist der große Widerstand, auf den das Buch traf. Denn Koeppen wurde meist nicht vorgeworfen, er habe einen romantischen Helden in die Gefilde der deutschen Politik eingeführt, eine Figur, die ihre Widersacher bestätigt und somit die vom Autor angestrebte Anklage abschwächt. Hingegen hielt man ihm das vor, was an dem Roman aus der heutigen Perspektive am wertvollsten zu sein scheint: einige überbelichtete Genrebilder und herausfordernde sarkastische Szenen, in denen vielleicht nicht immer die spezifische Atmosphäre der bundesrepublikanischen Hauptstadt gegenwärtig ist, wohl aber – zumal in der ersten Hälfte des Buches – der Zeitgeist spürbar wird.

War der Roman *Tauben im Gras* eine elegische Dia-

44

gnose und das *Treibhaus* eine provozierende Elegie, so
ist der *Tod in Rom* eine alarmierende Provokation. Nach
der an Dos Passos erinnernden Konstruktion der *Tauben im Gras* mit den vielen voneinander unabhängigen
und sich doch immer ergänzenden Parallelhandlungen,
nach der fast klassisch anmutenden Struktur des *Treib-
hauses* mit der dominierenden, wenn auch nicht eben
überzeugenden Gestalt des angeblich an seiner Umwelt
scheiternden Helden – entscheidet sich Koeppen im *Tod
in Rom* für eine strenge novellistische Komposition.

Mit mathematischer Exaktheit führt er die Deutschen, die für wenige Tage nach Rom kommen, einander entgegen. Sie begegnen sich unter mehr oder
weniger dramatischen Umständen, werden in einem
Konzertsaal vereinigt und streben wieder auseinander.
Alle Gestalten, Aktionen und Episoden sind mit größter
Konsequenz auf das Zentrum hin geordnet. Treffend be-
merkt Alfred Andersch, der Roman lese sich am Ende
»wie die Choreographie eines Balletts«. Das »Suchen,
Finden und Sich-Verlieren« der Figuren habe »nichts
mehr mit Wahrscheinlichkeit zu tun.«[4]

Und nicht an »Wahrscheinlichkeit« im Sinne eines
engstirnig aufgefaßten Realismus ist Koeppen gelegen.
Während er im *Treibhaus* für wirkliche Personen einen
geisterhaft wirkenden Hintergrund entworfen hatte,
versucht er in *Tod in Rom*, geisterhaft wirkende Gestalten auf einen wirklichen Hintergrund zu projizieren. Er
reduziert ihre psychologischen Porträts, die weitgehend
durch die deutsche Vergangenheit bedingt sind, auf einige wesentliche Züge und zeigt sie in einer verfrem-

deten Umwelt, wodurch eben diese Charakterzüge mit
beängstigender Deutlichkeit augenscheinlich werden.
Die somit nur in Umrissen sichtbaren Individuen perso-
nifizieren Lebensauffassungen – als Modellfiguren sind
sie gedacht und als Symbole.

Der ehemalige, in Abwesenheit zum Tode verurteilte
SS-General Judejahn, der nun im Auftrag eines arabi-
schen Staates nach Rom kommt, um Waffen einzukau-
fen, ist nicht nur ein Amokläufer des Frevels und ein
Sinnbild des Nationalsozialismus in seiner aggressiv-
sten und primitivsten Form. Der junge Komponist Siegfried Pfaffrath sieht in ihm »die Verkörperung alles
zu Fürchtenden und zu Hassende ... das Symbol des
Zwanges, der Aufmärsche, des Krieges«. Für Koeppen,
der Judejahns lackglänzenden, schwarzen Wagen mit
einem »funkelnden dunklen Sarg« vergleicht, wird der
Waffenaufkäufer zugleich zu einer zeitgenössischen Al-
legorie des Todes – freilich nicht jenes subtilen Bruder
Todes, der die deutschen Dichter von der Romantik bis
zu Thomas Mann fasziniert hat. Denn Judejahn ist »ein
brutaler, ein gemeiner, ein plumper und einfallsloser
Tod«.

Keetenheuve im *Treibhaus* hatte eigentlich keine Gegenspieler: Er und die Bonner Politiker agierten auf so
verschiedenen Ebenen, daß sie sich überhaupt nicht
treffen konnten. Judejahn hingegen wird mit seinem
Schwager Pfaffrath und dessen Sohn konfrontiert. Der
Schwager, »der allzeit vernünftige Vertreter vernünfti-
ger und durchsetzbarer nationaler Ansprüche«, ist jetzt
»Oberbürgermeister und angesehener Bundesbürger«,

gehört aber zu jenen, die Judejahns »Wandern mit dem
Tod gebilligt« hatten. Sein Sohn Dietrich, der Corps-
student, der künftige Beamte, befürchtet zwar, Judejahn könnte seiner Karriere schaden, wäre jedoch »gern
hinter Judejahn marschiert, an aussichtsreicher und
postennaher Stelle natürlich«. Der offenen Amoralität
wird also von Koeppen die getarnte Amoralität ent-
gegengesetzt, dem Verbrechen – der Opportunismus.
Somit ist es nur eine scheinbare Antithese. Die zu Kom-
promissen stets bereiten Bürger Pfaffrath, diese unmittelbaren Nachkommen des Diederich Hessling aus
Heinrich Manns *Untertan* – sie sind nicht die Gegenspieler Judejahns, sondern seine gestrigen Verbünde-
ten und nunmehr seine potentiellen Partner. Wirkliche
Gegenspieler gibt es in diesem Roman aus dem Jahre
1954 überhaupt nicht. Es ist nicht Koeppens Sache, Vorschläge zu machen und Lösungen zu bieten.

Indes begnügt er sich nicht mit der spöttischen Antithese und exemplifiziert zwei weitere Haltungen. Der
reuige Sohn des Generals hat beim Katholizismus Zuflucht gefunden: »Du warst wie ein Hund, der seinen
Herrn verloren hat, und du mußtest dir einen neuen
Herrn suchen.« Der andere, der einen Ausweg aus dem
Labyrinth sucht, der Komponist Siegfried Pfaffrath, der
Abtrünnige, der mit seiner Familie gebrochen hat – das
ist eine neue Version des in allen Romanen Koeppens
auftauchenden Helden, des einsamen, heimatlosen Intellektuellen, der meist als unmittelbarer Sprecher des
Autors fungiert. Seine Klage wird in einem einzigen
Ausruf zusammengefaßt: »Meine Musik ist sinnlos, aber

sie brauchte nicht sinnlos zu sein, wenn ich nur etwas Glauben hätte. Aber woran soll ich glauben?«

Ihm vertraut Koeppen auch jenes Bekenntnis an, auf das seine drei Romane der fünfziger Jahre immer wieder hinauslaufen: »Suche ich wirklich ein Vaterland, oder berufe ich mich nur auf die Menschheit als auf einen Nebel, in den ich verschwinden kann? ... Wenn es ein Vaterland gäbe ohne Geschrei, ohne Fahnen, ohne Aufmärsche, ohne betonte Staatsgewalt, eine gute Verkehrsordnung nur unter Freien, eine freundliche Nachbarschaft, eine kluge Verwaltung, ein Land ohne Zwang, ohne Hochmut gegen den Fremden und den Nächsten, wäre es nicht auch meine Heimat?«

Der *Tod in Rom* beweist zugleich, daß Koeppen die entscheidenden Charakterzüge seiner Helden mit mannigfaltigen Erscheinungen aus der Sexualsphäre zu kennzeichnen und zu symbolisieren vermag. Schon in seinen früheren Romanen war ihm dies bisweilen auf unkonventionelle Weise gelungen.

In den *Tauben im Gras* geht die junge Amerikanerin Kay, die von einem erotischen Erlebnis in Deutschland träumt, mit dem Schriftsteller Philipp in sein Zimmer. Aber wie er nicht mehr schreiben kann, so ist er auch, sobald er mit ihr allein bleibt, »verdorrt« und »erstarrt«: »Er fühlte sich alt und fühlte sein Herz erkalten.« Auch im *Treibhaus* spielt die Impotenz eine gewisse Rolle. Dem politischen Fiasko des Helden entspricht dessen erotische Niederlage: Seine junge Frau wird von einer Lesbierin verführt. Im *Tod in Rom* verdeutlicht Koeppen die Unmenschlichkeit Judejahns mit seiner Sexualität: »Er brauchte eine Frau, um sie zu hassen, er brauchte für seine Hände, für seinen Leib einen anderen Leib, ein anderes Leben, das zu hassen und zu vernichten war, nur wenn man tötete, lebte man ...« Den ehrgeizigen jungen Bürger Dietrich Pfaffrath verlocken die »viel verheißenden Könnerinnen« auf den Straßen Roms. Er rechnet sich jedoch aus, daß eine solche Könnerin ihn mehr kosten würde, als er anlegen möchte, weswegen er sich zu einer billigeren sexuellen Befriedigung entscheidet: Er kauft sich eine pornographische Zeitschrift. Die Onanie wird zum Symbol des Kompromisses. Die Vergangenheit, die auf Siegfried Pfaffrath lastet, wird wiederum durch seine Homosexualität angedeutet: Die Veranlagung des Helden haben seine Jugenderlebnisse in einer nationalsozialistischen Erziehungsanstalt verursacht.

Es ist nicht überraschend, daß diese in jeder Hinsicht kühnen Romane im Deutschland der fünfziger Jahre auf hartnäckigen Widerstand stießen. Bereits gegen *Tauben im Gras* hatte die Kritik ernsthafte Bedenken angemeldet. Aber diesem Buch war noch – zum Unterschied von den weiteren Romanen Koeppens – ein gewisser Erfolg beschieden. *Das Treibhaus*, immerhin ein origineller Vorstoß in den Bereich der gegenwärtigen Politik, wurde unterschätzt, der *Tod in Rom* scheint gänzlich verkannt worden zu sein. Ein Teil der Presse ignorierte das Buch, der Rest sah in ihm lediglich einen gegen Faschismus, Neofaschismus und die Wirtschaftswunderwelt gerichteten politischen Zeitroman, dessen Aggressivität von manchen Rezensenten als höchst überflüssig empfunden wurde. Wenige Jahre später konnte man sich davon überzeugen, daß Koeppens Visionen des nazistischen Erbes und der deutschen Gegenwart keineswegs aus der Luft gegriffen und daß seine Diagnosen nicht eben überspitzt waren.

Die bundesrepublikanische Öffentlichkeit hatte also für Koeppens epische Formulierungen anstößiger Wahrheiten zunächst wenig und später überhaupt kein Verständnis. Keiner der drei Romane wurde zu einem Verkaufserfolg, keiner erhielt einen Preis. Daß derartige Umstände zu einer Krise geführt haben, ist nicht verwunderlich. In *Tod in Rom* wird dem Komponisten Pfaffrath vor der Uraufführung seiner Symphonie gesagt: »Ich glaube, daß Ihre Musik eine Funktion in der Welt hat. Vielleicht wird der Unverstand pfeifen. Lassen Sie sich nie von Ihrem Weg bringen. Versuchen Sie nie, Wünsche zu erfüllen. Enttäuschen Sie den Abonnenten. Aber enttäuschen Sie aus Demut, nicht aus Hochmut!«

Der Romancier Koeppen ließ sich jedoch durch die unmittelbare Reaktion auf seine Bücher von seiner eigentlichen Aufgabe wegdrängen. Reiseberichte, die ursprünglich für den Rundfunk geschrieben waren, wurden zur Ausweichmöglichkeit, zeugten von einem Rückzug ins Unverbindliche – denn es ist ein harmloseres und daher dankbareres Geschäft, seine Eindrücke von Reisen nach Italien oder Spanien oder sogar in die Sowjetunion wiederzugeben, als in Romanen Konflikte der Deutschen hier und heute zu behandeln.

Gewiß verdanken wir dem Band *Nach Rußland und anderswohin* (1957) sowie dem Buch *Amerikafahrt*

(1959) weitere Beweise der schriftstellerischen Kunst Koeppens. Viele farbige Impressionen und geschickte Momentaufnahmen werden geboten. Vor allem fällt der sprachliche Glanz auf. Immer wieder spürt man den Meister pointillistischer Detailmalerei, der wie kein anderer deutsche Proasist unserer Tage Lokalkolorit einzufangen und die Atmosphäre zu vergegenwärtigen imstande ist. So wertvoll auch mehrere dieser Berichte sind, zumal die im ersten Band enthaltenen, so handelt es sich doch offensichtlich um Nebenwerke, die ursprünglich als »Umwege zum Roman« und als »Kulissenbeschreibungen« gedacht waren.[5] Aber aus den gelegentlichen Seitensprüngen des Romanciers war ein Seitenpfad geworden und aus dem Seitenpfad schließlich – wie das Buch *Reisen nach Frankreich* (1961) gezeigt hat – eine Sackgasse.

In *Tod in Rom* sagt der Komponist Pfaffrath: »Aus Angst, aus Verzweiflung, aus bösen Geschichten, aus schrecklichen Träumen schrieb ich Musik, rätselte herum, ich stellte Fragen, eine Antwort wußte ich nicht, eine Antwort hatte ich nicht, eine Antwort konnte ich nicht geben.« Mit diesen Worten werden auch Koeppens Romane der fünfziger Jahre gekennzeichnet. Es sind nicht Antworten, sondern Fragen eines Moralisten, Aussagen eines Zeugen, Beschwörungen eines alarmierten Zeitgenossen. In den besten Abschnitten seiner Bücher wird die Synthese von Ekstase und Sachlichkeit verwirklicht. Er ist ein sinnlicher Träumer und zugleich ein kühler Beobachter, ein leidenschaftlicher elementarer Erzähler – und doch ein exakt berechnender Architekt von Kunstwerken in Prosa. Er liebt es, auf den Leser mächtige Wortkaskaden wirken zu lassen. Aber er geht mit der Sprache sparsam und vorsichtig um.

Nicht nur bei Joyce und Faulkner ist er in die Schule gegangen, sondern auch bei den großen Realisten des 19. Jahrhunderts, den Franzosen zumal. An sie erinnert bisweilen nicht die Technik seiner Romane, wohl aber seine Sicht, sein Blick auf die Menschen unserer Zeit. Opportunisten und Zyniker, Geschäftemacher und Dirnen, Schauspieler und Soldaten, Spießbürger und Verbrecher bevölkern sein »verdammtes Schlachtfeld«. Seine eigentlichen Helden sind jedoch Künstler: der Schriftsteller Philipp, der Politiker Keetenheuve, der ein verkappter Poet ist, der Komponist Pfaffrath. Zu schwach, um etwas zu erreichen, sind sie stark genug, um sich der Gesellschaft und der Mode nicht zu unterwerfen: Sie wollen wenigstens ihre geistige Unabhängigkeit bewahren.

Wie gegen diesen Schriftsteller der Vorwurf des Zynismus erhoben werden konnte, ist unverständlich: Wolfgang Koeppens Protest entspringt der Liebe zum Leben.

1963

KRÜMEL VON SEINEM TISCH

Wurde in letzter Zeit über Wolfgang Koeppen geschrieben, so meist in einem hochdramatischen, wenn nicht alarmierenden Tonfall *Im Übergang zum Untergang – Über das Schweigen Wolfgang Koeppens* war ein 1972 in den *Akzenten* gedruckter Beitrag betitelt.[1] Und eine Tageszeitung versah ihr »Gespräch mit Wolfgang Koeppen über sein Schweigen« mit der doch etwas kühnen Schlagzeile: *Viel schlimmer bin ich dran als Hiob.* Kein Artikel über Koeppen ohne die Vokabeln »Melancholie« und »Resignation« und, natürlich, »Schweigen«.

Das ist ja auch sehr ernst. Nur habe ich den Eindruck, daß Koeppens vielzitiertes Schweigen für die literarische Öffentlichkeit der Bundesrepublik jetzt attraktiver geworden ist, als es je sein Schreiben war. Über eine Produktionspause oder eine Krise im Leben eines bedeutenden Schriftstellers läßt sich freilich gemütlicher und leichter meditieren als über seine eigentliche Produktion. Der Koeppen-Mythos, den es mittlerweile gibt, zeichnet sich überdies durch allerlei Vorwürfe und Anklagen aus, deren Adresse nicht ganz klar ist. Einerseits scheint es, als wolle man die Gesellschaft oder die Bundesrepublik oder den kapitalistischen Kulturbetrieb dafür verantwortlich machen, daß der Siebenundsechzigjährige seit einiger Zeit keine Bücher mehr publiziert. Andererseits verübelt man offenbar Koeppen, daß er sein Soll nicht erfüllt.

Er selber ist, wie man sich denken kann, an diesem Mythos ein wenig mitschuldig. Jahrelang kündigte er ein umfangreiches episches Werk an, das vornehmlich die Epoche der Weimarer Republik behandeln soll und aus dem auch einige Abschnitte schon veröffentlicht wurden. Dann ließ Koeppen wissen, er habe dieses große Vorhaben zugunsten eines weit kleineren, eines in den U.S.A. spielenden Romans *Maskenball* (mit dem aus seinem *Treibhaus* bekannten Politiker Keetenheuve im Mittelpunkt) zurückgestellt. Indes sind beide Romane, von denen man nun seit bald zehn Jahren hört, nie erschienen. Der 1961 publizierte Band *Reisen nach Frankreich* ist Koeppens bisher letztes Buch.

Unter diesen Umständen mag eine gewisse Gereiztheit unserer ohnehin zur Ungeduld neigenden literarischen Welt fast begreiflich sein; und daß bei jedem guten Schriftsteller, zumal bei einem Autor wie Koeppen, eine längere Pause etwas Beunruhigendes und Dramatisches an sich hat, ist eine Trivialität. Aber man sollte es doch endlich unterlassen, ihn immer wieder mit jenen Fragen zu bedrängen, deren Beantwortung in der Regel nichts ergibt. Gewiß, der Prozeß der Entstehung eines Kunstwerks sollte nicht mystifiziert werden; nur muß man sich damit abfinden, daß er – leider und glücklicherweise – rational nie ganz erfaßbar ist. Daher kann kein Schriftsteller überzeugend erklären, warum es ihm trotz vielfacher Bemühungen nicht gelingt, zu schreiben, was er schreiben möchte.

Vielleicht sollte man sich, statt Schuldige zu suchen, überlegen, ob Koeppens konsequente Zurückhaltung nicht eher Respekt abnötigt. Denn es scheint doch offensichtlich, daß er – anders als mancher seiner Generationsgenossen – uns Unfertiges oder Mißratenes ersparen will. Sollte man ihm dafür nicht dankbar sein?

Mit dem Druck der literarischen Öffentlichkeit mag es auch zusammenhängen, daß jetzt ein kleiner Band verlegt wurde[2], der allerdings dieses Koeppensche »Schweigen« eher bestätigt als unterbricht. Es handelt sich um eine Sammlung von elf kurzen Prosastücken aus einem Zeitraum von fünfunddreißig Jahren. Meist sind es, reden wir offen, ziemlich schwache Stücke: flüchtige oder nebensächliche Gelegenheitsarbeiten oder auch Skizzen und Episoden, die wohl für Koeppens Bücher bestimmt waren, doch in die endgültigen Fassungen nicht aufgenommen wurden. Nur Krümel also und kein Brot.

Aber dies wäre noch kein Einwand gegen das Taschenbuch *Romanisches Café*. Von einem Autor, der den Roman *Tauben im Gras* (1951) geschrieben hat – ich zähle ihn nach wie vor zu den Höhepunkten der deutschen Literatur seit 1945 –, sind auch Marginalien, zumindest für die Freunde seiner Prosa, bedenkenswert. Gerade was ihm mißglückt ist oder was er, aus welchen Gründen auch immer, einst verworfen hat, kann für einen gewissen Leserkreis besonders aufschlußreich sein. So jedoch, wie dieses Buch verlegt wurde, ist es eher überflüssig und zum Teil sogar schädlich.

Eine knappe Notiz unterrichtet uns: »*Für den Autor sind diese Texte gegenwärtige Prosa. Er verzichtet auf die Angabe von Entstehungsdaten der verstreuten Veröffent-*

lichungen. Der früheste Text stammt von 1936, der jüngste von 1971.« Die Folgen dieser leichtsinnigen Entscheidung sind einigermaßen verheerend.

Da gibt es eine Geschichte *Der Sarkophag der Phädra*: Die Sache spielt im smarten und schicken Rennfahrermilieu, enthält aber zugleich eine Fülle mythologischer Verweise und Anspielungen. Der Rhythmus der Koeppenschen Diktion ist unverkennbar, streckenweise geht von dieser Prosa, wie es ihrem Gegenstand angemessen scheint, etwas Dynamisches aus. Manche Passagen hingegen nähern sich einer boshaften Koeppen-Parodie. Ein sonderbarer und disparater, vermutlich rasch verfaßter Text.

Das widerspruchsvolle Stück wirkt weniger mysteriös, wenn man den Hintergrund kennt: Die Arbeit wurde 1950 für eine Illustrierte geschrieben. Koeppen wollte ihre Leser reell bedienen und zugleich seine schriftstellerische Eigenart retten und gute Prosa liefern. Natürlich konnte ein solches Experiment nicht gelingen. Meine Informationen hierüber verdanke ich nicht etwa einer düsteren und dubiosen Quelle, sondern dem 1968 (ebenfalls bei Suhrkamp) erschienenen Sammelband *Aus aufgegebenen Werken*, in dem die Geschichte bereits zu finden war. Entstehungsdatum und Begleitumstände dieses kuriosen Produkts bleiben jetzt unerwähnt, richtiger: Sie werden verheimlicht. Denn Koeppen offeriert es ja als »gegenwärtige Prosa« – und schadet so seinem Ruf.

Eine andere Arbeit des Bandes *(Verlobung im alten Salon)* konnte man in den fünfziger Jahren in einer

Anthologie lesen,[3] schon damals mußte man sich, ge-
linde gesagt, wundern. In der Episode, die aus einer
erheblich früheren Periode stammen dürfte, erinnert
nichts an Koeppens Stil und Rang. Vielleicht war dieses
süßliche, sentimentale Stück gleichfalls für eine Illustrierte (aber wohl eher der dreißiger Jahre) verfertigt?
Daß Koeppen derartiges tatsächlich als seine »gegenwärtige Prosa« verstanden wissen will, läßt sich kaum
glauben.

Kurzum: Diese Sammlung ist nicht einmal für die
passionierten Freunde Koeppens nützlich, weil sie eben
jene Auskünfte verweigert, die den Abdruck der meisten
Stücke erst rechtfertigen könnten. Als Trost bleibt, daß
hier neben der lapidaren, zu Recht berühmten Vision
des einstigen Romanischen Cafés in Berlin noch zwei
weitere Stücke authentischer Koeppen-Prosa offeriert
werden. In der autobiographischen Skizze *In meiner
Stadt war ich allein* geht die persönliche Erinnerung in
eine Geschichte über, der konkrete Bericht verwandelt
sich fast unmerklich in eine emphatische Dichtung,
doch diese Dichtung verliert nicht die Sachlichkeit und
Präzision eines nüchternen Berichts.

Zum ersten Mal in Rotterdam, das andere bemerkens-
werte Stück, wird wohl Mitte der fünfziger Jahre entstanden sein, damals also, als sich der erfolglose Romancier Koeppen der Reiseschilderung zugewandt
hatte, ohne auf das Epische verzichten zu wollen. Der
kurze Text enthält denn auch die Geschichte eines Mannes ebenso wie die (überaus anschauliche) Beschreibung einer Stadt – und hier wie da dominiert, was die

besten Bücher Koeppens auszeichnet: poetische Gesell-
schaftskritik aus der Sicht eines unruhigen und gleichwohl genau beobachtenden, eines sensiblen und virtuos
formulierenden Außenseiters.

Sollte sich nicht die Wissenschaft seines Werks endlich annehmen? Worauf wartet eigentlich die Germani-
stik? Übrigens wurde ein Anfang schon gemacht und
ein sehr beachtlicher, aber bezeichnenderweise nicht
hierzulande: Dietrich Erlachs von der Universität Uppsala soeben als Dissertation angenommene Untersuchung[4] behandelt zwar Koeppens Gesamtwerk, doch
vor allem (und sehr zu Recht) seine Romantrilogie aus
den fünfziger Jahren. Erlach akzentuiert stark die
gesellschaftlichen und politischen Bezüge, weiß aber
auch über formale Aspekte und literarhistorische Zu-
sammenhänge Aufschlußreiches zu sagen.

Interessant, daß Erlach in seiner Analyse immer wieder auf die Koeppen-Rezeption in der Bundesrepublik
eingeht – und dies bei aller wissenschaftlicher Kühle
nicht ohne Engagement und keineswegs unpolemisch.
So bietet dieses Buch, fast unbeabsichtigt, auch einen
Beitrag zur Geschichte der deutschen Literaturkritik
nach 1945.

1973

WAHRHEIT, WEIL DICHTUNG

Die Frage, wozu wir die Dichtung brauchen, wird mit
Vorliebe dann gestellt, wenn wir nicht ganz sicher sind,
ob wir eine zeitgenössische Literatur überhaupt noch
haben. Daher scheint diese unbequeme Frage bei uns
seit mindestens zehn Jahren dringlicher denn je. Aber
sie ist uralt, vermutlich kaum jünger als die Literatur
selber. Gleichwohl muß diese Frage stets wiederholt
werden, sie darf schon deshalb nie in Vergessenheit geraten, weil der Zweifel an der Nützlichkeit, ja sogar an
der Notwendigkeit der Literatur ihr nie geschadet und
häufig geholfen hat. Diesem Ast bekommt es gut, wenn
man an ihm sägt: Die Diskussion um den Sinn und den
Zweck der Literatur trägt oft zu einem Klima bei, das
die Entstehung neuer literarischer Werke anregt und
begünstigt.

Dabei ist offenbar belanglos, daß diese Diskussion
noch nie zu einem rechten Ergebnis geführt hat. Denn
die Frage, um die es hier geht, läßt eine abschließende
Antwort gar nicht zu. Die Kunst ist engagiert und
zwecklos zugleich. Sie ist nicht mehr als ein Spaß (freilich ein erhabener) und ein Spiel, dem es allerdings
am tiefsten Ernst nicht mangelt. Und sie ist nicht weniger als ein Zeichen des Strebens nach Vollendung und
der höchste Ausdruck aller menschlichen Bemühungen.
Jener Poet, der vor Jahrtausenden kühn und, wie wir
längst wissen, nicht zu Unrecht erklärte, er habe ein

Monument errichtet, das dauerhafter sei als Erz, deutete den geheimsten Wunsch aller Künstler an: Nicht die Welt zu verändern (obwohl dies ein Vergnügen ist, auf das man so schnell nicht verzichtet), sondern zu schaffen, was bleibt.

Damit mag es zusammenhängen, daß die beunruhigende Frage nach der Daseinsberechtigung der Literatur nie die Kritik, die Wissenschaft, die Theorie beantworten kann. Denn alle Argumente jener, die sich der Verteidigung der guten Sache annehmen, sind vergeblich, wo dem literarischen Text, und sei er noch so gescheit und weise, die Kraft und die Aura der Kunst fehlen. Und alle Fragen und alle Zweifel werden gegenstandslos angesichts der authentischen Poesie. Anders ausgedrückt: Die Antwort, was und wozu Literatur denn sei, kann immer nur von der Literatur kommen, sie verteidigt sich am wirkungsvollsten durch sich selbst. So kann ein einziges kleines Buch genügen, um die Frage nach dem Nutzen, den wir hier und heute von der Literatur haben, gleichsam vom Tisch zu fegen. Ein solches Buch ist Wolfgang Koeppens *Jugend*.[1]

Einordnen läßt sich dieses Prosawerk kaum. Es ist weder ein Bericht noch eine Chronik, weder eine Skizze noch eine Erzählung. Auch bietet es weder ein Selbstporträt noch eine Autobiographie. Nur eine Dichtung ist es und nicht mehr als ein Fragment. Doch sind damit bereits die beiden wichtigsten Elemente der *Jugend* bezeichnet: das Poetische, das auf jeder Seite dieser Prosa spürbar ist, und das Bruchstückhafte, hinter dem sich ein ästhetisches Programm verbirgt. Koeppens Buch ist nicht Dichtung und Wahrheit, sondern Wahrheit weil Dichtung. Und es ist auf seine Weise vollendet, nicht obwohl, sondern weil es als Fragment konzipiert war und es glücklicherweise auch geblieben ist.

Dieser Rückblick auf eine Jugend täuscht keine formale Ganzheit vor: Er hat weder einen Anfang noch ein Ende, er ist offen. Und wie in jedem Fragment, das als solches beabsichtigt war, deutet die offene Form jenes Suchen an, das sich nie erfolgreich beenden läßt: Die Form signalisiert die Unmöglichkeit, eine Lösung zu finden. Wenn Koeppen in einem vor bald drei Jahren geführten, doch erst unlängst publizierten Gespräch das »Geheimnis des Fragments« erwähnt[2], so ist damit letztlich wohl nichts anderes gemeint als die Unendlichkeit des Stoffes, auf die jedes Fragment wie von selbst verweist, nämlich schon dank seiner Existenz.

Im selben Gespräch beruft sich Koeppen auf Novalis, in dessen Notizen und Aufzeichnungen er eine »innere Autobiographie« sieht. In der Tat ist das Buch *Jugend* in weit höherem Maße als die vorangegangenen Werke Koeppens der deutschen Romantik verpflichtet. Hierbei geht es weniger um Vorbilder als vor allem um das Lebensgefühl, das diese Prosa auf ebenso diskrete wie unverkennbare Weise formuliert. Romantisch ist Koeppens souveräner Individualismus, den der Zeitgeist nie zu beeinträchtigen vermochte, romantisch ist sein herausfordernder und gleichwohl demütiger Subjektivismus, romantisch ist die paradoxe Verbindung von Weltflucht und Lebenshunger: Er möchte der Welt den Rücken kehren und sie dennoch genießen. Und was er ablehnt oder doch anzweifelt, muß er auch bewundern, was ihn schaudern läßt, fasziniert ihn zugleich. Das Land der Jugend mit der Seele suchend, findet er den Schatten des Todes; die Bettlaken, die seine Mutter ausbessert, vergleicht er mit Leichentüchern; die graue See scheint ihm »eine unendliche Grabplatte«, die Orte seiner Zuflucht sind Friedhöfe.

Romantisch schließlich ist Koeppens, des Schwermütigen und Hoffnungslosen, stille und dunkle Ahnung von der großen Vergeblichkeit. Die Engel, die jene erlösen können, die immer strebend sich bemühen, kennt Koeppen nicht. Seine Engel sind Todesboten. Wenn in diesem Buch von Fahnen die Rede ist, dann sind es die weißen Fahnen der Niederlage und die schwarzen Fahnen der Anarchie. Es gibt keinen Sieg, es kann keinen geben. Denn: »Wir sind von Anbeginn verurteilt.«

Aber Koeppen hat kein philosophisches Buch geschrieben. Seine Wahrheit geht vom Konkreten aus und bewährt sich am Konkreten, seine Dichtung lebt vom Sinnlichen. Was hier metaphysisch gemeint sein mag, ist zugleich gegenständlich und anschaulich. Und das Gegenständliche und Anschauliche verweist immer auch auf eine andere Ebene, es hat noch einen zweiten Sinn, einen doppelten Boden: In seiner Prosa gewinnen die Realien die Qualität poetischer Symbole, und die poetischen Symbole haben die Gegenwärtigkeit der greifbaren Realität. Mit anderen Worten: Was immer Koeppen erzählt, es gerät im, ob er es will oder nicht, zum Gleichnis.

Indes: ein Gleichnis wovon und wofür? Müßte man

den Inhalt des Buches mit wenigen Worten wiedergeben, dann könnte man vielleicht sagen, in ihm gehe es um die Einsamkeit des Individuums innerhalb der Gesellschaft und um das Los des Außenseiters, der sich weder einfügen noch anpassen will, der sich vielmehr der überkommenen moralischen Ordnung mit ihren längst ausgehöhlten Regeln, Geboten und Konventionen auf seine Weise, halb rebellierend und halb fliehend, zu entziehen versucht, und dies, ließe sich hinzufügen, vor dem Hintergrund einer norddeutschen Universitätsstadt in der Zeit etwa von 1913 bis 1925.

Doch was eine solche dürre Wiedergabe suggeriert, bietet das Buch *Jugend* gerade nicht: Koeppen verzichtet auf eine zusammenhängende Geschichte. Er mißtraut der Fabel, die dem Romancier zwar die übersichtliche Präsentation des Stoffes erleichtert, ihn aber gleichzeitig zu einer vereinfachenden oder gar verfälschenden Darstellung verführen kann. Die traditionelle Fabel empfindet Koeppen inzwischen, so scheint es, als eine Art Korsett, in das sich das Leben nicht zwängen läßt, oder vielleicht auch als ein Hilfsmittel, eine Krücke, deren er nicht mehr bedarf. Jedenfalls ist sein Buch ein Fragment aus Fragmenten. Daß es gleichwohl ein Ganzes ist, verdankt es seinem Stil, was auf die Sprache dieser Prosa ebenso abzielt wie auf ihre (fast makellos durchgehaltene) Stimmung. Eine derartige Unterscheidung ist eigentlich schon unzulässig. Denn Diktion und Atmosphäre bedingen und erzeugen sich hier gegenseitig, Sprache und Stimmung bilden bei Koeppen eine unzertrennliche Einheit.

»Ich glaubte damals, aufzuwachen«, heißt es in dem Buch *Jugend*, »aber die Wahrheit ist wohl, daß mein Schlaf sich in einem Traum verlor. Ich sah mich in diesem Traum agieren...« Der Koeppen der siebziger Jahre ist, um ein berühmtes Wort von Friedrich Schlegel abzuwandeln [3], ein rückwärts gekehrter Träumer. Die einzelnen Fragmente sind Wachträume voller Realität und doch immer auch an der Grenze der Realität. Und wie in einem Traum ist die Welt, die Koeppens Dichtung beschwört, in weite Ferne gerückt und trotzdem scharf und genau sichtbar. Ein Anhänger der in der deutschen Literatur allzu beliebten Dämmerung war Koeppen nie: Das Licht, in das er die Figuren und Vorhänge in dem Buch *Jugend* taucht, ist hell und überhell und bisweilen auch unbarmherzig.

Nur wenn er von seiner Mutter spricht, dämpft und mildert Koeppen das Licht. Die Linien verfließen, und das Porträt wird, was es sein soll: verschwiegen und doch vielsagend, sehr zart und überhaupt nicht sentimental. Der Mutter ist der erste Satz des Buches gewidmet ebenso wie der letzte. In ihrer lediglich in vagen Umrissen erkennbaren Geschichte paraphrasiert Koeppen das im Mittelpunkt des Fragments *Jugend* stehende Außenseitermotiv, ihr Schicksal dient, wenn der technisch anmutende Ausdruck erlaubt ist, als Folie, die den späteren Weg des Sohnes in die Isolation verständlich macht: Er ist das Kind »eines in die Luft Gestiegenen, in Wolken Entschwundenen«, und die junge Mutter, »gebrandmarkt auf dem Altar der hämischen Göttin Sitte, untertan der einsichtslosen gebärsüchtigen Natur«, begreift sofort, was ihr in der wilhelminischen Kleinstadt bevorsteht:

»Der Schrei in ihr wurde nicht laut, sie unterdrückte ihn, er erstickte sie, denn ihr war gewiß, daß sie nun werde flüstern müssen ihr Leben lang, sie faßte es nicht, ertrug es nicht, daß dies ihr Leben war, sie wehrte sich, sie schlug sich, aber es war nicht abzuschütteln, dies, was ihr auferlegt war, das Entsetzen, das in ihr war, in ihrem Leib wuchs und mit ihr ging und bei ihr blieb und bleiben würde, und überall in der Stadt, auf jeder Straße, hinter jedem Fenster, in allen Stuben waren Augen, die sie maßen, Finger, die auf sie wiesen, Münder, die sie höhnten.«

Die Bitterkeit der Mutter schlägt beim Sohn in Aggressivität um, der Schmerz in Empörung, die Leiden in Wut und Haß. Der Junge will nicht mitmachen, er sieht »in allen möglichen Daseinsformen nur Verkleidungen«, und jede scheint ihm verwerflich: »Ich hatte mir nichts vorgenommen, nicht einmal die Ziellosigkeit; nur steuerte ich beharrlich von den anderen fort, und das war es, worauf es mir ankam.« Und: »Ich ging absichtlich gebeugt. Ich wünschte mir eine Buckel. Ich wollte ausgestoßen sein.«

Aus der Sicht eines Ausgestoßenen, einer Sicht, die Nähe und Distanz zu verbinden weiß, schildert Koeppen eine Welt, in der »die Ordnung streng und die Sitte auf eine wiederum von der Sitte gebilligte Weise gefährdet ist«. Er skizziert, oft nur mit wenigen Sätzen, die Orte, die für diese Welt (vor dem Krieg, während des Krieges und auch noch später) charakteristisch sind: einen Her-

rensitz, den Kasernenhof, ein anrüchiges Lokal, eine
militärische Erziehungsanstalt, eine Theatergarderobe,
Läden und Kinos, Straßen und Plätze, er beschreibt eine
Beerdigung und eine Theaterprobe, einen deutschen
Professor und einen deutschen Richter. Und immer wieder wird an die drei außerhalb der Stadt gelegenen In-
stitutionen erinnert: an das Gefängnis, die Irrenanstalt
und den Friedhof. Das Buch zeigt auch – in prägnant-
eindringlichen Abschnitten – die Faszination, die auf
die junge Generation der frühen zwanziger Jahre die
neuen Parolen ausgeübt hat: der Schrei des Expressionismus und die Visionen des Kommunismus.

Koeppen hat sein ganzes Werk als den »Versuch eines
Monologs gegen die Welt« bezeichnet. Das gilt erst recht
für das Fragment *Jugend*. Aber es läßt auch, ähnlich wie
alle vorangegangenen Bücher dieses großen Schriftstellers, die Antinomie als Grundzug seines Wesens erkennen: Diese bittere Elegie ist insgeheim auch ein Plädoyer für die Schönheit des Lebens, die verzweifelte
Klage geht unmerklich in eine verzückte Hymne über,
im empörten Protest gegen die Ungerechtigkeit verbirgt
sich ein leidenschaftliches Preislied auf den Reiz des
Daseins. Der Monolog gegen die Welt ist schließlich
doch ein Monolog für die Welt.

In dem Buch *Jugend* wird einmal beiläufig der »drän-
gende Atem der Liebenden unter dem Gebüsch in den
Ruderbooten des Sommers« erwähnt. Mit dieser Wendung könnte man vielleicht auch andeuten, was Koeppens heftige, rhythmische Sätze, seine fortreißenden
Wortkaskaden auszeichnet: Sie lassen den »drängenden

Atem der Liebenden« spüren. Dies ist erotische Prosa in des Begriffes tiefster Bedeutung. Mit Koeppens vollendetem Fragment *Jugend* hat die (leider nicht zu Unrecht) vielgeschmähte deutsche Gegenwartsliteratur einen überraschenden Höhepunkt erreicht. Ein neuer Maßstab ist gesetzt – für die Dichter ebenso wie für uns, die Kritiker.

»Ich nehme es für mich als ganz selbstverständlich hin«, sagte Koeppen in dem vorher zitierten Gespräch, »daß ich einen Publikumserfolg im Sinne eines Bestsellers niemals haben werde.«[4] Das trifft leider zu. Aber das muß nicht so bleiben. Das hängt von den deutschen Lesern ab und auch von den Buchhändlern. In ihrer Macht ist es, Wolfgang Koeppens Befund zu widerlegen.

1976

GEMEIN MIT JEDERMANNS ANGST

In Wolfgang Koeppens Aufsätzen über Literatur finden sich weder Untersuchungen noch Analysen. Sie enthalten auch keine Plädoyers oder gar Richtsprüche. Ein Wissenschaftler, ein Literarhistoriker ist Koeppen nicht. Und der Ehrgeiz, als Kunstrichter zu fungieren, war ihm immer fremd.

Gewiß, er hat im Laufe der Jahre und Jahrzehnte Hunderte von Rezensionen und Interpretationen von Essays und Porträts verfaßt. Doch für das Geschäft dessen, der sichten, ordnen und werten muß, der zu polemisieren und zu postulieren hat, mochte er sich nie erwärmen. So kann er auch schwerlich als Kritiker gelten.

»Nur ein Gelehrter« sei er, erklärte dereinst Emile Zola. Ähnlich könnte Koeppen sagen: »Ich bin nur ein Berichterstatter.« Denn seine Arbeiten über Bücher und Schriftsteller sind zunächst und vor allem Mitteilungen und Rapporte eines Lesers, Aussagen eines Zeugen, Rechenschaftsberichte eines Beobachters und schließlich Bekenntnisse eines Verliebten. Allerdings ist er ein ungewöhnlich neugieriger, ein geradezu passionierter Leser, ein zwar nüchterner, doch immer wieder verwunderter Zeuge, ein ebenso scharfsinniger wie zärtlicher Beobachter, ein Verliebter, den die Liebe nicht blind macht.

Ihre Entstehung verdanken diese Aufsätze stets äußeren Anlässen. Es sind Jubiläumsartikel und Rezensio-

nen von Neuerscheinungen, Einleitungen oder Nach-
worte, Reden und aktuelle Kommentare, es sind immer
– das gilt auch für die Gedichtinterpretationen – typische Auftragsarbeiten. Doch waren Redakteure, Verleger oder Rundfunkleute, die Koeppen mit Bitten um
Manuskripte bedrängten, immer nur dann erfolgreich,
wenn sie ihm Themen und Aufgaben vorschlugen, an
denen er ohnehin interessiert war.

Daran hat sich bis heute nichts geändert: Koeppen
gleicht dem Weisen, von dem es in Brechts *Legende von
der Entstehung des Buches Taoteking* heißt, daß man
ihm seine Weisheit erst entreißen müsse – auch Koeppen braucht den Zöllner, der »sie ihm abverlangt«. Denn
dieser Autor, der seit bald einem halben Jahrhundert
den Beruf eines freien Schriftstellers ausübt, dessen
Romane aus den fünfziger Jahren längst zu den wichtigsten Dokumenten der deutschen Epik nach 1945 gehören, schreibt, so will es scheinen, nur wenn er muß,
jedenfalls aber sehr ungern.

Er ist ein professioneller Literat, der das literarische
Leben konsequent meidet und der sich immer den Einflüssen des literarischen Betriebs zu entziehen weiß.
Ein routinierter Schreiber war er nie und ist es auch
heute nicht: Die Artikel noch des siebzigjährigen Koeppen lassen neben einer umfassenden und vielseitigen
Bildung sein temperamentvolles, sein bisweilen jugend-
lich anmutendes Engagement erkennen. Sie zeugen von
jener enthusiastischen Dankbarkeit, ohne die man sich
mit der Dichtung auf die Dauer nicht befassen kann.
Aus ihnen spricht immer wieder jene offenbar unver-

wüstliche Lust an der Verehrung, die manch einem etwas naiv vorkommen mag und die dennoch alle charakterisiert, die im Zeichen der Poesie leben und deren Heimat – mitunter haben sie keine andere – die Literatur ist.

Mit Koeppens Bedürfnis zu bewundern mag es auch zusammenhängen, daß ihm in seinen Arbeiten über Schriftsteller und ihre Werke in der Regel nicht an der Diskussion gelegen ist und nicht an der polemischen Auseinandersetzung. Anderes hat er im Sinn: Er will literarische Gegenstände sichtbar und spürbar und ihre Urheber verständlich machen. Ohne Umschweife und ohne sich viel um Theorie zu kümmern, liefert Koeppen seinen Lesern Auskünfte und Impressionen, Zitate und Reflexionen, Beispiele und Erinnerungen, Momentaufnahmen und Schilderungen. Eine Methode läßt sich dabei nicht ausmachen, es ist stets eine ungezwungene Folge, ein lockeres Geflecht. Aber von Willkür oder Zufall kann ebensowenig die Rede sein. Denn früher oder später zeigt sich, daß alle diese Elemente als Mosaiksteine dienen: Sie fügen sich – bisweilen fast unmerklich – zu einem Ganzen zusammen.

Flauberts *Reisetagebuch aus Ägypten* verdanke seinen Reiz – schreibt Koeppen – dem »Unmittelbaren«. Dieses sei jedoch »nicht nur die Wirklichkeit, die sich der Reporter heimbringt, sondern die Wahrheit, die sich einem Empfindsamen einprägt«[1]. Das gilt für ihn selber. Ähnlich wie in seinen berühmten Reisebüchern bietet er auch in seinen Aufsätzen über die Literatur beides in einem: Er referiert die überprüfbaren Fakten, er wird der dem Berichterstatter zugänglichen Realität gerecht; und er ist bemüht, in jene Bereiche vorzustoßen, die sich nur dem Empfindsamen offenbaren, dem Erzähler, dem Dichter. Mit anderen Worten: Diese Arbeiten sind belehrende sachliche Rapporte und zugleich suggestive Visionen.

So ist Koeppens Literaturbetrachtung frei vom Staub der Archive und Bibliotheken. Sie strotzt vielmehr – nicht anders als seine Epik – von Licht und Farbe, von Tönen und Klängen, von Formen und Gestalten, sie atmet das Aroma des Lebens. Auch der Essayist Koeppen bewährt sich als ein Meister der sinnlichen Vergegenwärtigung: Was er über die Literatur zu sagen hat, ist ebenso konkret wie anschaulich.

Diese eminente Anschaulichkeit der Darstellung trägt dazu bei, daß die Einsamen und Einzelgänger, deren Konturen der einsame Einzelgänger Wolfgang Koeppen nachzeichnet, niemals als isolierte, von ihrer Umwelt gleichsam unabhängige Individuen erscheinen. Im Gegenteil: Ob Chamisso oder Shelley, Hesse oder Hemingway, Wilde oder Walser – wir sehen sie vor einem meist nur mit wenigen Strichen skizzierten und dennoch deutlichen historischen, gesellschaftlichen und kulturgeschichtlichen Hintergrund. Und immer wieder zeigt Koeppen, daß jene, die – wie Kleist oder Karl Kraus, wie Henry Miller oder die Dichter des deutschen Expressionismus – direkt oder indirekt gegen die Verhältnisse in ihrer Zeit rebellierten, gleichwohl typische Geschöpfe ebendieser Zeit waren. Und selbst wenn er von einem Schriftsteller erzählt, der, wie Grimmelshausen, vor

Jahrhunderten gelebt hat, machen seine Sätze den Pulsschlag der Epoche vernehmbar – der unsrigen und jener
Grimmelshausens.

Immer gilt seine Liebe den Nichtdazugehörenden,
die sich überall fremd fühlen, den Nonkonformisten,
die ihren Platz nicht finden können und meist auch
nicht finden wollen, den frommen Sündern und den ge-
fallenen Engeln, den Siegern, die leer ausgehen und
unglücklich bleiben, und den Besiegten, deren Werk
schließlich doch triumphiert, wenn auch oft erst nach
ihrem Tod.

Ein Schriftsteller schreibt hier über Schriftsteller.
Über seine Kollegen also, über Seinesgleichen? Unange-
messene Vertraulichkeit läßt sich Koeppen nie zuschul-
den kommen. Er, der sich über seine Zeitgenossen nur
dann äußern will, wenn er ihre Leistungen anerkennen
kann, vergißt den Abstand nie, der ihn von den Großen
der Vergangenheit trennt. Aber seine Porträts verbinden
den höchsten Respekt mit einer Intimität, die außergewöhnlich ist und sich doch nie der Indiskretion nähert.
Denn Koeppen kennt die Qualen jener, die schreibend
die Welt erkunden und durchdringen und bisweilen sogar erobern wollen und die gleichwohl, selbst wenn
ihnen Erfolge vergönnt sind, Außenseiter bleiben.

Er, den immer schon die Grenzbezirke, die Abgründe
des Daseins faszinierten, hat eine Schwäche für alle, die
dem Sog dieser Abgründe nicht widerstehen können.
Doch ist es nicht ein barmherziger Chronist, der da
von ihren Leiden berichtet, sondern ein mit-leidender
Ästhet. Ob Balzac oder Lautréamont, Oscar Wilde oder

Jack London, Döblin oder Babel – er sieht die Schriftsteller als Opfer: des Alkohols und des Rauschgifts, der
Liebe und der Phantasie, des Geschäfts und der Gesellschaft. In ihnen, den Sorgenkindern des Lebens, die er
auch für dessen Sündenböcke hält, erkennt Koeppen
seine Brüder, ihnen, den meist Untüchtigen, wenn auch
Genialischen, fühlt er sich verwandt und verpflichtet.
Über Chamisso, einen dieser Zerrissenen, schreibt er:
»Es war ein Angsttraum, in dem er lebte, fatal und
schön, im Gefühl, ausgestoßen und zugleich erwählt zu
sein.«[2] Koeppen feiert die Elite der Ausgestoßenen.

Woran scheitern sie eigentlich, die Verstrickten und
Verzweifelten, die Gestrauchelten und Gestürzten?
»Shelley war nichts – nur ein Dichter.« Und: »Was
Shelley bürgerlich oder aristokratisch scheitern ließ,
war Poesie.«[3] Einen seiner unheroischen Romanhel-
den nannte Koeppen »einen Amokläufer der Liebe«. Die
Helden seines Buches über die Literatur sind Amokläu-
fer der Poesie – wie Kleist und Kafka, wie Flaubert und
Marcel Proust.

Oft ist hier die Rede von der Flucht aus dem Leben in
die Dichtung. Sollten auch diese Essays Zeugnisse einer
fortwährenden Flucht sein? Bisweilen mag man den
Eindruck haben, ihr Autor kehre dem Leben den Rük-
ken und suche immer aufs Neue bei der Literatur Asyl.
Dies aber trifft schon deshalb nicht zu, weil es für Koeppen eine derartige Zweiteilung nie gegeben hat: Für ihn
war und ist die Dichtung ein Bestandteil des Lebens.

Seine Aufsätze weisen über ihre Gegenstände hinaus: Wenn er über Bücher und ihre Autoren schreibt,

schreibt er über ungleich mehr als über die Literatur. Indem er von schwierigen Kämpfen, von häufigen Niederlagen und seltenen Siegen spricht, empört er sich gegen die Herzensträgkeit der Menschen. Sie, die elenden Skribenten, stehen hier für alle, die sich mit der Welt, wie sie ist, nicht abfinden können.

1981

DER DICHTER DER
AGGRESSIVEN RESIGNATION

Wenn gewisse Äußerungen hervorragender Schriftsteller oder Philosophen von Generation zu Generation weitergereicht und immer wieder zitiert werden, so hat das in der Regel seine guten Gründe: Nicht aus Bequemlichkeit beruft man sich auf dieselben Formulierungen, sondern weil es – zumindest in den meisten Fällen – Worte sind, die tatsächlich den Nagel auf den Kopf treffen. Auf einen bestimmten, oft individuellen Sachverhalt abzielend, gehen sie zugleich, ohne daß dies beabsichtigt wäre, weit über ihn hinaus: Sie sind übertragbar.

Als Goethe in »Dichtung und Wahrheit« die Leser mit der Erklärung verblüffte – denn damals war es eine verblüffende Erklärung –, alle seine so unterschiedlichen Arbeiten seien »nur Bruchstücke einer großen Konfession«[1], da meinte er bloß das eigene Werk. Indes gilt der knappe Befund auch für viele andere, doch keineswegs für alle bedeutenden Autoren. Er trifft übrigens eher auf die Lyriker und die Romanciers zu als auf die Dramatiker – und wohl deshalb, weil diese am wenigsten zur direkten Selbstdarstellung neigen: Die Romane und Erzählungen Franz Kafkas oder Hermann Hesses, die Gedichte Georg Heyms oder Georg Trakls lassen sich sehr wohl als »Bruchstücke einer großen Konfession« begreifen, doch nicht die Dramen Gerhart Hauptmanns oder jene Bertolt Brechts.

Allem Anschein nach haben den Erzähler und Essayisten Wolfgang Koeppen derartige Fragen, sofern es um seine eigenen Bemühungen ging, nie ernsthaft beunruhigenden können. Das soll heißen: *Er* hatte überhaupt keine Wahl. Für ihn war Literatur von Anfang an nichts anderes als Selbstdarstellung, also eben Konfession. Und wenn das, was er schrieb, einen Zweck hatte, dann war es vor allem die (mehr oder weniger geheime) Selbstverteidigung. Verteidigung – müssen wir gleich fragen – wogegen?

Wer *Jugend*, Koeppens autobiographisches Buch aus dem Jahre 1976 kennt, ist versucht zu antworten: gegen die Gesellschaft, in die er hineingeboren wurde, genauer, gegen eine Gesellschaft, von der eine unverheiratete Mutter »auf dem Altar der hämischen Göttin Sitte« gebrandmarkt und deren Sohn fortwährend schmerzlich gekränkt wurde. Indes wäre dies eine zwar nicht unbedingt falsche, doch allzu enge und allzu oberflächliche Deutung.

Man sollte sich hüten, die biographischen und zeitgeschichtlichen Umstände, die natürlich auf Koeppens Weg und Werk Einfluß hatten, zu unterschätzen oder gar zu ignorieren. Aber ebenso fahrlässig wäre es, die Ergebnisse mit den Anlässen zu verwechseln. Anders ausgedrückt: So wichtig in Koeppens Prosa die gesellschaftlichen Elemente auch sind, so wenig kann man ihr mit derartigen Kriterien und Kategorien gerecht werden. Sein Protest ist tiefer und radikaler zugleich.

In dem Buch *Jugend* erzählt Koeppen, wie er, damals ein Halbwüchsiger, in seiner Heimatstadt ein Gericht aufsuchen mußte. Es ist das Vormundschaftsgericht, es handelt sich offensichtlich um eine routinemäßige Vorladung, eine gänzlich belanglose Angelegenheit. Dennoch empfindet der Junge die Sache als demütigend. »Ich suchte« – schreibt Koeppen – »eine Tür und meinte einen Ausweg. Ich war angezeigt worden, von wem, von jedermann, keiner Tat bezichtigt ...« Was sich in dem Gericht abgespielt hat, erfahren wir nicht. Aber die Reaktion des Jungen ist exemplarisch: »Ich ging absichtlich gebeugt. Ich wünschte mir einen Buckel. Ich wollte ausgestoßen sein. Sie sollten es sehen.«

Der erwachsene Koeppen hatte es nicht nötig, absichtlich gebeugt zu gehen. Er brauchte keinen Buckel mehr. Er hatte andere Möglichkeiten, seine Leiden zu kompensieren, seine Ablehnung der Welt zu artikulieren. Denn er konnte schreiben. Aber die Situation des unehelich geborenen Knaben in jenem Vormundschaftsgericht ist und bleibt die Grundsituation der Epik Wolfgang Koeppens, zu der übrigens auch seine Reisebücher gehören und auch seine Aufsätze über Schriftsteller.

Was immer Koeppen erzählt, es sind Geschichten von Menschen, die vor vielen Türen stehen, doch keinen Ausweg finden. Wie Josef K. in Franz Kafkas *Prozeß* fühlen auch sie sich angeklagt, ohne zu wissen, was man ihnen vorzuwerfen hat. Sie sehen sich von einer feindlichen Welt umgeben. Über Friedrich, den melancholischen Helden des Romans *Eine unglückliche Liebe*, heißt es: »Die Welt stand wieder gegen ihn auf. Es war ohne Sinn und Verstand und nie zu begreifen.« Auch dem Baumeister Johann von Süde, von dem wir in dem Roman *Die Mauer schwankt* hören, erscheint die Welt unbegreiflich.

So streben Koeppens Menschen nicht einem Ziel zu, sondern wimmeln durcheinander wie Tauben im Gras, wie aufgescheuchte Vögel. Sie sind auf der Flucht vor einem Dasein, dessen Unheimlichkeit sie spüren, vor einer Welt, die ihnen sinnlos und rätselhaft erscheint: »Keiner weiß, warum wir hier sind, die Vögel werden wieder auffliegen, und wir werden weitergehen.« Sie alle wollen, wie jener Knabe in der *Jugend*, ausgestoßen sein. Es ist ihr Programm, ihr *einziges* Programm. Auch dies gilt für alle Bücher Koeppens. Denn seine erfolgreichen und berühmten Reisebücher – was sind sie anderes als poetische Rapporte von der Suche nach dem verlorenen Ich. Und in den Aufsätzen des Bandes *Die elenden Skribenten*, in denen er Schriftsteller aus Vergangenheit und Gegenwart porträtiert, besingt Koeppen immer wieder gerade die Verzweifelten, die Gestrauchelten und die Gestürzten.

Immer gilt seine Liebe den Nichtdazugehörenden, die sich überall fremd fühlen, den Nonkonformisten, die ihren Platz nicht finden können und meist auch nicht finden wollen, den Siegern, die leer ausgehen und unglücklich bleiben. Er hat eine Schwäche für alle, die den Grenzbezirken, den Abgründen des Daseins nicht widerstehen können. In ihnen, den Sorgenkindern des Lebens, die er auch für dessen Sündenböcke hält, erkennt Koeppen seine Brüder, ihnen, den meist Untüchtigen, wenn auch Genialischen, fühlt er sich verwandt und verpflichtet. Über Chamisso, einen dieser Zerrissenen, schreibt er: »Es war ein Angsttraum, in dem er lebte, fatal und schön, im Gefühl, ausgestoßen und erwählt zu sein.« Koeppen feiert die Elite der Ausgestoßenen.

Seine Essays zeigen deutlich, daß Koeppen, der Schwierige, vom Geschlecht der Heimatlosen ist: Von Einsamkeit getrieben, kann er sich bestenfalls von der Literatur erhoffen, was er braucht und was sich sonst nirgends finden läßt – Schutz und Zuflucht. Ja, er hat nur eine einzige Heimat: die Literatur. Das eben unterscheidet ihn von jenen deutschen Autoren, die in den fünfziger Jahren, als seine Romane *Tauben im Gras*, *Das Treibhaus* und *Tod in Rom* erschienen, in der Bundesrepublik im Mittelpunkt des Interesses standen: also von engagierten Schriftstellern wie Heinrich Böll, wie Alfred Andersch, wie der mittlerweile schon vergessene Gerd Gaiser.

Diese Erzähler haben der von ihnen kritisierten westdeutschen Gesellschaft allerlei Vorschläge, Angebote und Rezepte unterbreitet. Sie waren kühn oder vielleicht naiv genug, der von ihnen verurteilten Welt mehr oder weniger deutlich skizzierte Kontrastwelten entgegenzuhalten. So glaubte Böll, der Katholik, an die Einfalt, die Schlichtheit, an die Naivität. Andersch, der Exkommunist, blieb der Solidarität des kämpfenden Proletariats treu. Gaiser wiederum, der Nationalsozialist von gestern, ließ sich nach wie vor vom Mythos des Blutes und des Bodens faszinieren. Diese drei Autoren waren wie ihre Helden – Enttäuschte, die gleichwohl nicht resignieren wollten.

89

Natürlich ist auch Koeppen ein engagierter Schriftsteller. In der Rede, mit der er 1962 für den Büchnerpreis dankte, sagte er:»Ich sah den Dichter, den Schriftsteller bei den Außenseitern der Gesellschaft, ich sah ihn als Leidenden, als Mitleidenden, als Empörer, als Regulativ aller weltlichen Ordnung... Ich habe später von der engagierten Literatur reden hören, und es verblüffte mich dann schier, daß man aus dem Selbstverständlichen, so wie man atmet, eine besondere Richtung oder eine eigene Mode machen wollte.«[2]

Aber was Koeppens Engagement von demjenigen eines Böll oder Andersch oder Gaiser unterscheidet, ist die simple Tatsache, daß er nie für eine Ideologie oder für ein politisches Programm plädiert hat. Die Erziehbarkeit des Menschen war für ihn immer nur eine Illusion, nie hat er an den Fortschritt geglaubt. So brauchte er auch nie eine Enttäuschung zu erleben.

Er war von Anfang an ein Dichter der Resignation, der freilich in den fünfziger Jahren zu einem Poeten der *aggressiven* Resignation wurde. Das Ostinato seiner Bücher ist die dunkle Ahnung von der großen Vergeblichkeit: Die Engel, die jene erlösen können, die immer strebend sich bemühen, kennt Koeppen nicht. Seine Engel sind Todesboten. Und wenn bei ihm von Fahnen die Rede ist, dann sind es die weißen Fahnen der Niederlage oder die schwarzen der Anarchie. Einen Sieg gibt es nicht, kann es nicht geben. Denn wir sind – wie es in der *Jugend* heißt – »von Anbeginn verurteilt«. Nicht gegen eine Gesellschaftsordnung protestiert also Koeppen, sondern gegen die Existenz schlechthin.

Für seine Prosa gilt, was er im *Tod in Rom* eine seiner Figuren sagen läßt: »Ich stellte Fragen, eine Antwort wußte ich nicht, eine Antwort hatte ich nicht, eine Antwort konnte ich nicht geben.« Lösungsvorschläge oder gar Gegenentwürfe wird man also in diesen Büchern schwerlich finden. Sie bieten nicht Antworten, sondern Fragen. Sie beunruhigen, ohne zu trösten. Sie heilen nicht, sie verletzen.

Aus alldem könnte man folgern, Koeppens Werk sei hoffnungslos und düster, er kehre dem Dasein gleichsam den Rücken zu. Nichts trifft weniger zu als diese (freilich naheliegende) Vermutung. Ihn charakterisiert vielmehr die paradoxe, die romantische Verbindung von Weltflucht und Lebenshunger: Was diesen Erzähler schaudern läßt, fasziniert ihn zugleich. Er möchte sich von der Welt abwenden und sie dennoch genießen. Eine Dichtung, die vom Konkreten ausgeht und sich am Konkreten bewährt, die ihre unvergleichbare Kraft vor allem dem Sinnlichen verdankt, kann gar nicht düster sein. Gewiß, Koeppen hat schon recht, wenn er diese Bruchstücke einer großen Konfession als den »Versuch eines Monologs gegen die Welt« bezeichnet. Und doch muß man ihm widersprechen.

In dem berühmten Chandos-Brief beklagte einst Hugo von Hofmannsthal die Ohnmacht der Sprache; diese Klage aber formulierte er so wortgewaltig, daß der *Brief* die in ihm vorgetragene These von selbst widerlegte. Ähnlich verhält es sich mit dem Werk Wolfgang Koeppens. Ob er es wollte oder nicht – sein Protest gegen die Existenz ist insgeheim auch ein Plädoyer für

den Reiz des Daseins. In seiner bitteren Elegie verbirgt
sich zugleich ein Preislied auf die Schönheit des Lebens:
Sein Monolog gegen die Welt ist schließlich doch ein
Monolog *für* die Welt.

Daß Wolfgang Koeppen einer der originellsten Prosa-
poeten, einer der vorzüglichsten Stilisten unserer zeitgenössischen Literatur ist – diese Feststellung gleicht
heute nur noch einer kühnen Banalität. Schon in den
fünfziger Jahren, als ihn viele attackierten und zu
ignorieren versuchten, haben Alfred Andersch, Hans
Magnus Enzensberger und Walter Jens seine Kunst be-
wundert und gerühmt, schon damals wurde mit enthusiastischen Superlativen nicht gespart. Später, in den
sechziger Jahren, ließen sich seine Gegner kaum noch
vernehmen: Man war sich in der Beurteilung Koeppens
weitgehend einig, die Qualität seiner Prosa war schon
unumstritten. So ist es bis heute geblieben.

Allerdings herrschte diese Einigkeit nur unter Litera-
ten, die außerordentliche Wertschätzung Koeppens war
Sache einer verhältnismäßig kleinen Minderheit. Auch
dies hat sich bis heute nicht geändert. Während die
Bücher von Max Frisch und Heinrich Böll, von Günter
Grass und Siegfried Lenz Millionenauflagen erzielen,
erreichen die seinigen stets nur Tausende oder bestenfalls Zehntausende. Während die Namen der anderen in
aller Munde sind, ist Koeppen, obwohl er längst mit den
allerhöchsten Literaturpreisen ausgezeichnet wurde,
paradoxerweise nach wie vor eine Art Geheimtip.

Hätten wir es also mit einem Autor vor allem für Lite-
raten zu tun? Sollte dies tatsächlich der Fall sein, dann

müßte man daran erinnern, daß ähnliches einst auch auf Robert Walser zutraf, auf Franz Kafka und Robert Musil – um nur Schriftsteller aus unserem Jahrhundert zu nennen. Den sonderbaren Eigenbrötlern, die sich um die literarischen Richtungen und Strömungen so wenig kümmerten wie um die Wünsche des Publikums, den besessenen Außenseitern, die ihre Ziele fast wie Amokläufer verfolgten, hatte die deutsche Literatur stets das meiste zu verdanken.

Einer von ihnen, einer dieser *elenden Skribenten*, die sich mit der Welt, wie sie ist, nicht abfinden können, ist Wolfgang Koeppen. Auch und gerade für ihn selber gelten seine Worte: »Jeder, der schreibt, webt weiter am großen Märchenteppich der Welt. Alle dichten das Prinzip Hoffnung…«[3]

1982

DER SPRECHER ALLER MINDERHEITEN

Wir lesen es in Zeitungen und Zeitschriften, wir hören es im Rundfunk und im Fernsehen, es wird uns nun schon seit zehn, seit zwanzig Jahren immer wieder gesagt: Er, Wolfgang Koeppen, ist verstummt, es hat ihm die Sprache verschlagen, er kehrt dem literarischen Leben den Rücken, er entzieht sich dem ganzen Kulturbetrieb, er hat kapituliert, er ist gescheitert. Er wird, meist ehrerbietig, als der große Verweigerer, der imponierende Aussteiger apostrophiert: Koeppens Schweigen gehört zu den beliebten, den so düsteren wie unverwüstlichen Motiven unserer Feuilletons. Das alles ist in der Tat sehr interessant. Nur hat es einen Fehler: Es stimmt nicht.

Nie ist er, jedenfalls nach 1945, verstummt, nie hat er das Publizieren aufgegeben, und es ist nicht richtig, daß er sich dem Kulturbetrieb entziehen wollte. Die gängigen und griffigen Kennmarken verfehlen das Thema: Denn wer ohnehin von Anbeginn verurteilt und verdammt ist, kann sich schwerlich verweigern, wer sich als ausgestoßen empfindet, kann nicht mehr aussteigen. Wenn aber von einer Kapitulation gesprochen wird, dann trifft das zwar zu, doch mit Koeppens Alter hat es nichts zu tun: Schon seine Jugend stand im Zeichen nicht nur der schwarzen Fahnen der Anarchie, sondern zugleich der weißen Fahnen der Niederlage. Das ist er denn auch bis heute geblieben – ein Dichter der Niederlage, genauer: *seiner* Niederlage, in der wir die unsrige wiedererkennen.

Als man uns 1976 wieder einmal mit der Legende von Koeppens Schweigen bedrängte, erschien das Meisterwerk seiner späten Jahre, das vollendete Fragment *Jugend*, eines der Glanzstücke unserer zeitgenössischen Prosa. Was wir bis dahin nur vermuten oder ahnen konnten, das wurde uns hier in poetischen Bildern von nahezu schmerzhafter Deutlichkeit vor Augen geführt: jene Geschichte, die gleichsam die Keimzelle der Epik Wolfgang Koeppens bildet – und sogar seiner Essayistik.

Von dem Halbwüchsigen erzählt er, den man in der dumpfen, der engstirnigen Welt einer wilhelminischen Kleinstadt verhöhnt und diskriminiert. Denn er ist der Sohn einer in jeder Hinsicht armen Frau, einer, die Mutter wurde, ohne einen Ehemann zu haben. Es ist die Geschichte eines jungen Menschen, der von Anfang an nicht dazugehören darf, der sich ausgeschlossen fühlt und der aus lauter Trotz nie wieder dazugehören will: Er flüchtet sich in den Stolz auf seine Andersartigkeit, er versucht, sein Außenseitertum wie ein Banner vor sich zu tragen: »Ich war ein Ärgernis. Ich wollte ein Ärgernis sein.«

Seitdem gilt Koeppens Liebe denen, die überall fremd sind, den Einzelgängern, den Beleidigten und Benachteiligten. Die Einsamkeit und die Bitterkeit, die er in seiner Jugend erfahren hatte, damals, als er absichtlich gebeugt ging, weil er einen Buckel haben wollte, damit alle gleich sehen, daß er einer von den Ausgestoßenen sei – diese Einsamkeit und Bitterkeit hat er nie überwunden. So wurde er zum Dichter der Verfolgten und der Gezeichneten, wenn nicht der Verlorenen, zum poetischen Sachwalter aller Minderheiten – von den Juden bis zu den Homosexuellen. Ein Porträt Grimmelshausens, des ersten deutschen Romanciers, hat Koeppen »Gemein mit jedermanns Angst« betitelt und uns damit zu einer Formel verholfen, die sein eigenes Werk charakterisiert.

Hemingway habe – schrieb Koeppen im Nachruf auf den großen Amerikaner – sein aus dem Kochbuch der Gertrude Stein stammendes Rezept für die Bestseller-Küche bearbeitet und zu einem literarischen Gericht verwendet, »das jedermann mundet, das in Moskau verschlungen werden kann wie in Paris und selbst noch den Köchen Hollywoods standhält«. Aus Todesnähe und Todeserfahrung vermochte er »sein so einschlagendes, von den meisten als Lebenslust empfundenes Werk« zu schaffen.[1]

Damit wäre angedeutet, was Koeppen *nicht* geliefert hat: Niemals hat er sich um eine Literatur bemüht, die jedermann munden würde, niemals wollte er Bestseller produzieren, seine Romane schlugen nicht ein und ließen sich nicht verfilmen, sie konnten schwerlich als »Lebenslust« empfunden oder gar konsumiert werden. Man hat den Eindruck, daß Koeppen im Unterschied zu Hemingway, dem er »erfolgreiche Bücher der Niederlage« nachsagte, die Erfolglosigkeit seiner Werke geradezu gewünscht und beinahe masochistisch angestrebt hatte.

Sein Erstling, der Roman *Eine unglückliche Liebe*, war

schon ein Buch der Niederlage – und dies im doppelten Sinne. Es ist in dieser erotischen Geschichte viel von Leidenschaft und Begierde, vom »tollen Besitzwunsch« die Rede, aber es dominieren Enttäuschung und Entsagung, der junge Mann im Mittelpunkt erreicht nicht, was er um jeden Preis erreichen wollte, er, ein »Amokläufer der Liebe«, geht leer aus, der letzte Satz lautet: »Es hatte sich nichts geändert.«

Wie dieser rasende und resignierende Romanheld, so der Autor: Auch er ging leer aus, was ihn freilich nicht wundern konnte. Man schrieb das Jahr 1934, es ging schon seinem Ende entgegen, doch Koeppen tat so, als hätte sich auch für ihn nichts geändert: Daß er erzählte, wie man vor 1933 erzählt hatte, war vorerst nicht mit einem nennenswerten Risiko verbunden. Daß er indes sein Manuskript Bruno Cassirer, also einem jüdischen Verleger, anvertraute, hieß die Niederlage herauszufordern.

Noch konnten einzelne jüdische Verlage Bücher drucken lassen, noch konnten diese Publikationen in Deutschland verkauft werden, aber die meisten Buchhändler zögerten, sie zu bestellen, in den Schaufenstern durften sie ohnehin nicht gezeigt werden – und die meisten Zeitungen und Rezensenten machten um die verfemten Produkte ängstlich einen Bogen. Einige mutige Kritiker lobten die *Unglückliche Liebe* überschwenglich, einige andere nahmen die Gelegenheit wahr, sich dem neuen Regime als Denunzianten zu empfehlen.

Koeppen selber ist inzwischen jenseits der Grenze: In Holland findet er bei Freunden aus Berlin, nunmehr

Emigranten, Unterkunft und Hilfe, dort schreibt er seinen zweite Roman, der jedoch – die Situation ist paradox, wenn nicht absurd – im »Dritten Reich« publiziert werden soll, wiederum bei Bruno Cassirer. Das Buch darf den Verleger und seinen Lektor Max Tau, ebenfalls einen Juden, nicht gefährden. Man einigt sich daher auf ein eher entlegenes Sujet: Die Handlung soll unbedingt in der Vergangenheit spielen, womöglich noch im Kaiserreich, und in einer kleinen Provinzstadt.

Koeppen bemüht sich, seinen Auftraggeber, dem er zu Dank verpflichtet ist, nicht zu enttäuschen, andererseits mag er nicht schreiben, was man von ihm offenbar erwartet: ein harmloses Familienbuch, eine mehr oder weniger idyllische Heimatgeschichte. Er hofft, in dem Roman *Die Mauer schwankt* doch das Seinige sagen zu können, wenn auch getarnt. So läßt er seinen Helden, einen romantisch angehauchten Baumeister mit dem Blick eines Künstlers, aus der deutschen Provinz in ein Balkanland reisen, das orientalisch und zugleich faschistisch anmutet und in dem jedenfalls die Polizei alle überwacht und viele mißhandelt.

Die Analogie ist unverkennbar. Aber kann der Autor das Risiko noch verantworten? Er selber hat Zweifel, er schickt seinen sonderbaren Baumeister recht unvermittelt nach Deutschland zurück, wo dieser sich auf seine Weise den Mächtigen zu widersetzen versucht und, versteht sich, scheitert. Man sieht es deutlich: Nach dem balkanesischen, dem waghalsigen Anfangsteil des Romans wollte Koeppen einen weniger bedenklichen und freilich auch konventionelleren Kurs einschlagen.

Was der Emigrant oder Beinahe-Emigrant im Sinne hatte, gleicht der Quadratur des Kreises. Das auf holländischem Boden verfaßte Buch erscheint tatsächlich in Berlin, Ende 1935. Es schadet niemandem und nützt niemandem, es bleibt ohne Wirkung. Noch eine Niederlage? Gewiß, wieder aber will es scheinen, daß Koeppen dem leicht voraussehbaren, dem unvermeidlichen Fehlschlag gar nicht ausweichen wollte.

Den im 19. Jahrhundert lebenden Schriftsteller und Kulturhistoriker Karl Friedrich von Rumohr, dessen Werke allesamt vergessen sind und der seine kleine Unsterblichkeit lediglich einem (allerdings außergewöhnlichen) Kochbuch zu verdanken hat, hält Koeppen für einen Dilettanten: »Doch wie ein professioneller Literat wußte er um die Vergeblichkeit des Strebens. Das gab ihm eine artige Melancholie.«[2] Ob Koeppen damals schon ein professioneller Literat war, sei dahingestellt, aber um die Vergeblichkeit des Strebens wußte er sehr wohl, seine Melancholie kannte weder Sturm noch Drang; auch sie war artig und höflich.

Die Emigranten mißtrauten ihm, denn seine beiden Bücher hatte man im »Dritten Reich« gedruckt, und für die Behörden in Berlin gab es, sofern man über Koeppens Existenz überhaupt informiert war, ebenfalls Grund genug, ihm zu mißtrauen. So saß er, nicht zum ersten und nicht zum letzten Mal in seinem Leben, zwischen allen Stühlen, so fristete er sein Dasein: ein noch junger Mann ohne Arbeit und ohne Hoffnung, ein dürftiger Dandy, ein Bohemien, dem das Milieu der Boheme fehlte. Als die Freunde, die ihn durchbrachten, nach

Amerika weiterwanderten, wurde er obdachlos und tat in seiner Verzweiflung, was nur jene Nachgeborenen verurteilen können, die das Elend und die Not des Exils nicht kennen: Er kehrte Ende 1938 nach Deutschland zurück.

Auf die Frage, was er denn in den Jahren des Krieges getan habe, hätte Koeppen mit den Worten seines Philipp aus den *Tauben im Gras* antworten können: »Ich drückte mich durch die Diktatur, ich haßte aber leise, ich haßte aber in meiner Kammer, ich flüsterte aber mit Gleichgesinnten...« Oder auch kürzer: Er hat überlebt, ohne auch nur einen Tag Soldat zu sein. Mehr noch: Er publizierte nicht und verdiente trotzdem schreibend sein Brot.

Gottfried Benn hatte sich mit der Wehrmacht arrangiert, Koeppen mit dem Film. Er verfaßte für die Ufa Drehbücher und gab sich die größte Mühe, daß sie gut und schlecht zugleich gerieten: gut genug, um ihm den nächsten Auftrag zu sichern, und schlecht genug, um nicht realisiert zu werden. Die vier oder fünf Drehbücher, die er in jenen Jahren ablieferte, blieben im Archiv liegen; wer weiß, ob diese scheinbaren Niederlagen des Autors Koeppen nicht zu seinen wenigen unzweifelhaften Siegen gehören.

Und später, nach 1945 – lesen wir in den *Tauben im Gras* – »Philipp war schwach, er war auf der Walstatt geblieben, auf der sich die schändliche Politik und der gemeinste Krieg, Wahnsinn und Verbrechen ausgetobt hatten ... Philipp war wie gelähmt und seine Stimme war wie erstickt...« Galt das für den Schriftsteller Koep-

pen ebenfalls, war auch er auf der Walstatt geblieben?
So scheint es eine Weile: Er schlägt sich mehr schlecht
als recht durch, gelegentliche Beiträge für Zeitungen
und kurzlebige Zeitschriften bringen nur wenig, kein
Bruno Cassirer ist zu sehen, der dem aus seiner Bahn
Geworfenen, dem Entgleisten die Hand reichen oder,
besser noch, einen Scheck geben und das nächste Buch
abnötigen würde.

Als der wirtschaftliche Aufschwung begann, war er
wieder einmal in Not. Und auch er sehnte sich nach
dem »verdammt guten Leben«, zu dem sich Hemingway prahlend und provozierend bekannte. Denn anders
als mancher uns glauben machen wollte, hat Koeppen
für das Asketische nichts übrig, er gehörte nie zu den
Kostverächtern, vielmehr zu den Genießern, den Epiku-
reern.

1950 erhält er endlich ein verlockendes Angebot. Kein
Mephisto bietet ihm den Pakt an, doch immerhin der
Redakteur einer Illustrierten, der eine spannende, eine
unterhaltsame Story braucht. Koeppen gibt sich die
größte Mühe, er ist fest entschlossen, dem Geschmack
der Illustrierten-Leser Zugeständnisse zu machen: Er
läßt die Sache im smarten und schicken Rennfahrermilieu spielen. Aber einem Künstler, einem wirklichen,
fällt es schwer, sich zu prostituieren. Schon auf der ersten Seite des Auftragswerks häufen sich die mythologi-
schen Verweise, vom Tod ist schon hier die Rede – und
dann immer häufiger. Gerade davon wollte jenes Publikum nichts wissen. Koeppens Absichten waren die red-
lichsten: Er hatte versucht, die Leser reell zu bedienen

und sich doch treu zu bleiben. Das war abermals die Quadratur des Kreises und also wieder eine Niederlage und wieder eine höchst ehrenwerte.

Sonderbar: Koeppen, der ein Leben lang Schriftsteller ist, schreibt nur, so will es scheinen, der Not gehorchend, jedenfalls sehr ungern. Er gleicht dem Weisen, von dem es in Brechts *Legende von der Entstehung des Buches Taoteking* heißt, daß man ihm seine Weisheit erst entreißen müsse – auch er braucht den Zöllner, der »sie ihm abverlangt«. Einer seiner Zöllner war der Verleger Henry Goverts: Er brachte Koeppen dazu, den Roman *Tauben im Gras* zu schreiben, dem dann rasch *Das Treibhaus* und *Der Tod in Rom* folgten.

Diese Deutschland-Trilogie, zwischen 1951 und 1954 veröffentlicht, hat man meist kühl aufgenommen und nicht selten schroff abgelehnt, Koeppen wandte sich, von einem anderen Auftraggeber, Alfred Andersch vom Süddeutschen Rundfunk, inspiriert und auch finanziert, der Reiseschilderung zu, Ende der fünfziger Jahre erschienen die Bände *Nach Rußland und anderswohin* und *Amerikafahrt*. Sie wurden, im Unterschied zu den Romanen, freundlich, ja enthusiastisch gelobt.

Wunderbare Beschreibungen finden sich in diesen Büchern, in Momentaufnahmen und Impressionen feiert der Stilist Koeppen wahre Triumphe, die Sätze gleichen Katarakten, die der Autor vor unseren Augen zu Kaskaden von unnachahmlicher Anschaulichkeit und Schönheit formt. Hier spürt man jenen »drängenden Atem der Liebenden«, von dem in dem Fragment *Jugend* die Rede ist. Kein Zweifel: Wenn es einem Prosaisten unserer Jahre geglückt ist, das Aroma des Lebens gegenwärtig zu machen, dann dem poetischen Reporter Wolfgang Koeppen.

Dennoch ist es heute kaum faßbar, daß man die Reisebücher damals höher einschätzte als seine Romane und sogar jene gegen diese ausspielte. Wer vor einem Vierteljahrhundert entschieden für Koeppens Deutschland-Trilogie plädierte, fand wenig Zustimmung, wer es heute tut, rennt offene Türen ein: Jede Literaturgeschichte würdigt die drei Romane, zumal *Tauben im Gras*, als Höhepunkt der Nachkriegsliteratur. Jetzt ist es nicht schwer, ihre Hellsicht zu rühmen und Koeppens gesellschaftlichen Scharfblick zu bewundern: Denn was dereinst vielen übertrieben und verzerrt schien, wurde inzwischen von der bundesdeutschen Realität eingeholt.

Auf seine Vorbilder hat er selber bei verschiedenen Gelegenheiten hingewiesen: auf den *Ulysses* und auf *Berlin Alexanderplatz*, auf Proust und Faulkner, aber auch auf den französischen Roman des vorigen Jahrhunderts. Er schrieb: »Alle Geschöpfe Balzacs lieben. Sie lieben das Leben, den blendenden blinden Ruhm, die Todsünde der Verzweiflung, die finstere nichtige Macht, das feile Geld, die stolze Armut, die Reinheit, die Orgie, die Fata Morgana, das Ideal und einige sogar den Himmel.«[3] In diesen Sätzen erkennen wir Koeppens eigenes Personal.

Seine Figuren, auch die unauffälligen und mittelmäßigen, die scheinbar unbedeutenden, hat er allesamt mit der gesteigerten Fähigkeit ausgestattet, das Leben zu empfinden, auf das Leben zu reagieren. Sie fühlen und ertragen, sie lieben und leiden mehr als andere Menschen. So ist er selber, Wolfgang Koeppen: verliebt und vernarrt in das Dasein, mag es auch eine unglückliche Passion sein, eine närrische Schwäche. Er genießt und leidet zugleich, ihn quält seine Liebe, und er liebt seine Qual.

Die zentralen Gestalten seiner Romane – der unbekannte Literat Philipp in den *Tauben im Gras*, der romantische Politiker Keetenheuve im *Treibhaus*, der homosexuelle Komponist Siegfried Pfaffrath im *Tod in Rom* –, sie alle sind, um einen Ausdruck Thomas Manns zu verwenden, »Helden der Schwäche«. Oder auch: Helden der Angst. Hemingway habe – meint Koeppen – die Angst nicht beschrieben, vielmehr Menschen gebildet, »die sich von der Angst wegschwindeln«, er habe versucht, die Angst mit der Jagd und dem Stierkampf, mit dem Krieg und dem Abenteuer, mit dem »verdammt guten Leben« aus der Welt zu schaffen. Haarscharf trifft Koeppen die Achillesferse des weltberühmten Amerikaners: »Die Beschreibung des wahren Gesichts der Angst hätte Hemingway sein Publikum gekostet...«[4] Das eben ist es, was Koeppen, zumal in den *Tauben im Gras*, gewagt hat und wofür er auf einen Teil seines potentiellen Publikums verzichten mußte.

Nein, Koeppens Romane wurden keine Erfolgsbücher und sind es immer noch nicht – und vielleicht auch deshalb, weil sie dem Leser nie entgegenkommen, weil sie für viele schwerer zugänglich sind als die Prosa sogar seiner vorzüglichsten Zeitgenossen. Die Untugenden, die anderen zu einem enormen Echo verholfen haben, kann man seiner Epik nicht vorwerfen: etwa die Sentimentalität, die sich bei Böll oft bemerkbar macht, etwa eine gewisse Gefälligkeit, von der sich gerade die bekanntesten Romane Max Frischs nicht freisprechen lassen, oder die Obszönitäten und Infantilismen bei Grass.

Koeppens Romane sind radikal in des Wortes ursprünglicher Bedeutung: Sie gehen an die Wurzel, sie sind unerbittlich und unversöhnlich. Er macht den Lesern nichts vor, und nichts erspart er ihnen. Die Rolle des Intellektuellen in unserer Nachkriegswelt zeigt er in ihrer ganzen Fragwürdigkeit, um nicht zu sagen: Jämmerlichkeit. Philipp, der lebensuntüchtige, der erfolglose deutsche Schriftsteller, und Edwin, der hochangesehene angelsächsische Poet – für ihn stand T. S. Eliot Modell –, sie sind in den *Tauben im Gras* nur scheinbar Gegenfiguren, in Wirklichkeit jedoch sich ergänzende Parallelgestalten.

Die Welt zu beobachten, meint Philipp, sei seine Aufgabe. Aber ihm wird schwindelig, er kann gar nichts mehr beobachten, er fühlt sich nutzlos und seiner Bestimmung beraubt: »Er hatte den Leuten, die draußen vorübergingen, nichts zu sagen. Die Leute waren verurteilt. Er war verurteilt.« Auch Mister Edwin, der Umworbene, der von Stadt zu Stadt eilende »Kreuzfahrer des Geistes«, kommt nach München, wo er einen Vortrag halten soll, »mit leeren Händen, ohne Gabe, ohne Trost«. Er spricht zu den im Amerika-Haus andächtig Lauschenden, doch seine Worte können sie nicht erreichen, denn die Lautsprecheranlage funktioniert nicht: Die Technik rebelliert gegen den Intellekt, Edwins Vortrag ist bloß eine »vergebliche Beschwörung«.

Im letzten Kapitel der *Tauben im Gras* führt Philipp eine schöne, junge Amerikanerin, die München besucht, in ein schäbiges Hotelzimmer. Sie hat im College gelernt, daß die deutschen Dichter träumen, den Wald besingen und die Liebe. Nun möchte auch sie ein Abenteuer erleben und einmal mit einem richtigen deutschen Dichter schlafen. Aber Philipp, der »unermüdliche Leser«, der zaudernde Grübler, der alles rezipieren und nichts produzieren kann, fühlt sich, da er mit dieser Amerikanerin allein bleibt, »verdorrt« und »erstarrt«. Schweigend stehen die beiden am offenen Fenster des Hotelzimmers und hören plötzlich, mitten in der Nacht, einen Sirenenwagen der Polizei und einen schrillen Hilfeschrei: Es ist die Stimme es weltberühmten Edwin. Wie Philipp die Amerikanerin nicht lieben kann, so wird Edwin von den Knaben, nach denen er sich sehnt, überfallen.

Es sind nur Niederlagen, von denen Koeppen zu erzählen hat, seine Helden werden gedemütigt und besiegt. Doch wie schwach, wie impotent sie auch sein mögen, sie sind immerhin stark genug, um inmitten einer sich rasch wandelnden Welt ihre Eigenart zu bewahren. Kein deutscher Schriftsteller nach 1945 hat uns die Angst und die Ohnmacht, die Ratlosigkeit und die Bestürzung der Intellektuellen so spürbar und bewußt gemacht wie Wolfgang Koeppen. Natürlich, es sind die Angst und die Ohnmacht von 1951. Nur von 1951? Oder vielleicht auch von 1986? Ich wage zu behaupten: Dieser Roman ist mit der Zeit nicht verblaßt, sondern gewachsen. Wer weiß, ob die *Tauben im Gras* nicht gerade heute eine neue Aktualität gewonnen haben.

Ähnlich wie seine unheroischen Helden vermochte auch der Schriftsteller Koeppen nach dieser Trilogie seine künstlerische Eigenart zu bewahren. Gewiß, den mehrfach angekündigten Roman hat er nicht geschrieben. Man kann sich die Ursache denken: Die schwachen, die mißratenen Bücher, mit denen seine berühmten Kollegen – von Arno Schmidt über Böll bis Grass – in späten Jahren ihre Verehrer in große Verlegenheit gebracht haben, wollte er uns offensichtlich ersparen.

Aber geschwiegen hat Koeppen eben nicht. In den siebziger und auch noch in unseren achtziger Jahren verfaßte er zahlreiche literarkritische Arbeiten, die wichtigsten sind 1981 in dem Band *Die elenden Skribenten* erschienen. Indes ist die Analyse seine Sache nicht, nie war er ein Mann der Theorie, die Polemik hat ihn nur selten gereizt. Nicht anders als in seinen Reportagen und Reiseskizzen kommt auch in seinen Essays und Rezensionen, in seinen journalistischen und autobiographischen Schriften spätestens auf der zweiten Seite, was er auch beabsichtigt haben mag, der Erzähler zum Zuge.

In diesen Aufsätzen findet sich natürlich viel über Bücher, und doch könnte man, ein wenig überspitzend, sagen: Koeppen beschäftigt sich hier nicht mit der Literatur, sondern vor allem mit den Dichtern. Ob er über Chamisso, Shelley oder Oskar Wilde schreibt, über

Hesse, Döblin oder Robert Walser – aus seinen Berichten werden gleichsam unter der Hand Geschichten, aus seinen Geschichten poetische Visionen. Koeppen sieht die Schriftsteller als Sorgenkinder des Lebens, als Sündenböcke der Gesellschaft, als Opfer des Daseins: Er feiert die »Bruderschaft der gestürzten Engel«.

Und schließlich: Daß Koeppen sich seinen Zeitgenossen verweigert hätte, stimmt, wie schon gesagt, keineswegs. Auf Tagungen und Akademiesitzungen war er allerdings nie zu sehen. Doch hat er Einladungen zu öffentlichen Lesungen in der Regel nicht abgelehnt. Die vielen, nicht zu vielen Preise, die ihm verliehen wurden, hat er gern angenommen und sich in schönen, bisweilen unvergeßlichen Reden bedankt. Wer ihn um Interviews bat, wurde nicht abgewiesen.

Dennoch scheint an der Legende, die um Koeppen im Laufe der Zeit entstanden ist, etwas Wahres zu sein. Er lebt seit über vierzig Jahren in München – und ist dort doch ein Fremder geblieben. Er liebt die Gesellschaft und ist ein einsamer Mensch. In Wolfgang Koeppens Shelley-Porträt heißt es »Seine Einsamkeit gehörte zu seinem Genie.«[5]

1986

DER EMPFINDSAME ASPHALTLITERAT

Im Dezember 1957 reiste ich durch die Bundesrepublik. Ich war auf der Suche nach der neuen deutschen Literatur. In Hamburg, wo die Reise begann, wurde ich von einem blonden jungen Mann für den Norddeutschen Rundfunk interviewt. Nach dem Gespräch sagte er mir vertraulich, er habe schon zwei, ja sogar drei »Büchlein« veröffentlicht. Es war Siegfried Lenz. In Köln betreute mich Heinrich Böll, der etwas enttäuscht war, daß ich den Dom besichtigen wollte, wo doch in Köln andere, kleinere katholische Kirchen wichtiger seien. In Frankfurt traf ich einen jungen Verlagsangestellten, der mir überaus tüchtig schien und der gleich Reklame für Hermann Hesse machte: Siegfried Unseld. In München durfte ich mich in einem Café in der Leopoldstraße mit einem Dichter unterhalten, den ich seit meiner Kindheit liebte: Erich Kästner. Er war genauso, wie ich ihn mir vorgestellt hatte.

Dann aber wollte ich unbedingt Wolfgang Koeppen sehen. Ich kannte von ihm nur ein einziges Buch: den Roman *Tod in Rom*. Der aber hatte es mir angetan, meine Kritik, in einer polnischen Zeitschrift gedruckt, war sehr ausführlich und des Lobes voll.[1] Nun saß ich in einem Restaurant und wartete auf den Autor dieses Romans. Er wird schon sein – dachte ich – wie seine poetische Prosa, also scharf und streng, böse und bissig, jedenfalls ziemlich aggressiv. Aber der Herr, der bald auf mich zukam, machte einen anderen Eindruck. Ich glaubte, er sei ein solider Oberstudienrat, der Griechisch und Geschichte lehre, von den Schülern beiderlei Geschlechts geliebt werde und nach Feierabend an einem Buch über Perikles arbeite. Aggressiv war der Schriftsteller, mit dem ich den Abend verbrachte, am allerwenigsten, auch nicht selbstsicher, vielmehr etwas schüchtern, wenn nicht gehemmt, sehr freundlich und verbindlich, leise und liebenswürdig. Meine Fragen beantwortete er höflich und genau.

Schließlich gab er mir ein Exemplar des Romans *Der Tod in Rom*. Ich wünschte mir, wie es sich gehört, eine Widmung. Koeppen schien überrascht: Ja, gewiß, aber so schnell gehe das nicht. Darüber müsse er erst nachdenken, mit einem verlegenen Lächeln bat er um mein Verständnis. Er werde das Buch mitnehmen und es mir dann mit einer entsprechenden Eintragung wiederbringen. Ich war verwundert, doch natürlich einverstanden. 24 Stunden später überreichte mir Koeppen seinen Roman zum zweiten Mal, aber ich wagte nicht, den inzwischen von ihm verfaßten Text in seiner Gegenwart zu lesen. Erst in meinem Hotelzimmer schlug ich, noch im Mantel, neugierig das Buch auf. Die Widmung lautete: »Für«, es folgte mein Name, »in freundschaftlicher Zuneigung.« Das war alles.

Um diese Worte zu ersinnen, hatte also Koeppen das Exemplar seines Romans für einen Tag nach Hause genommen. Mir fiel Thomas Manns Novelle *Tristan* ein. Da heißt es über Detlev Spinell, daß er, einen Brief schreibend, »jämmerlich langsam von der Stelle« kam.

Und dann: »Wer ihn sah, mußte zu der Anschauung gelangen, daß ein Schriftsteller ein Mann ist, dem das Schreiben schwerer fällt als allen anderen Leuten.« Damals, als ich Koeppens konventionelle Formel las, wurde mir zum ersten Mal bewußt, wie außergewöhnlich sein schriftstellerisches Verantwortungsgefühl ist.

Nein, ein Autor, auf den man sich verlassen konnte, war er nie. Niemals hat er Termine eingehalten. Und es hat ihm nie etwas ausgemacht, seine Auftraggeber auf sanfte Weise vor den Kopf zu stoßen oder ganz einfach im Stich zu lassen. Gelegentlich wurde er als Bohemien bezeichnet, womit in diesem Fall natürlich nicht Koeppens Habitus gemeint war, wohl aber seine geradezu extreme Ungebundenheit. Das stimmt schon, nur ist er ein Bohemien mit Prinzipien. Unzuverlässigkeit und Verantwortungsgefühl gehen bei ihm Hand in Hand. Verleger, Redakteure oder Rundfunkleute haben ihn oft bedrängt, haben ihm in ihrer Verzweiflung gedroht oder geschmeichelt – und waren bisweilen auch erfolgreich. Doch unter keinen Umständen ließ sich Koeppen überreden, ein Manuskript abzuliefern, das er für unfertig hielt.

Er kommt aus Preußen, indes widerstrebt es mir, ihn einen preußischen Schriftsteller zu nennen. In Greifswald geboren, ging er in Ortelsburg zur Schule und hat dann, wieder in Greifswald, ein wenig studiert. Aber weder diese Stadt hat ihn geprägt noch jene, weder Pommern noch das Masurenland, weder die Universität noch seine Tätigkeit als Schiffskoch. Er kann nicht recht Fuß fassen, er paßt in keinen Rahmen, so ganz willkommen ist er wohl nirgends, er ist überall – mit Goethe zu sprechen – bloß »ein trüber Gast auf der dunklen Erde«.

Erst Ende der zwanziger Jahre erreicht er das gelobte Land, das Mekka der Künstler und Schriftsteller Europas oder zumindest Mitteleuropas, die Stadt der Musik und der Literatur, der Theater und der Museen, der Verlage und der Zeitungen. Vom Stettiner Bahnhof pilgert er, einen Stadtplan in der Hand, quer durch Berlin bis zu jener Stelle, wo der Kurfürstendamm beginnt, wo die Gedächtniskirche steht. Denn nur ein Asphaltstreifen, nicht sehr breit, trennt diese Kirche vom Ziel, aufs Innigste zu wünschen, vom Paradies, nach dem sich der junge Mann aus dem Pommernland sehnt.

Hier, im Romanischen Café, durfte er den Dichtern und Philosophen lauschen, den Malern und Schauspielern zuhören, hier sah er den berühmtesten aller Reporter, Egon Erwin Kisch aus Prag, hier erhitzten sich im Gespräch jene, die glaubten »Zukunft zu haben oder wenigstens Dauer der Gegenwart«. Aber der Sohn eines Wunderrabbis aus Galizien sagte ihm damals ein jiddisches oder hebräisches Wort, das er, Wolfgang Koeppen, vergessen hat und doch nicht ganz vergessen konnte: »Es bedeutete Sand oder Wind, oder Sand im Wind, und er und ich, wir sahen die Terrasse und das Kaffeehaus wegwehen, verschwinden mit seiner Geistesfracht, sich in Nichts auflösen, als sei es nie gewesen, und es marschierten die Standarten auf.«

Als Koeppen, rund vierzig Jahre später, nach seinem Ort, nach seiner Landschaft befragt wurde, da sprach

er nicht von den pommerschen Wiesen und den masuri-
schen Seen, auch nicht vom Grunewald oder der Havel,
er sprach vielmehr von dem unvergleichlichen Ort der
Träume, von seinem »geheimen Vaterland« – vom Romanischen Café. Warum? Vielleicht deshalb, weil er
dort heranreifen konnte zum Asphaltliteraten. Dieses
Wort, mit dem einst Joseph Goebbels und Alfred Rosen-
berg viele der besten deutschen Schriftsteller zu diffa-
mieren suchten – es ist ein schönes, ein treffendes Wort.
Brecht hat es gern gehört: »Nur der Sumpf« – meinte
er – »erhebt Anklage gegen seinen großen, schwarzen
Bruder, den Asphalt, den geduldigen, sauberen und
nützlichen«, bloß die »Unheilbaren, denen kein ›Heil‹
helfen kann«, seien gegen die Asphaltliteratur.[2] Ja, es
sind die Dichter sonderbare Wesen: Sie blicken in die
Ferne und sehen in der Näh den Mond und die Sterne,
den Wald und das Reh. Doch die Literatur, sie ist eine
Pflanze, die keineswegs gedeiht im Wald und auf der
Heide. Einen härteren Boden benötigt sie, den Asphalt
nämlich.

Denn die Literatur war und ist in der Regel auf die
städtischen Kulturzentren angewiesen, auf Athen oder
Rom, Paris oder Petersburg, London oder eben Berlin.
Die Schriftsteller der Moderne – Proust und Kafka,
Joyce, Dos Passos und Virginia Woolf – sind allesamt
Großstadt-Produkte. Und das gilt für Koeppen gleich-
falls: Wie Brecht und Döblin, wie Benjamin, Kerr und
Tucholsky wurde auch er von Berlin nicht nur beein-
flußt, sondern geradezu erzogen, die Stadt Berlin hat
ihm für immer ihren Stempel aufgedrückt, Berlin war,

wie er 1972 rückblickend notierte, seine »endlich akzeptierte Heimat«.

Die Prägnanz seiner Ausdrucksweise, der Rhythmus seiner Sprache und ihr Tempo, die Promptheit seiner Reaktionen, diese nicht nachlassende Gier nach Neuigkeiten, diese, könnte man sagen, Zeitungssucht und, nicht zuletzt, die Begeisterungsfähigkeit, die immer von Skepsis relativiert und kontrolliert wird – das alles hat mit Berlin zu tun. Aber als Hitler Berlin zerstört hatte, waren auch Koeppens alte Heimatgefühle vergessen: Sie »stellten sich nicht wieder ein« – sagt er, als sei es nicht zu fassen, daß solche Gefühle verschwinden können.

Seit 1945 lebt er in München. Nachdenklich und temperamentvoll, unerbittlich und doch zärtlich hat er über diese Stadt geschrieben, er hat ihre Atmosphäre und ihr Flair, ihre Herrlichkeit und ihr Elend in seinem bedeutendsten Roman sichtbar und spürbar gemacht. Obwohl ich Feuchtwangers *Erfolg* nach wie vor schätze und auch bewundere, frage ich mich, ob es einen schöneren, einen gewichtigeren Roman über die bayerische Hauptstadt gibt als die *Tauben im Gras*. Es mag etwas verwunderlich klingen, aber es trifft schon zu: Koeppen, der empfindsame Asphaltliterat aus Berlin, ist ein Münchner geworden, freilich ein heimatloser Münchner. Und auch dies mag verwundern: Er, der in der Zeit des »Dritten Reiches« einige Jahre als Halbexilant in Holland verbracht hat, wurde erst hier ein Emigrant, ein innerer Emigrant in der Bundesrepublik Deutschland.

Niemand hat ihn in eine derartige Position gedrängt, nein, es ist ihm, alles in allem, in diesem Land kein Unrecht geschehen. Er hat viel Anerkennung gefunden, wenn auch mit einiger Verspätung. Er wurde häufig mit hohen Auszeichnungen geehrt, aber – und das sei als Kuriosität des literarischen Lebens in jener Zeit erwähnt – er hat seinen ersten Literaturpreis im Alter von 56 Jahren erhalten und erst elf Jahre nach der Veröffentlichung der *Tauben im Gras*, immerhin war es gleich ein Georg-Büchner-Preis. Und er hat das Glück gehabt, den besten und großzügigsten Verleger zu finden, den er hierzulande finden konnte: Siegfried Unseld.

Aber das alles ändert nichts daran, daß Koeppen in München nur ein seßhafter Gast geworden und ein Fremdling geblieben ist. Auf Fragen von Interviewern antwortet er wie eh und je: »Ich habe keine Heimat.« Der deutschen literarischen Welt kann man dies längst nicht mehr anlasten. Denn es hat zunächst und vor allem mit seiner Mentalität zu tun. Immer schon meinte Koeppen, der Schriftsteller sei ein Individuum, das sich an einem archimedischen Punkt außerhalb des Sozialgefüges befinde. Was von dieser Ansicht zu halten ist, steht hier nicht zur Debatte. Doch für Koeppen selber gilt sie mit Sicherheit – deshalb ist es auch unmöglich, ihn in der Nähe von Heinrich Böll oder Alfred Andersch zu sehen, von Günter Grass oder Martin Walser. Wenn es in der Literaturgeschichte der Nachkriegszeit Parallelfiguren zu Koeppen gibt, dann sind es jene trotzigen Einzelgänger, die sich der Öffentlichkeit in ihren Heimatländern hartnäckig verweigert haben – in der

Bundesrepublik Arno Schmidt, in Österreich Thomas Bernhard.

Gewiß hat sich Koeppen stets als ein linker Schriftsteller verstanden, aber »links« bedeutet für ihn kaum mehr als »oppositionell« im weitesten Sinne. Nie hat er einer Partei oder Organisation angehört, nie Aufrufe oder Erklärungen, Proteste oder Resolutionen unterzeichnet, nie wurde er auf politischen Versammlungen oder Kundgebungen gesehen. Über die »Gruppe 47« äußerte er sich stets mit Sympathie, aber an einer Tagung dieser Gruppe teilzunehmen, hat er strikt abgelehnt. »Ich will in keiner Mannschaft spielen, auch nicht im Hemisphärenfußball, ich will für mich bleiben« – sagt der Schriftsteller Philipp in den *Tauben im Gras*. In aktuelle Angelegenheiten hat sich Koeppen nie eingemischt, wenn man von ihm wissen wollte, ob er gegen Krieg und gegen Bomben sei, empfand er die Frage als beleidigend.

Er mißtraut dem Staat, er zweifelt an der Erziehbarkeit des Menschen, die Idee des Fortschritts ist in seinen Augen absurd, die Vorstellung von einer gerechten oder gar perfekten Gesellschaft kennt er nicht. Die strengnüchternen Maßstäbe der Preußen sind ihm ebenso fremd wie deren Vertrauen zur moralischen Wirkung der Ordnung, wie der Mythos der Pflichterfüllung. Die Verherrlichung des Staates ist ihm nachgerade zuwider. Anders als die großen preußischen Schriftsteller hat er nie an Preußen gelitten und schon deshalb nicht, weil er nie mit Preußen auch nur die geringsten Hoffnungen verknüpft hat. Nein, nicht an Preußen und nicht an

Deutschland leidet Koeppen, sondern an der Existenz schlechthin.

Unser Leben sei ein armer Komödiant, der sein Stündchen auf der Bühne habe und von dem dann nichts mehr zu hören sei; ein Märchen sei das Leben, erzählt von einem Dummkopf, ein Märchen voller Klang und Wut, das aber nichts bedeutet. Der König Macbeth sagt das, nachdem man ihm gemeldet hat, seine Frau sei gestorben. Diese Worte könnte man dem ganzen Werk Koeppens als Motto voranstellen.

»Die Welt stand wieder gegen ihn auf. Es war ohne Sinn und Verstand und nie zu begreifen.« Von Friedrich ist die Rede, der in Koeppens erstem Romas, *Eine unglückliche Liebe*, dem Mädchen nachreist, das er liebt und begehrt und das, wie Prousts Rahel, mit jedem schläft, nur nicht mit ihm: Diesem Friedrich, dem Amokläufer der Liebe, ähneln sie alle, die Träumer in Koeppens epischem Universum, sie, denen nichts gelingt und deren Träume nie in Erfüllung gehen.

Wie der romantisch angehauchte Politiker Keetenheuve in dem Roman *Das Treibhaus* sind sie geschlagen und verloren, noch bevor sie zu kämpfen angefangen haben; sie empfinden die Welt als sinnlos, feindlich und unbegreiflich. »Meine Musik ist sinnlos« – klagt der junge Komponist Siegfried Pfaffrath im *Tod in Rom* –, »aber sie brauchte nicht sinnlos zu sein, wenn ich nur etwas Glauben hätte. Aber woran soll ich glauben?« Auf den Schriftsteller Philipp, jenen Philipp aus den *Tauben im Gras*, warten zu Hause leere, weiße Seiten, doch hatte er den Menschen, die draußen vorübergingen, nichts zu sagen: »Die Leute waren verurteilt. Er war verurteilt.« Selbst der weltberühmte amerikanische Dichter Edwin – T. S. Eliot hat hier Modell gestanden – kommt nach München »mit leeren Händen, ohne Gabe, ohne Trost, keine Hoffnung...« Ob reich wie dieser Edwin oder arm wie Friedrich, wie Philipp – hilflos und ohnmächtig sind sie alle, kindlich in ihrer bisweilen rührenden Ratlosigkeit angesichts der Welt: Sie kennen keinen Ausweg – weder aus ihrer eigenen Not noch aus der ihrer Zeitgenossen.

Nur wollen Koeppens »Helden der Schwäche« – er zitiert die Formulierung Thomas Manns mit Sympathie – gar nicht durchhalten, sie denken nicht daran, sich zu bewähren. Mit den »Leistungsethikern« haben sie nichts gemein. Aber diese Gestrauchelten und Gestürzten, die Verstrickten und Verzweifelten, sie, die um keinen Preis dazugehören wollen, diese Opfer unserer Zeit, sie sind, sehr sonderbar, auch Genießer des Lebens.

Pechschwarz ist die Trauer der Koeppenschen Helden der Schwäche, schwarz wie die Fahne der Anarchie, doch Leid und Gram mischen sich bei ihnen mit Daseinsfreude, einer schwermütigen zwar, aber einer dennoch intensiven. Sie genießen die Kunst und den Wein, die Literatur und die Melancholie, sie genießen ihre Einsamkeit und ihre Enttäuschungen, ja sogar ihre Niederlagen. So taumeln sie von Begierde zu Genuß, und im Genuß verschmachten sie nach Begierde. Auch sie möchten zum Augenblick sagen: Verweile doch, du bist so schön!

Lieben – das heißt bei Koeppen, ähnlich wie bei

Proust: die Qual der Liebe erleiden und sehr bald auch die Qual der Eifersucht. Über den *Gefangenen*, den fünften Band der *Suche nach der verlorenen Zeit*, schreibt Koeppen:»Der eigentliche Gefangene ist der Erzähler, er ist der Gefangene Albertines... er ist der Gefangene der Summe ihrer Möglichkeiten, ihrer Möglichkeiten, Verbindungen mit jedermann einzugehen ... Der Erzähler könnte aufhören, er hat vielleicht schon aufgehört, Albertine zu lieben. Aber der Eifersüchtige kann sie nicht freigeben, er liebt seine Qual...«[3]

Auch Koeppens leidende Genießer lieben die Qualen der Liebe, sie lieben, was sie als Verhängnis und Schicksal empfinden und wovon sie stets aufs Neue abhängig sind. Aber gefangen ist hier, anders als bei Proust, nicht der Erzähler, nein, gefangen sind sie alle, die lieben: die Männer ebenso wie die zarten, die meist ganz jungen Frauen, die noch knabenhaft wirken; gefangen sind die Homosexuellen und die Lesbierinnen und jene auch, die, allein gelassen, sich den Geliebten mit Hilfe ihrer Phantasie herbeizaubern und in ihr Zimmer zurückzwingen, die sich im einsamen Bett »eine Spanne Heimlichkeit und Liebe« gewähren.

»In Liebe fallen«, sei – findet Koeppen – ein herrliches, ein unheimliches Wort. Wir gebrauchen es nicht oft, wir sagen eher, in Ohnmacht fallen oder in Angst und Schrecken. Für Koeppen ist die Liebe eine wunderbare Kraft, natürlich, aber zugleich eine Kraft, die nicht bloß Glück bereitet, sondern den Menschen eben auch in Angst und Schrecken versetzt, die ihn seiner Unabhängigkeit beraubt: Die Liebenden werden in die-

sen Büchern nicht nur beneidet, sie werden auch bemit-
leidet.

Ohne Mitleid kann der Roman so wenig auskommen
wie ohne Ironie. Und ohne Haß? Koeppens Epik ist voll
von Zorn und Wut, von Empörung und Verachtung,
aber sie ist frei von Haß: Der Erzähler, meint er, dürfe
nicht hassen, denn »selbst der Henker der Bastille verdient Mitleid mit seinem schwarzen Schicksal«.[4] Ja,
auch der Henker der Bastille verdient Mitleid. Wie aber
ist es mit dem professionellen Verbrecher in Uniform,
mit einem, der den Massenmord organisierte und sich
nicht nehmen ließ, selber Hand anzulegen? Koeppen erzählt im *Tod in Rom* von einem ehemaligen SS-General,
der genußvoll und mit finsterer Wollust mordete. Es ist
nicht möglich, ihn zu bemitleiden, doch bringt Koeppen
selbst für diese Mißgeburt aus Dreck und Feuer ein
wenig Verständnis auf: Er zeigt das abstoßende Individuum als Produkt deutscher Brutalität, deutscher We-
sensart und vor allem deutscher Erziehung.

Und die Opfer? Die Juden beispielsweise? Damals, in
den fünfziger Jahren, wurde über Juden viel Wohlwol-
lendes, viel Gutgemeintes von deutschen Autoren geschrieben, meist über gebildete, vornehme Menschen,
die den *Faust* zitierten und Beethovens Streichquartette
liebten. Es gab sie schon, diese Juden, aber wenn sie
überlebt hatten, dann blieben sie damals in London,
New York oder Tel Aviv. Die Juden jedoch, die nach
1945 plötzlich in München auftauchten, in Berlin oder
Frankfurt, sie waren von anderer Art, man wußte nicht
recht, woher sie kamen, diese Juden, die keiner mochte

und über die man nur hinter vorgehaltener Hand sprach. Koeppen hat sie nicht verschwiegen, für ihn gab es keine Tabus. So heißt es in den *Tauben im Gras*: »Juden – das waren schwarzhaarige, gebrochenes Deutsch sprechende Leute, Unerwünschte, Ausländer, Hergewehte, die einen vorwurfsvoll aus dunkelschimmernden, nachtverwobenen Augen ansahen, von Gas und Grabgräben wohl sprechen wollten und Hinrichtungsstätten im Morgengrauen; Gläubiger, Gerettete, die mit dem geretteten Leben nichts anderes zu beginnen wußten, als auf den Schuttplätzen der zerbombten Städte... in kleinen schnell errichteten Buden, den windigen Notläden Unverzolltes und Unversteuertes zu verkaufen.«

In ihnen, diesen hergewehten Juden, die mit ihrem geretteten Leben nichts besseres zu beginnen wußten, sieht Koeppen leidende Geschöpfe unserer Welt. Was sie, die vorwurfsvoll Blickenden mit den anderen Figuren auf seiner epischen Bühne vereint, ist nichts anderes als Angst und Hunger: Angst vor dem Leben und Hunger nach dem Leben.

Eine Schulklasse, berichtet Koeppen, habe ihn gefragt, warum er eigentlich schreibe. Er antwortete: »Ich weiß es nicht...« Er hätte vielleicht auch antworten können: Weil ich nichts anderes besser kann, weil aus mir nichts geworden ist – nur ein deutscher Schriftsteller. Vor diesem Schriftsteller, vor Wolfgang Koeppen, verneigen wir uns – in Bewunderung, in Dankbarkeit, in Liebe.

1991

127

PASSIONSGESCHICHTE EINES
BRIEFMARKENHÄNDLERS

Das Veilchen, das auf der Wiese stand und das Land, wo die Zitronen blühn, die Ruhe über den Gipfeln und der Mond, der wieder füllet Busch und Tal, die gelben Birnen und die wilden Rosen, die holden Schwäne und die im Winde klirrenden Fahnen – sie, unsere Dichter, haben das alles besungen, sie haben es gestiftet, und es ist geblieben. Aber sie, die Klassiker, sie konnten nicht ahnen, daß einst ein deutscher Poet zum Ort seines Gedichts eine Latrine machen werde:

> Über stinkendem Graben
> Papier voll Blut und Urin,
> umschwirrt von funkelnden Fliegen,
> hocke ich in den Knien
>
> den Blick auf bewaldete Ufer,
> Gärten, gestrandetes Boot
> In den Schlamm der Verwesung
> klatscht der versteinte Kot.
>
> Irr mir im Ohre schallen
> Verse von Hölderlin.
> In schneeiger Reinheit spiegeln
> Wolken sich im Urin.

Der dies kurz nach dem Zweiten Weltkrieg geschrieben hatte, Günter Eich, der kühn genug war, Urin auf
Hölderlin zu reimen, er wußte wohl kaum, daß jene,
die in einer Latrine über einem stinkendem Graben
hockten und den versteinten Kot in den Schlamm klat-
schen hörten, noch zu den Privilegierten gehörten.
Denn den Elendsten der Elenden war auch eine Latrine
verwehrt.

Vor einigen Jahren hat eine deutsche Journalistin,
eine Jüdin, in unserem Fernsehen mit vor Wut beben-
der Stimme berichtet, wie sie sich in Auschwitz beim
Morgenappell immer wieder besudelte und infolgedes-
sen so widerwärtig stank, daß sie sich vor sich selber
ekelte. Derartiges hört oder liest man nur selten, denn
nicht jeder, der eine solche deutsche Hölle überlebt hat,
ist stark genug, um seine Scham zu überwinden. Die
Erinnerungen der Opfer, ihre Zeugenaussagen – sie
sind in den meisten Fällen gedämpft und gemildert. Ja,
es war alles viel schlimmer. In der Latrine einer Wehr-
macht-Einheit konnte man noch an Hölderlin denken.
Doch woran haben jene gedacht, die sich, bevor ihnen
deutsches Gas den Atem raubte, in ihrem Kot wälzen
mußten?

Adorno hatte schon gute Gründe, 1949 zu erklären, es
sei barbarisch, nach Auschwitz ein Gedicht zu schreiben. Sein Diktum, unentwegt und meist falsch zitiert,
sollte als Warnung verstanden werden, die Warnung
als Provokation. Und diese Provokation mußte Widerspruch hervorrufen. Denn auf die Behauptung, es sei
barbarisch, nach Auschwitz ein Gedicht zu schreiben,

konnte und kann es nur eine einzige Antwort geben:
Barbarisch wäre es, nach Auschwitz *kein* Gedicht zu
schreiben.

Aber soll man, darf man ein Gedicht *über* Auschwitz
schreiben? Die Gegenfrage drängt sich auf: Was wäre
berufen und, wichtiger noch, auch imstande, das Un-
vorstellbare zu zeigen oder doch anzudeuten und den
äußersten Schrecken zu vergegenwärtigen oder doch
ahnen zu lassen, wenn nicht die Schriftsteller und die
Dichter? Schon wahr, nur übersieht diese Gegenfrage
das Risiko: Die Literatur über das Grausamste, das je
geschehen, könnte das Grauen konsumierbar, ja geradezu genießbar machen, sie liefe Gefahr, den Bedarf
des Publikums nach Grausamkeit zu befriedigen. Wird
durch das schöne, das poetische Wort der Gegenstand,
auf den es abzielt, beschönigt und vielleicht auch poeti-
siert?

Zum Herrlichsten, was unsere Dichtung nach 1945
hervorgebracht hat, gehören die Verse jenes rumäni-
schen Juden, der in mehreren Sprachen aufgewachsen
war, eine Zeitlang zwischen ihnen schwankte und der
sich schließlich, einer jüdischen Tradition folgend, einer so schmerzhaften wie furchtbaren Tradition, für das
Deutsche entschieden hat.

Er, Paul Celan, ist wohl der einzige Dichter unserer
Epoche, den wir in die Nähe Hölderlins rücken dür-
fen, ohne deshalb eines Sakrilegs schuldig zu werden.
Und ich wüßte kein Gedicht dieser Jahre zu nennen, das
ich mehr bewundere als die *Todesfuge*. Doch der un-
übertroffene Wohlklang der Verse Celans beglückt und

beunruhigt mich zugleich. Die »schwarze Milch der Frühe«, »dein goldenes Haar Margarete«, »dein aschenes Haar Sulamith«, der Mann, der befiehlt, »spielt auf nun zum Tanz«, der ruft, »spielt süßer den Tod« und »streicht dunkler die Geigen«, der Tod »ein Meister aus Deutschland«, der uns »ein Grab in den Lüften« schenkt: schön sind diese Worte, sehr schön – vielleicht gar zu schön, gar zu poetisch? Ich frage nur, aber ich wage nicht zu antworten.

Was benötigen wir? Ein lyrisches Bild, ein Gleichnis oder lieber doch ein Protokoll, kühl und nüchtern, einen Bericht, sachlich und trocken? Natürlich, eine so schroffe Alternative, die nur die extremen Ausdrucksmöglichkeiten ins Auge fassen will, ist falsch. Wenn man das Extreme darstellen will, da gerade können die Übergangsstufen, die Mischformen eher angemessen sein – und welche zu wählen sind, haben nicht die Theoretiker zu befinden, sondern die Praktiker, nicht die Philosophen, die Kritiker oder die Historiker, sondern die Lyriker, die Erzähler, die Dramatiker.

Ob sich Wolfgang Koeppen im Winter 1946/1947 Gedanken gemacht hat, wie man dem Unbegreiflichen, dem Unbeschreiblichen dennoch mit literarischen Mitteln beikommen könnte? Nein, ich kann es nicht recht glauben. Anderes nahm ihn ganz und gar in Anspruch: Er war nicht mehr jung, schon vierzig Jahre alt, er hatte nichts gelernt, es war nichts aus ihm geworden, es sei denn, vielleicht, ein deutscher Schriftsteller, ein erfolgloser freilich, dessen Bücher verhalten waren – im Lärm der mörderischen Waffen und Worte. Die Romane, die

ihn berühmt machen sollten, hatte er noch nicht geschrieben.

Im Winter 1946/1947 also – es war ein Hungerwinter,
es regierte der Schwarzmarkt und die Zigarette war
die Währung – wollte Koeppen, was so schwierig war,
er wollte, ähnlich wie im Krieg, überleben. Da meldete
sich bei ihm ein Mann, den es, ebenso wie Koeppen, aus
Berlin nach München verschlagen hatte und aus dem
ebenfalls nichts geworden war, ein gewisser Herbert
Kluger, der nun einen Beruf ergreifen wollte, der, wenn
man es ernst meint, riskant ist und gefährlich. Verleger
wollte er werden, und das erste Buch des künftigen Ver-
lages erhoffte er sich vom darbenden, vom beinahe am
Hungertuch nagenden Wolfgang Koeppen.

Die Geschichte eines Münchener Briefmarkenhändlers sollte er erzählen, eines Juden namens Jakob Littner, den man nach Polen und in die Ukraine verschleppt
hatte und der dort unter schrecklichsten Umständen
und auf unheimlich-abenteuerliche Weise davonge-
kommen war. Man vereinbarte ein Honorar: zwei Care-
pakete monatlich wurden dem Autor versprochen. Er
akzeptierte und machte sich rasch an die Arbeit.

Doch zu einem Treffen mit Littner kam es nicht –
wohl deshalb nicht, weil dieser, wie die meisten Überlebenden, nicht darauf erpicht war, seine finsteren
Erlebnisse auszubreiten, zumal er es eben erst getan
hatte, nämlich im Gespräch mit seinem Verleger. Im
übrigen war er damit beschäftigt, aus diesen Erlebnis-
sen eine Lehre zu ziehen: Er bereitete seine Auswanderung nach Amerika vor. Aber Koeppen war offenbar

nicht unglücklich, daß er sich damit zufriedengeben mußte, was ihm Kluger über diesen Littner mitgeteilt hatte. Daß er nur wenig erfahren konnte, gerade das stachelte seinen schriftstellerischen Ehrgeiz an: »Ich aß amerikanische Konserven« – berichtet Koeppen – »und schrieb die Leidensgeschichte eines deutschen Juden. Da wurde es meine Geschichte.« Das Buch erschien 1948, als Pseudonym wählte Koeppen den Namen des Mannes, dessen Weg er beschrieben hat: Jakob Littner.

Aber es ist etwas anderes geworden, als zunächst geplant war: Eine Passionsgeschichte sollte in der Sprache des Opfers und aus dessen Perspektive erzählt werden, nur was dieser Mann aus München wahrgenommen, gefühlt und gedacht hatte, sollte den Lesern mitgeteilt werden, nichts durfte über seinen, eher bescheidenen Horizont hinausgehen. Doch sind es meist die schwächeren Schriftsteller, die sich damit begnügen, ihren ursprünglichen Plan zu verwirklichen, nur sie folgen streng den Regeln, für die sie sich am Anfang entschieden haben. Andere Autoren – und es sind allemal die originelleren – nehmen zwar ihre eigenen Absichten ernst, aber während der Arbeit wandeln sie sich, sie sehen, sie erkennen, was sie nie gewußt, was sie kaum geahnt haben. Ihre Bücher mögen uneinheitlich sein und bisweilen widerspruchsvoll, doch oft sind es eben die Brüche, ja die Widersprüche, denen sie ihre Glaubwürdigkeit verdanken, die zu ihrer Überzeugungskraft beitragen.

Auch in Koeppens Buch, betitelt *Jakob Littners Auf-*

zeichnungen aus einem Erdloch,[1] fallen viele Brüche und Sprünge auf, die Qualitätsschwankungen sind nicht zu übersehen, von Perfektion kann keine Rede sein. Simple und anspruchsvolle Abschnitte lösen einander ab, der schlichte Bericht geht unversehens in poetische Passagen über, auf nahezu epische Schilderungen folgen karge Auskünfte, plötzlich wird die Perspektive gewechselt, die Darstellung ergänzen Briefe, die der Autor nicht gefunden, sondern wahrscheinlich erfunden hat. Das Ganze hat er wohl rasch geschrieben. Also Schwächen und Makel, also Schönheitsfehler? Wenn es solche sind, so stören sie überhaupt nicht, im Gegenteil, es fragt sich, ob eine perfekte Prosa, was immer eine solche Bezeichnung meinen sollte, dem Gegenstand angemessen wäre. Dieses Buch läßt sich weder als Tatsachenbericht noch als Kunstwerk erschöpfend charakterisieren, weil es beides in einem ist.

Über den wirklichen Jakob Littner, der 1883 geboren wurde und einen Laden am Stachus hatte, wissen wir nur wenig. Aber wir kennen ihn genau, richtiger: wir kennen das Bild, das sich Koeppen von ihm gemacht hat. Ein Deutscher ist dieser Briefmarkenhändler, ein Bayer, ein Münchener. 1933 muß er erfahren, daß er auch noch ein Jude sei, schlimmer: »der Jude«. Das hat für Littner zweierlei Folgen: Er wird zum Opfer behördlicher Maßnahmen und antisemitischer Willkür. Und er gerät unvermeidbar in eine Identitätskrise. Denn mit der jüdischen Gemeinschaft hat er seit seiner Kindheit nichts zu tun, und von seinen Freunden und Bekannten, die allesamt Nichtjuden und keineswegs böse Menschen sind, wird er jetzt gerade noch geduldet, mehr oder weniger freundlich.

1938 erreicht seine Verwirrung einen neuen Höhepunkt: Da sein Vater aus einem Ort stammte, der bis zum Ersten Weltkrieg zu Österreich gehörte, dann aber zu Polen, muß Littner zur Kenntnis nehmen, daß er auch noch ein Pole sei – wobei er freilich nie in Polen war und kein Wort Polnisch spricht. Es bleibt ihm unbegreiflich, warum ihm so arg mitgespielt wird, da er sich doch keiner Schuld bewußt ist.

Koeppen hat sich von seinen frühen Jahren an als ein Außenseiter verstanden, als ein Verstoßener. In einem späteren Buch, dem Fragment *Jugend*, bekannte er sich zum Trotz des Einsamen, des Isolierten: »Ich ging absichtlich gebeugt. Ich wünschte mir einen Buckel. Ich wollte ausgestoßen sein.« So vermochte er Jakob Littners Situation nachzuempfinden, ja er konnte seine eigene Problematik in das Porträt des Münchener Briefmarkenhändlers projizieren, ohne die Plausibilität dieser Figur zu mindern. Der Jude zur Zeit des »Dritten Reichs«, er, den er sagen läßt »Ich wollte allein sein, ein Ausgestoßener«, wird Koeppens Wahlverwandter.

Doch bald sind für Littner Erwägungen über seine Identität – nach einem schönen Wort der Juden – bloß noch »seidene Zores«, Luxussorgen also. Zusammen mit vielen Leidensgenossen wird er deportiert: »Wir fuhren in einem Polizeizug. Wir fuhren durch Deutschland. Wir fuhren zwei Tage. Wir fuhren Tag und Nacht. Mal fuhr der Zug schnell, mal fuhr er langsam, mal hielt er stundenlang. Er fuhr nach keinem Fahrplan, oder er

fuhr nach einem Fahrplan, den keiner von uns kannte.«
Und wo immer sie anlangen – sie sind Fremde, die man
als lästig empfindet. Die Polen wollen von ihnen nichts
wissen, und die Juden haben schon Kummer genug, der
Krieg bricht aus, es kommen die Deutschen – und wohin
sie auch kommen, erst einmal suchen sie die Juden.

Ist es die Wehrmacht, die da einmarschiert oder sind
es jene finsteren Einheiten, die man nur mit Buchstaben kennzeichnet? Das wissen die Juden nicht, das ist
ihnen auch gleichgültig. Denn die Deutschen, sie mor-
den alle. Haben sie denn – fragen sich die Juden – den
Krieg vom Zaune gebrochen, um sie, die Juden überall
ausfindig zu machen und zu töten? Noch weiß niemand,
daß in den letzten Monaten, den letzten Wochen des
Krieges der Führer der Deutschen sich weigern wird,
Waggons zur Verfügung zu stellen, um Tausende, Zehntausende deutscher Soldaten zu retten, er braucht die
Waggons, um die Juden zu den Gaskammern zu bringen; der Tod der Juden war ihm wichtiger als das Leben
der Deutschen.

Vorerst haben die Juden in dem trostlosen ukraini-
schen Ort, wohin es Jakob Littner verschlagen hat, noch
Illusionen. Die Soldaten, hoffen sie, werden eines Tages
abgezogen werden – und dann werde die deutsche Verwaltung nachrücken, dann, meinen die Juden, die immer noch und trotz allem an die deutsche Ordnung
glauben, werde es gewiß viel Bürokratie geben, aber
keine Willkür mehr und keine Anarchie.

Doch die da kommen, sind kleine Leute aus kleinen
Städten, die selber schon viel gelitten haben, die unter-

drückt und mißhandelt wurden und die sich jetzt am Leben rächen wollen, sie, die Gescheiterten und Benachteiligten, sie können nun anderen antun, was sie wollen – nämlich den Juden, den Geächteten, den Vogelfreien. Kein Recht schützt sie, doch an Bestimmungen und Verordnungen der Behörden mangelt es nicht.

Jeder Jude muß eine Armbinde mit dem Davidstern tragen und zwar auf dem rechten Arm. Das ist falsch – brüllen die Wachtposten und schießen, erst einmal in die Luft. Andere Juden werden verprügelt, weil sie die Binde auf dem linken Arm tragen. Es gibt zwei Anordnungen, die sich widersprechen, die deutschen Wachtposten sind wirklich ratlos und tun, was ihnen kein Vorgesetzter verübelt – sie erschießen einige Juden.

Auch wird befohlen, jeder Jude habe jeden deutschen Soldaten zu grüßen, das wissen aber nicht alle Juden und nicht alle Soldaten – und so werden abwechselnd jene bestraft, die grüßen und jene, die nicht grüßen – und oft gibt es nur *eine* Strafe, den Tod, und nur einen Richter, der zugleich der Henker ist, ein neunzehnjähriger Bursche aus Pommern oder Bayern, der die Volksschule nicht geschafft hat, jetzt aber »Herr Wachtmeister« angeredet wird.

Mitten in diesem Chaos, inmitten von Sadismus und Bestialität, glauben die Juden an ein Wundermittel, das ihnen vielleicht doch die Rettung bringen könnte. Dieses Mittel, zu dem sie greifen wie ein Ertrinkender zum Strohhalm, ist das Wort, das deutsche Wort. Man kämpft im Ghetto um Ausweise, um amtliche Papiere mit einem Stempel. Wir sind, lesen wir in Koeppens Buch,

»von dem Stempel wie fasziniert und erwarten das Heil von ihm«. Der Glückliche, der einen solchen Ausweis für viel Geld erworben hat, er fühlt sich jetzt etwas sicherer, er zeigt das kostbare Dokument dem deutschen Wachtposten, doch dieser würdigt das Papier keines Blickes, er wirft es verächtlich in den Dreck der Straße und brüllt etwas, was der Jude, der in Lemberg zur Schule gegangen ist und der noch heute *Die Glocke* auswendig kann, überhaupt nicht versteht: Der Soldat in deutscher Uniform spricht kein Wort deutsch, er redet lettisch oder litauisch, man weiß es nicht genau.

Was war stärker – die Angst oder der Hunger? In Koeppens Buch berichtet Jakob Littner: »Trifft man eine Bäuerin mit Milch im Ghetto an, wird ihr die Milch, die sie zu ihrem Vorteil mit uns tauschen wollte, auf die Straße geschüttet. Ich habe mit meinem Besen viele solche Milchlachen aufgekehrt. Ich gestehe, ich war in Versuchung, sie aufzulecken.« Im Warschauer Ghetto gab es einen Fall des Kannibalismus. Der Judenrat hat es vor der Bevölkerung verheimlicht, doch sofort den deutschen Behörden gemeldet. Was versprach man sich davon? Etwa eine Besserung der Verhältnisse im Ghetto? Die deutschen Behörden haben auf diese Mitteilung nicht reagiert.

Und doch: Schrecklicher als der Hunger war die ständige Angst vor dem Tod, und schrecklicher als die Todesangst war die dauernde, die stets brutale und oft raffinierte Demütigung. Körperliche Leiden hinterlassen körperliche Schäden; mitunter sind sie heilbar. Seelische Leiden hinterlassen seelische Schäden und De-

formationen, sie sind oft unheilbar. Wer zufällig ver-
schont wurde, während man die Seinen gemordet hat,
kann nicht in Frieden mit sich selber leben. Wer aufs
Äußerste gedemütigt wurde, bleibt für immer ein Ge-
zeichneter und meist auch ein Getriebener.

Als 1951 Koeppens Buch *Tauben im Gras* erschien,
beschwerten sich Leser, von denen er bisher nichts gewußt hatte, er habe ihre persönlichen Erlebnisse ohne
Genehmigung dargestellt. Solche Briefe wird Koeppen
jetzt von jenen erhalten, die, zum Tode verurteilt,
gleichwohl überlebt haben. Nur werden es keine Be-
schwerden sein, sondern Dankbriefe.

1992

DER DICHTER UNSERER NIEDERLAGEN

Glücklich war er wohl nie. Von Anfang an gehörte Wolfgang Koeppen, der am 15. März 1996 in München gestorben ist, zu den Verstrickten und den Verzweifelten,
bald schon zu den Strauchelnden und den immer wieder
Stürzenden. Ein Opfer seiner Zeit? Gewiß, auch das,
doch vor allem war er ein Sorgenkind des Daseins. Er
selber jedenfalls machte sich in dieser Hinsicht nichts
vor: Sein Leben habe er, schrieb er 1981 in einem Brief,
»vertan« und »verspielt«.[1]

Besser als andere sah er das Mißverhältnis zwischen
dem, was er gewollt, und dem, was er erreicht hatte. Genauer: zwischen dem, was er hätte leisten können und
vielleicht auch müssen, und dem, was von ihm in seinem langen Leben tatsächlich geleistet wurde. Im Laufe
der Zeit hat man Koeppen, allerdings erst in seinen späteren Jahren, mit vielen Preisen geehrt. Er nahm sie allesamt dankbar an, aber beirren konnten sie ihn nicht.
Das Bewußtsein, versagt zu haben, verließ ihn nie. In
einem seiner Briefe heißt es: »Ich mag mich nicht. Ich
meine da alle meine Texte... Ich sehe mich, töricht und
mit dem Leben spielend, auf Eisschollen balancieren in
der Drift der Mündung eines großen Flusses.«[2] Ja, Koeppen hielt sich für einen gescheiterten Schriftsteller.

Woran war er denn gescheitert? Die Qualitäten seiner Prosa brauchen die höchsten Vergleiche nicht zu
scheuen: Er schrieb ein Deutsch von wunderbarer Mu-

sikalität und Suggestivität. Seine volltönenden Sätze erinnern bisweilen an Katarakte, die er zu Kaskaden von
unnachahmlicher Kraft und Schönheit zu formen vermochte. Er war, wie kein anderer unter unseren Zeitgenossen, ein erotischer Erzähler. Sinnlich in höchstem
Maße ist Koeppens Sprache, erotisch seine hämmernde
und doch zarte Diktion. In ihrem unverwechselbaren
Rhythmus hören wir den »drängenden Atem der Liebenden«.

Nicht nur seine Romane und Geschichten stammen
aus der Feder eines Erzählers, sondern alles, was er
geschrieben hat – also auch seine Reiseberichte und
Skizzen, seine Porträts und Rezensionen. Noch seine
journalistischen Nebenarbeiten haben die Aura der
künstlerischen Prosa. Denn Koeppen verband ein er-
staunliches Gespür für das Klima und den Pulsschlag
einer Epoche mit der Fähigkeit, dieses Klima fühlbar
und diesen Pulsschlag vernehmbar zu machen. Und
ihm fehlte es weder an Phantasie noch an Menschen-
kenntnis. Er beherrschte die Kunst der eindringlichen
und niemals aufdringlichen Vergegenwärtigung. Was
könnte man mehr von einem Schriftsteller erwarten?

Aber reich gesegnet mit allen denkbaren Gaben,
mit einem einzigartigen Talent, war Koeppen zugleich
mit einer fatalen Willensschwäche geschlagen, mit einer schwer zu bekämpfenden Neigung zur Trägheit und
zur Lethargie. Er konnte alles – nur nicht mit seinem
Pfunde wuchern. Es ist kaum zu glauben: Dieser Autor,
der beinahe sein ganzes Leben lang den Beruf eines
freien Schriftstellers ausgeübt hat, der nichts war – nur

ein Dichter, der wahrscheinlich an nichts glaubte – nur an die Literatur, las zwar unaufhörlich alte und neue Bücher, Zeitungen und Zeitschriften, schrieb jedoch selten und sehr ungern, wenn nicht widerwillig.

Die Zusammenarbeit mit ihm erforderte viel Geduld und war bisweilen geradezu qualvoll. Die Verleger und Redakteure, die sein Talent erkannten, hörten nicht auf, ihn zu bitten und zu mahnen, zu bedrängen und zu warnen. Aber der freundliche und liebenswürdige Mann war offenbar nicht imstande, ein Versprechen oder gar einen Termin einzuhalten. Die in den siebziger Jahren entstandenen Essays seines Buches *Die elenden Skribenten* (1981) mußten ihm ausnahmslos alle mit verzweifelten Telegrammen und alarmierenden Telefonanrufen abgezwungen werden. Trotz allem aber umfaßt die 1986 erschienene sechsbändige Ausgabe seiner *Gesammelten Werke* über 2800 Seiten.

Auffallend lange hat Koeppen die bitteren Erfahrungen seiner frühen Jahre verschwiegen. Erst in der Prosadichtung *Jugend* (1976) erteilte er Auskunft über die Kränkungen und Verletzungen, die seine Person und sein Werk geprägt haben. Er wurde 1906 in Greifswald geboren – als ein uneheliches Kind. Sein Vater hat sich nie um ihn gekümmert. Natürlich war es ein Unglück, im Kaiserreich, überdies in einer kleinen Provinzstadt, als ein uneheliches Kind aufzuwachsen – und doppelt unglücklich war, wer auch noch im Elend leben mußte.

Der Halbwüchsige empfand es als demütigend, daß er sich in regelmäßigen Abständen im Vormundschaftsgericht melden mußte: »Ich suchte eine Tür und meinte einen Ausweg. Ich war angezeigt worden, von wem, von jedermann, keiner Tat bezichtigt.« *Jugend*, dieses vollendete Fragment, das ist vor allem die Geschichte eines jungen Menschen, der nicht dazugehören darf und der aus lauter Trotz nie wieder dazugehören will. Er flüchtet sich in den Stolz auf seine Andersartigkeit:»Ich ging absichtlich gebeugt. Ich wünschte mir einen Buckel. Ich wollte ausgestoßen sein.«

Dies ist denn auch die Grundsituation der Epik Wolfgang Koeppens: In seinen fünf Romanen erzählt er von Menschen, die vor vielen Türen stehen, doch keinen Ausweg finden und im Grunde auch keinen Ausweg suchen. Wie Josef K. in Kafkas *Prozeß* sind sie angeklagt oder glauben, es zu sein, ohne zu wissen, was ihnen vorgeworfen wird. Sie sehen sich von einer Welt umgeben, die ihnen sinnlos und rätselhaft erscheint und die sie als feindlich empfinden.

Immer galt Koeppens Liebe den Nichtdazugehörenden, den Einzelgängern, die überall fremd sind, den Benachteiligten und den Besiegten. So wurde er zum poetischen Sachwalter aller Minderheiten, zum Dichter der Verfolgten und der Gezeichneten. Er hatte eine Schwäche für alle, die sich nach den Grenzbezirken des menschlichen Daseins sehnten, die dem Sog der Abgründe nicht widerstehen konnten. Über Chamisso schrieb er:»Es war ein Angsttraum, in dem er lebte, fatal und schön, im Gefühl, ausgestoßen und zugleich erwählt zu sein.«[3] Koeppen feierte die Elite der Ausgestoßenen, die »Bruderschaft der gestürzten Engel«. Wie er sich insgeheim selber zu dieser Elite zählte, so fühlte er sich den Untüchtigen verwandt, jenen, die mit dem Dasein nicht zu Rande kamen.

Aber Koeppen hat Glück gehabt: Auf allen Abschnitten seines Lebens fand er Menschen, die ihm halfen und ihn, dies vor allem, finanzierten. Zunächst sollte er Buchhändler werden, dann riß er aus und war eine Weile Schiffskoch, später ging er zum Theater in Würzburg – als Hilfsdramaturg und Regieassistent. Auch daraus wurde nichts. Er begann für Zeitungen zu arbeiten, war Redakteur im Feuilleton des *Berliner Börsen-Couriers* und lernte den Verleger Bruno Cassirer kennen, der ihm, als der *Börsen-Courier* Ende 1933 einging, einen reichlichen Vorschuß gab.

Denn Koeppen wollte keine Stellung annehmen, vielmehr einen Roman schreiben. Dies aber, erklärte er, könne er nur in Italien tun. Er reiste bis nach Sizilien, und als sein Geld verbraucht war, bat er den Verleger telegraphisch um einen weiteren Vorschuß, erhielt ihn und kehrte schließlich nach Berlin zurück, ohne auch nur eine einzige Seite mitgebracht zu haben. Aber dann, noch im Jahre 1934, verfaßte er sehr rasch und nicht eben freiwillig den versprochenen Roman doch: *Eine unglückliche Liebe.* Es ist in dieser erotischen Geschichte viel von Leidenschaft und Begierde die Rede, vom »tollen Besitzwunsch«, es dominieren indes Enttäuschung und Entsagung, der junge Mann im Mittelpunkt, ein »Amokläufer der Liebe«, geht leer aus, der letzte Satz lautet: »Es hatte sich nichts geändert.«

Kaum war das Buch erschienen, da ging Koeppen nach Holland, schrieb dort für den im »Dritten Reich«

noch zugelassenen jüdischen Verlag Bruno Cassirer einen weiteren Roman: *Die Mauer schwankt* (1935). In diesem Buch versuchte er, das Seinige zu sagen, ohne den Auftraggeber zu gefährden. Das konnte nicht gelingen. Bei Freunden aus Berlin, nunmehr Emigranten, fand er Unterkunft und Hilfe und blieb daher in Holland, wo er, von niemandem bedrängt, keine Zeile mehr zustande brachte. Ende 1938 trieb ihn die Not nach Deutschland zurück. Einige Drehbücher, die er für die Ufa verfaßte, sicherten ihm, obwohl sie nie verfilmt wurden, den Lebensunterhalt. Seine wichtigste Leistung in jenen Jahren: Er überlebte den Krieg, ohne auch nur einen Tag Soldat zu sein.

In den Jahren nach 1945 widmete er mehr Zeit dem Schwarzmarkt als der Literatur. Erst 1951 entstand sein nächstes Buch, das ihm wieder einmal ein risikofreudiger Verleger (Henry Goverts) abgenötigt hatte: der Roman *Tauben im Gras*, der Höhepunkt im Werk Koeppens und einer der Höhepunkte der deutschen Epik nach dem Zweiten Weltkrieg. Erzählt werden hier die (keineswegs ungewöhnlichen) Erlebnisse vieler Menschen an einem einzigen Tag in einer einzigen Stadt – in dem von den Amerikanern besetzten München.

Das Buch, das aus Kurzszenen besteht und ein aus Mosaiksteinen zusammengesetztes Bild entwirft, hat damals viele Leser und auch manche Kritiker überfordert. Denn Koeppen knüpfte an Errungenschaften der modernen Prosa an, von denen man um 1950 hierzulande nicht viel wissen wollte. Die Montagetechnik und der filmhafte Bildwechsel, der Perspektivenwechsel und die Simultaneität, der sich assoziativ fortspinnende innere Monolog, die Technik der Slogans und der Schlagzeilen – das alles hat der Autor der *Tauben im Gras* nicht erfunden, aber er war der erste Schriftsteller, der diese Kunstmittel anwandte, um die deutsche Realität nach 1945 einzufangen und ihre Wahrheit anschaulich zu machen.

Schnell folgten zwei weitere, jeweils innerhalb von wenigen Wochen geschriebene Bücher: der in der Bundeshauptstadt Bonn spielende Roman *Das Treibhaus* (1953) und *Der Tod in Rom* (1954), eine Auseinandersetzung mit der bundesdeutschen Gegenwart und, vor allem, mit den Folgen des Nationalsozialismus. Gezeigt werden sie am Beispiel der Mentalität sehr unterschiedlicher Personen, die aus unterschiedlichen Gründen für wenige Tage nach Rom gekommen sind.

Diese drei Romane sind Studien der Angst. An ihr, der Lebensangst, leidend, versuchen Koeppens Figuren bei der Liebe Zuflucht zu finden. Doch das Glück der Liebe lernen sie nie kennen. Sie umarmen sich, aber es trennt sie immer eine »Wand aus dünnstem Glas, durchsichtig wie die Luft und vielleicht noch schärfer die Erscheinung des anderen wiedergebend«. Sie leben nicht miteinander, sie existieren nur nebeneinander.

Die intellektuellen Helden dieser Romane – der untüchtige und erfolglose Schriftsteller Philipp, der dem Publikum nichts mehr zu sagen hat, der Politiker Keetenheuve, ein Träumer und Spintisierer, ein »törichter Ritter gegen die Macht«, der Komponist Siegfried Pfaffrath, der sich der Sinnlosigkeit seiner Musik bewußt ist –, sie alle sind romantische Individualisten mit der Sehnsucht nach den Extremen, sie alle werden gedemütigt und besiegt. Zu schwach, um etwas zu erreichen und zu bewirken, sind sie immerhin stark genug, um sich der Gesellschaft und der Mode nicht zu unterwerfen und um ihre Eigenart zu bewahren.

Auch Koeppen selber war ein Kämpfer, und die dunkle Ahnung von der großen Vergeblichkeit hat ihn nie verlassen. Da seine Deutschland-Trilogie kühl aufgenommen und bisweilen sogar schroff abgelehnt wurde, folgte er gern der Einladung eines neuen Auftraggebers und Gönners: Von Alfred Andersch, der damals am Süddeutschen Rundfunk tätig war, inspiriert und unterstützt, wandte er sich der Reiseschilderung zu, der er zu neuem Glanz verhalf. Er schrieb poetische Rapporte auf der Suche nach dem verlorenen Ich. Sie sind in drei Bänden gesammelt, von denen der erste, *Nach Rußland und anderswohin*, 1958, der bedeutendste ist.

Auf den wiederholt angekündigten neuen Koeppen-Roman haben seine Leser vergeblich gewartet. Wer weiß, ob sie ihm nicht dankbar sein sollten, daß er ihnen jene schwachen oder sogar peinlich mißratenen Romane erspart hat, mit denen die prominentesten seiner Kollegen im vorgerückten Alter ihre Verehrer in Verlegenheit gebracht haben. Aber geschwiegen hat er nicht. Seine Kunst triumphierte in dem Prosastück *Jugend*, in dem die Realien die Qualität poetischer Symbole gewinnen und die poetischen Symbole die Gegenwärtigkeit der greifbaren Realität haben. Hier und in den Porträts, die in dem Band *Die elenden Skribenten* zusammengefaßt sind, werden aus seinen Berichten gleichsam unterderhand Geschichten, aus seinen Geschichten poetische Visionen. Auch was der alte Koeppen erzählte, geriet ihm, ob er es wollte oder nicht, zum Gleichnis.

Nicht ein dichtender Denker war er, sondern ein nachdenklicher Dichter. Ihn hat nicht die Philosophie interessiert, wohl aber die Kunst fasziniert. Grau war ihm alle Theorie, das Abstrakte mochte er nicht: Seine Wahrheit hatte ihren Ursprung im Konkreten und bewährte sich am Konkreten. Er hat nie für eine Ideologie, für ein politisches Programm plädiert, die Erziehbarkeit des Menschen hielt er für eine Illusion, an den Fortschritt hat er nie geglaubt. Und so hat er niemanden belehren wollen, wie man das Leben bestehen soll. Aber er hat seine Ratlosigkeit virtuos artikuliert, er hat wie kein anderer die Rolle der Intellektuellen in unserer Nachkriegswelt gezeigt – in ihrer ganzen Fragwürdigkeit, um nicht zu sagen: in ihrer Jämmerlichkeit.

Natürlich sind alle seine Bücher gesellschaftskritisch, doch nicht gegen eine Gesellschaftsordnung protestierte er, sondern gegen die Existenz schlechthin. Die Engel, die jene erlösen können, die immer strebend sich bemühen, kannte er nicht. Sein Werk sei, meinte er, »weniger der Versuch eines Dialoges mit der Welt als eines Monologs gegen die Welt«[4]. Die Definition trifft schon zu, verschweigt allerdings die Antinomie, die ein Grundzug seines Wesens war. Die Welt fliehend, träumte er von der Liebe, an der Welt leidend, gierte er nach dem Leben.

Um das Dasein zu ertragen (»Wir sind von Anbeginn verurteilt«), suchte er, der Einsame, Schutz im Rausch. Er gehörte zu jenen, die auf den Genuß angewiesen waren, er war ein elegischer, ein schwermütiger Epikureer. Daß er im Alter, als er kaum noch arbeiten konnte, nicht zu darben brauchte, verdankte er, verdanken wir alle seinem Freund, der ihn jahrelang großzügig finanzierte: dem Verleger Siegfried Unseld.

Nie war es Koeppen gelungen, einen Bestseller zu schreiben, auch als er längst die höchsten Literaturpreise erhalten hatte, blieb er paradoxerweise nahezu ein Geheimtip. Vielleicht hat das auch damit zu tun, daß er unerbittlich und unversöhnlich war, daß er seinen Lesern nichts vormachte und nichts ersparte: Wolfgang Koeppen war der Dichter unserer Niederlagen und unseres Scheiterns.

1996

NACHWORT

Was wird denn von seinem Werk bleiben? Das ist die Frage, mit der man in der Regel nach dem Tod eines großen Schriftstellers die Kritiker und die Journalisten bedrängt. Und die meisten sind leichtsinnig genug, die Antwort nicht zu verweigern: Sie nennen einige Titel. Aber im Grunde sind alle diese Antworten belanglos: Was von den Befragten erwartet wird, sind sie überhaupt nicht imstande zu leisten.

Gewiß können sie sagen, welches Buch des verstorbenen Autors sie für besonders schön halten, welchem sie eine besondere Bedeutung beimessen. Doch ob es sich als beständig oder gar unverwüstlich erweisen werde, ist niemals voraussehbar. Denn dies hängt nicht nur von seiner Qualität und seiner Originalität ab, vielmehr von dem Ergebnis einer Konfrontation – und zwar eben dieses Werkes mit der Welt, wie sie in dreißig oder fünfzig Jahren sein wird. Indes haben uns die Erfahrungen (zumal unseres Jahrhunderts) gelehrt, daß es müßig ist, die Entwicklung der Welt voraussagen zu wollen. Daher veralten von allen in ihrer Zeit erfolgreichen Romanen am schnellsten die Zukunftsromane.

Und Wolfgang Koeppen? Ich bewundere sein Meisterwerk *Tauben im Gras*, ich schätze nach wie vor seinen Roman *Ein Tod in Rom*, ich liebe das Fragment *Jugend* und auch mehrere seiner Schriftsteller-Porträts. Aber welche seiner Bücher von den nachkommenden Generationen gelesen werden, weiß ich nicht; und es ist, meine ich, nicht unsere Sache, uns darüber Gedanken zu machen. Ungleich wichtiger ist es, daß wir, die Zeitgenossen Koeppens, diese vom Geist unserer Epoche geprägten Bücher lesen und – man fürchte das Tätigkeitswort nicht – genießen.

Koeppen war ein sonderbarer und widerspruchsvoller Mensch, ein Skeptiker und ein Melancholiker, am Schreibtisch beredt, in der Unterhaltung eher gehemmt, nicht selten schweigsam. Aber ein Kostverächter war er nie. Ganz im Gegenteil: Er war ein Genießer, ein unermüdlicher und leidenschaftlicher Genießer. Vielleicht war diese auffallende Genußsucht, von der nahezu jede Seite seiner Prosa rühmlich zeugt, eine Reaktion auf die vielen Entbehrungen in seinen frühen Jahren.

Meine Beschäftigung mit Koeppens Werk begann in den fünfziger Jahren und reicht bis zu seinem Tod am 15. März 1996. Von den in dieser Zeit entstandenen Artikeln und Rundfunksendungen bietet der vorliegende Band eine Auswahl: Es sind Reden und Rezensionen, ein Essay und eine Polemik, ein Nachwort und schließlich ein Nachruf, insgesamt zehn Arbeiten. Sie wurden aus aktuellen Anlässen geschrieben – Auskünfte hierüber sind in den Anmerkungen zu finden. Alle waren sie für jene bestimmt, die von Koeppen noch wenig oder nichts wußten, und alle sollten zugleich für jene lesenswert sein, die längst zu seinen Bewunderern gehörten. Es ging darum, die einen nicht zu überfordern und die anderen nicht zu unterschätzen.

Literaturkritik ist immer zeitbedingt. Das gilt natürlich auch für die hier vereinten Aufsätze. Es hätte nicht viel Mühe bereitet, sie zu redigieren und zu bearbeiten, eventuell auch zu ergänzen. Doch fürchte ich, daß die nachträglichen Änderungen, welcher Art auch immer, verfälschen würden, was sich in der ursprünglichen Fassung verantworten sollte. Anders ausgedrückt: Diese Arbeiten, die auch als Dokumente des literarischen Lebens in der Bundesrepublik verstanden werden können, sollten nicht ihrer Authentizität beraubt werden. Das freilich hat zur Folge, daß sich gelegentliche Wiederholungen und Überschneidungen nicht vermeiden ließen. Doch ist es, so will mir scheinen, kein Zufall, daß bestimmte Informationen, Formulierungen und Zitate mehrfach vorkommen, ja dies mag sogar aufschlußreich sein.

Am Ende habe ich zu danken – ihm, Wolfgang Koeppen, dessen Werk ich ein Leben lang begleiten durfte.

Frankfurt am Main,   Marcel Reich-Ranicki
im Juli 1996

ANHANG

Nachweise und Anmerkungen

EIN UNGEWÖHNLICHER FALL

Zuerst unter dem Titel *Der Fall Wolfgang Koeppen. Ein Lehrbeispiel dafür, wie man in Deutschland mit Talenten umgeht* in: *Die Zeit* vom 8. September 1961.

1 Virginia Woolf: *Granit und Regenbogen, Essays.* Suhrkamp Verlag, Frankfurt/M. 1960, S. 32.

2 Zitiert nach: Virginia Woolf. A. a. O., S. 28.

3 Die Rezension von Herbert Ihering erschien im *Berliner Tageblatt* vom 11. November 1934, die von Erich Franzen in der *Frankfurter Zeitung* vom 10. Februar 1935.

4 Die Rezension stammt von Hans Schwab-Felisch und ist im *Monat*, 1952, Heft 40, gedruckt.

5 Karl Korns Rezension erschien in der *Frankfurter Allgemeinen Zeitung* vom 7. November 1953.

6 Die Rezension von Pul Hühnerfeld erschien in der *Zeit* vom 4. November 1954.

7 Die Rezension von Walter Jens erschien in der *Zeit* vom 8. Mai 1958, die von Hans Magnus Enzensberger in den *Neuen deutschen Heften*, 1958, Heft 59.

8 Karl Korns Besprechung findet sich in der *Frankfurter Allgemeinen Zeitung* vom 28. Juni 1958.

DER POET ALS ZEUGE

Zuerst in: Marcel Reich-Ranicki, *Deutsche Literatur in West und Ost. Prosa seit 1945*, R. Piper & Co. Verlag, München 1963, S. 34–54.

1 Wolfgang Koeppen: *New York* (mit einem autobiographischen Nachwort), Stuttgart 1961, S. 65.
2 Alfred Döblin *Die Zeitlupe – Kleine Prosa* (aus dem Nachlaß zusammengestellt v. W. Muschg), Olten-Freiburg i. B. 1962, S. 149 f.
3 Horst Bienek *Werkstattgespräche mit Schriftstellern*, München 1962, S. 50.
4 Alfred Andersch *Choreographie des politischen Augenblicks*, in: ›Texte und Zeichen‹, Heft 2 (1955), S. 256.
5 Bienek, a. a. O., S. 54.

KRÜMEL VON SEINEM TISCH

Zuerst in: *Die Zeit* vom 27. April 1973.

1 Der Beitrag stammt von Christian Linder und findet sich in: *Akzente*, 1972, Heft 1.
2 Wolfgang Koeppen: *Romanisches Café*. Erzählende Prosa. suhrkamp taschenbuch 71, Suhrkamp Verlag, Frankfurt/M. 1973.
3 *Deutsche Erzähler der Gegenwart. Eine Anthologie.* Herausgegeben von Willi Fehse. Stuttgart 1959.
4 Dietrich Erlach: *Wolfgang Koeppen als zeitkritischer Erzähler.* Studia Germanistica Upsaliensia Band 11. Stockholm 1973.

WAHRHEIT, WEIL DICHTUNG

Zuerst in: *Frankfurter Allgemeine Zeitung* vom 20. November 1976.

1 Wolfgang Koeppen: *Jugend.* Bibliothek Suhrkamp 500, Suhrkamp Verlag, Frankfurt/M. 1976.

2 Heinz Ludwig Arnold: *Gespräche mit Schriftstellern.* Verlag C. H. Beck, München 1975, S. 129.

3 Bei Friedrich Schlegel heißt es:»Der Historiker ist ein rückwärts gekehrter Prophet.« (Athenäums-Fragmente.)

4 Heinz Ludwig Arnold: *Gespräche mit Schriftstellern.* A. a. O., S. 131.

GEMEIN MIT JEDERMANNS

Nachwort zu Wolfgang Koeppens Buch *Die elenden Skribenten. Aufsätze.* Herausgegeben von Marcel Reich-Ranicki. Suhrkamp Verlag, Frankfurt/M. 1981.

1 *Wolfgang Koeppen: Gesammelte Werke in sechs Bänden.* Herausgegeben von Marcel Reich-Ranicki in Zusammenarbeit mit Dagmar von Briel und Hans-Ulrich Treichel. Band 6: Rezensionen und Essays. Suhrkamp Verlag, Frankfurt/M. 1986, S. 121.

2 Ebenda S. 81.

3 Ebenda S. 97.

DER DICHTER DER AGGRESSIVEN RESIGNATION

Rede zur Eröffnung der Wolfgang-Koeppen-Ausstellung der Stadt- und Universitätsbibliothek Frankfurt am Main. – Zuerst in: *Literatur und Kritik*, Heft 173/174, April/Mai 1983.

1 Johann Wolfgang Goethe: *Artemis-Gedenkausgabe*, Band 10, S. 312.
2 Wolfgang Koeppen: *Die elenden Skribenten*, A. a. O., S. 295.
3 Ebenda S. 274.

DER SPRECHER ALLER MINDERHEITEN

Rede auf einer Feier der Bayerischen Akademie der Künste zu Ehren des achtzigsten Geburtstag von Wolfgang Koeppen. Zuerst gedruckt in: *Frankfurter Allgemeine Zeitung* vom 21. Juni 1986.

1 *Wolfgang Koeppen: Gesammelte Werke in sechs Bänden.* Herausgegeben von Marcel Reich-Ranicki in Zusammenarbeit mit Dagmar von Briel und Hans-Ulrich Treichel. Band 6: Rezensionen und Essays. Suhrkamp Verlag, Frankfurt/M. 1986, S. 286.
2 Ebenda S. 87.
3 Ebenda S. 108.
4 Ebenda S. 283.
5 Ebenda S. 102.

DER EMPFINDSAME ASPHALTLITERAT

Rede zu Wolfgang Koeppens 85. Geburtstag, gehalten im Münchner Rathaus. Zuerst gedruckt in: *Frankfurter Allgemeine Zeitung* vom 14. September 1991.

1 Tworczosc, Warschau 1957/7.
2 Bertolt Brecht: *Große kommentierte Berliner und Frankfurter Ausgabe.* Herausgegeben von Werner Hecht, Jan Knopf, Werner Mittenzwei, Klaus-Detlef Müller. Band 22, Schriften 2, Teil I, S. 36.
3 Wolfgang Koeppen: *Gesammelte Werke in sechs Bänden.* A. a. O., Band 6, S. 178.
4 Wolfgang Koeppen: *Gesammelte Werke in sechs Bänden.* A. a. O., Band 5, S. 259.

PASSIONSGESCHICHTE EINES BRIEFMARKENHÄNDLERS

Rede anläßlich der Vorstellung des Buches *Jakob Littners Aufzeichnungen aus einem Erdloch* von Wolfgang Koeppen, gehalten im Jüdischen Gemeindezentrum in Frankfurt am Main. Zuerst gedruckt in: *Frankfurter Allgemeine Zeitung* vom 24. Februar 1992.

1 *Wolfgang Koeppen: Jakob Littners Aufzeichnungen aus einem Erdloch.* Jüdischer Verlag, Frankfurt am Main 1992.

DER DICHTER UNSERER NIEDERLAGEN

Zuerst in: *Frankfurter Allgemeine Zeitung* vom 16. März 1996.

1 *»Lieber Marcel.«* Briefe an Reich-Ranicki herausgegeben von Jochen Hieber. Deutsche Verlags-Anstalt,
Stuttgart 1995, S. 166.
2 Ebenda S. 167.
3 Wolfgang Koeppen: *Gesammelte Werke in sechs Bänden.* A. a. O., S. 81.
4 Heinz Ludwig Arnold: *Gespräche mit Schriftstellern.*
A. a. O., S. 138.

Zu den Fotografien

Das Umschlagbild, das Frontispiz, das Bild mit den Mülltonnen sowie die letzte Fotografie des Bildteils sind in München im November 1986 entstanden. Die Aufnahme im Arbeitszimmer stammt aus dem Jahr 1982, die Fotografie mit Marcel Reich-Ranicki entstand 1979 anläßlich der Verleihung des Erich-Kästner-Preises an Peter Rühmkorf in München.

Zeittafel

1906   Geboren in Greifswald am 23. 6.
        Nach einer Zeit der Arbeitslosigkeit Schiffs-
        koch, Fabrikarbeiter, Platzanweiser im Kino
        und Eisproduzent in St. Pauli.
        Artikel für *Die Rote Fahne* und *Vorwärts*.
        Dramaturg und Regievolontär in Würzburg,
        Beziehungen zum Kollektiv der Piscator-
        Bühne.

1931   Feste Anstellung beim *Berliner Börsen-Cou-
        rier*.

1933   Erhält von Bruno Cassirer einen Vorschuß
        auf einen Roman, reist nach Sizilien.

1934   *Eine unglückliche Liebe*. Roman.

1935   *Die Mauer schwankt*. Roman. Lehnt ein An-
        gebot der *Berliner Zeitung* ab und emigriert
        nach Holland.

1938   Kehrt Ende des Jahres nach Deutschland zu-
        rück und schreibt in den folgenden Jahren
        Drehbücher für die Ufa, keines wurde reali-
        siert.

1945   Wird von Berlin nach München verschlagen.

1948   Jakob Littner: *Aufzeichnungen aus einem Erd-
        loch*. 1992 unter der Autorschaft Koeppens
        wiederveröffentlicht: *Jakob Littners Aufzeich-
        nungen aus einem Erdloch*.

1951   *Tauben im Gras*. Roman.

1953   *Das Treibhaus*. Roman.

171

1954	*Der Tod in Rom.* Roman.
1958	*Nach Rußland und anderswohin. Empfind-same Reisen.*
1959	*Amerikafahrt.* Reisebuch.
1961	*Reisen nach Frankreich.* Preis des Kulturkreises im Bundesverband der Deutschen Industrie. Förderpreis der Landeshauptstadt München.
1962	Georg-Büchner-Preis.
1965	Preis der Bayerischen Akademie der Schönen Künste.
1967	Immermann-Preis. Preis für die Dichtung der Stiftung zur Förderung des Schrifttums.
1971	Andreas-Gryphius-Preis.
1972	*Romanisches Café.* Erzählende Prosa.
1974	Stadtschreiber von Bergen-Enkheim.
1976	*Jugend.*
1977	Hauptstipendium des Europa-Forums für Literatur an der Friedrich-Schiller-Stiftung.
1981	*Die elenden Skribenten.* Aufsätze. Hg. von Marcel Reich-Ranicki.
1982/83	Poetik-Dozentur in Frankfurt/M., Münchner Kulturpreis.
1984	Arno-Schmidt-Preis.
1986	*Gesammelte Werke in sechs Bänden.* Hg. von Marcel Reich-Ranicki in Zusammenarbeit mit Dagmar von Briel und Hans-Ulrich Treichel. Pommerscher Kulturpreis für Kunst.

1987	*Angst.* Erzählende Prosa.
	Morgenrot. Anfänge eines Romans.
1990	Ehrendoktorwürde der Ernst-Moritz-Arndt-Universität Greifswald.
1991	*Es war einmal in Masuren.*
1996	Stirbt nach langer Krankheit am 15. 3.

Über den Autor

Marcel Reich-Ranicki, geboren 1920 in Wloclawek an der Weichsel, ist in Berlin aufgewachsen. Er war von 1960 bis 1973 ständiger Literaturkritiker der Wochenzeitung *Die Zeit* und leitete von 1973 bis 1988 in der *Frankfurter Allgemeinen Zeitung* die Redaktion für Literatur und literarisches Leben. In den Jahren 1968/69 lehrte er an amerikanischen Universitäten, von 1971 bis 1975 war er ständiger Gastprofessor für Neue Deutsche Literatur an den Universitäten von Stockholm und Uppsala, seit 1974 ist er Honorarprofessor an der Universität Tübingen, in den Jahren 1991/92 bekleidete er die Heinrich-Heine-Gastprofessur an der Universität Düsseldorf.

Reich-Ranicki erhielt zahlreiche Auszeichnungen, unter anderem: die Ehrendoktorwürde der Universität Uppsala (1972), den Ricarda-Huch-Preis (1981), den Thomas-Mann-Preis (1987), den Bayerischen Fernsehpreis (1991), die Ehrendoktorwürde der Universität Augsburg (1992) und der Universität Bamberg (1992) sowie den Ludwig-Börne-Preis (1995).

Veröffentlichungen u. a.: *Deutsche Literatur in West und Ost* (1963/1983), *Über Ruhestörer. Juden in der deutschen Literatur* (1973/1989), *Nachprüfung, Aufsätze über deutsche Schriftsteller von gestern* (1977/1980/1990), *Thomas Mann und die Seinen* (1987), *Ohne Rabatt. Über Literatur aus der DDR* (1991), *Der doppelte Boden* (1992), *Günter Grass* (1992), *Die Anwälte der Literatur* (1994), *Martin Walser* (1994), *Vladimir Nabokov* (1995) und *Ungeheuer oben. Über Bertolt Brecht* (1996).